KERSTIN JÜRGENS, REINER HOFFMANN,
CHRISTINA SCHILDMANN

ARBEIT TRANSFORMIEREN!

DENKANSTÖSSE DER KOMMISSION »ARBEIT DER ZUKUNFT«

[transcript]

Bibliografische Information der Deutschen Nationalbibliothek
Die Deutsche Nationalbibliothek verzeichnet diese Publikation in der Deutschen Nationalbibliografie; detaillierte bibliografische Daten sind im Internet über http://dnb.d-nb.de abrufbar.

Umschlagkonzept: Kordula Röckenhaus, Bielefeld
Umschlagabbildung: Manja Hellpap, Berlin
unter Verwendung von Motiven von Shutterstock.com:
9comeback, Zapp2Photo, Aila Images
Gestaltung und Satz: Manja Hellpap, Berlin
Printed in Germany
Print-ISBN 978-3-8376-4052-6
PDF-ISBN 978-3-8394-4052-0

Gedruckt auf alterungsbeständigem Papier mit chlorfrei gebleichtem Zellstoff.
Besuchen Sie uns im Internet: *http://www.transcript-verlag.de*
Bitte fordern Sie unser Gesamtverzeichnis und andere Broschüren an unter:
info@transcript-verlag.de

INHALT

Einleitung 6
Die Kommission 13

ERWERBSTÄTIGKEIT 16
STANDARDS FÜR DIE VIELFALT

EINKOMMEN 48
ARBEIT AUFWERTEN

QUALIFIZIERUNG 78
TALENTSCHMIEDE DEUTSCHLAND

ARBEITSZEIT 110
SOUVERÄNITÄT IST DIE LÖSUNG

ARBEITSORGANISATION 142
IM MITTELPUNKT: DER MENSCH

MIGRATION 170
BEKENNTNIS ZUR DIVERSITÄT

GESELLSCHAFT 194
DIE ZUKUNFT GESTALTEN

Ausblick 226
Literatur 230
Eingeholte schriftliche Expertisen 255
Anhörung von Expertinnen und Experten 256

EINLEITUNG
ARBEIT GEMEINSAM ZUKUNFTS-FÄHIG MACHEN

Noch vor wenigen Jahren wäre es technisch unmöglich gewesen, einen Text so zu erstellen, wie dies bei der vorliegenden Buchpublikation der Fall war: Unzählige Treffen und Telefonate wären für die Abstimmung zwischen allen Beteiligten nötig gewesen. Heute können wir dank der modernen Informations- und Kommunikationstechnologien über räumliche Distanzen hinweg gemeinsam an Texten arbeiten, Zugriff auf alle erforderlichen Daten erhalten, unterschiedliche Versionen von Dokumenten abgleichen und Bearbeitungsschritte sichtbar machen. Aber nicht nur das Verfassen und Bearbeiten von Texten stützen sich heute ganz selbstverständlich auf den Einsatz digitaler Technologien und die Zusammenarbeit in virtuellen Netzwerken. Diese Formen digitalen Arbeitens haben längst Einzug in das gesamte Wirtschaftsleben gehalten und prägen den Alltag von uns allen. Damit verändern sich nicht nur Arbeitsabläufe und Kooperationsweisen grundlegend, sondern es entstehen auch neue Arbeitsaufgaben und völlig neue Geschäftsmodelle.

Als die Hans-Böckler-Stiftung 2015 die Kommission zum Thema »Arbeit der Zukunft« einsetzte, war ihr klar, dass die Aufgabe des Gremiums nicht einfach sein würde. Ihre 32 Mitglieder aus Aufsichtsräten und Betriebsräten großer Unternehmen, Kreativwirtschaft, Gewerkschaften, Ministerien und unterschiedlichen Forschungsdisziplinen sollten sich über den Wandel der Arbeitswelt verständigen und dabei vor allem zwei Fragen in den Blick nehmen: Wie wird die Arbeit der Zukunft aussehen? Vor welchen neuen Gestaltungsaufgaben steht die Arbeitspolitik?

Um Antworten auf diese Fragen zu finden, hat sich die Hans-Böckler-Stiftung bewusst dafür entschieden, dass die Mitglieder der Kommission jeweils zur Hälfte aus Wissenschaft und Praxis kommen sollten, und auch den Vorsitz entsprechend aufgeteilt. Gleichzeitig hat die Stiftung darauf verzichtet, der Kommission enge Zielvorgaben zu machen oder ihre Arbeit zwingend auf ein konkretes Endprodukt auszurichten. Stattdessen sollte ein offener Diskussionsraum geschaffen werden, der es erlaubte, noch weitgehend unbekanntes Terrain für Forschung und Arbeitspolitik möglichst umfassend auszuleuchten. Die Mitglieder der Kommission waren aufgefordert, in einen echten Dialog über ihre Einschätzungen und Gestaltungsideen einzutreten. Daher waren sie auch weniger als Vertreterinnen oder Vertreter ihrer jeweiligen Organisation gefragt, sondern als Expertinnen und Experten für die Arbeit der Gegenwart und der Zukunft.

Die Zusammensetzung der Kommission und die Einbindung externen Sachverstands haben es ermöglicht, eine Vielzahl unterschiedlicher Perspektiven und Erfahrungen, Prioritäten und Positionen, Fragen und Erwartungen für die gemeinsamen Beratungen zu nutzen. Bei aller *Unterschiedlichkeit* teilten die Kommissionsmitglieder jedoch die Neugier auf die erst in Ansätzen erkennbaren Umbrüche, die der technologische Fortschritt nach sich ziehen wird. Und ebenso einig waren sie sich in dem *Wunsch*, mit ihren Gedanken und Ideen dazu beizutragen, dass die Arbeitswelt möglichst vielen Menschen eine hohe Lebensqualität und eine sichere Zukunft bietet.

Geprägt war die Arbeit der Kommission durch die gemeinsame Überzeugung, dass eine Gestaltung von Arbeit, die den Menschen in den Mittelpunkt stellt, einen wesentlichen Beitrag zum Zusammenhalt unserer Gesellschaft und zur Stärkung unserer Demokratie leistet. Wie wichtig dieser Aspekt ist, hat sich im Verlauf der zweijährigen Kommissionsarbeit in aller Deutlichkeit gezeigt: In Deutschland und Europa haben wir miterlebt, wie rechtspopulistische Strömungen weiter Zulauf bekommen haben. Auch jenseits der Grenzen der EU, auf der anderen Seite des Atlantiks, haben wir mit ansehen müssen, wie demokratische Grundprinzipien des friedlichen Zusammenlebens immer unverhohlener infrage gestellt werden.

Mit diesem Bericht präsentieren wir die zentralen Ergebnisse unserer Kommissionsberatungen. Da ein möglichst umfassendes Panorama an denkbaren Entwicklungspfaden und Gestaltungsanforderungen für die Arbeit der Zukunft gezeichnet werden sollte, war es nicht das Ziel unserer Arbeit, am Ende einen Bericht vorzulegen, der eine »gemeinsame Beschlusslage« aller Kommissionsmitglieder wiedergibt. Dass dies angesichts der heterogenen Zusammensetzung des Gremiums nicht möglich sein würde, war von Anfang an klar.

Stattdessen haben wir eine andere Form der Ergebnispräsentation gewählt: In der vorliegenden Publikation nehmen wir zunächst eine Analyse der Veränderungen in unserer Arbeitswelt vor. Wir beschreiben die in der Kommission herausgearbeiteten zentralen Triebkräfte dieser Veränderungen, skizzieren mögliche Entwicklungspfade und benennen die daraus resultierenden Herausforderungen für Wirtschaft, Gesellschaft und Politik. Dabei haben wir als Autorenteam jene zentralen Ideen und Vorschläge aus unserer Debatte herausgefiltert, zu denen zwischen den Kommissionsmitgliedern weitgehend Konsens bestand, und auf dieser Grundlage eine ganze Reihe konkreter Denkanstöße formuliert.

Bei den → DENKANSTÖSSEN, die im Text in dieser Form gekennzeichnet sind, handelt es sich also um ein gemeinsames Kommissionsvotum. Darüber hinaus wollten wir mit diesem Abschlussbericht auch Einblick in die an manchen Punkten strittigen, aber häufig besonders spannenden Fragen geben. Es gab viele Aspekte, über die wir keine Einigkeit erzielen konnten – sei es, weil sie auch nach intensiver Debatte kontrovers blieben, sei es, weil schlicht die Zeit nicht ausreichte, sie abschließend zu diskutieren. Überall dort, wo wir denken, dass diese nicht abschließend diskutierten Themen von besonderem öffentlichem Interesse sein könnten, haben wir sie – zusätzlich zu den Denkanstößen – unter der Rubrik = DEBATTE in diesen Abschlussbericht aufgenommen.

Der Bericht wurde von uns als Autorenteam verfasst, basiert aber auf den Ergebnissen unseres gemeinsamen Diskussionsprozesses. Zudem haben die Kommissionsmitglieder an der Formulierung der Denkanstöße mitgewirkt.

WORUM GEHT ES UNS?

Die Zahl an Initiativen, Arbeitsgruppen, Plattformen und Thinktanks, in denen in Deutschland über den *digitalen Wandel* debattiert wird, ist groß. In dieser Fülle an Aktivitäten spiegelt sich sowohl die große Begeisterung über die neuen Möglichkeiten wider, die der technologische Fortschritt mit sich bringt, als auch eine tiefe gesellschaftliche Verunsicherung, wohin der Wandel führen wird.

An die digitalen Technologien sind große *Hoffnungen* geknüpft – dass sie uns den Alltag und das Arbeiten deutlich erleichtern oder sogar in nie gekannter Weise dazu beitragen können, gesundheitliche Einschränkungen und körperliche Handicaps zu überwinden. Durch digitale Vernetzung und »Big Data« entstehen neue Geschäftsfelder und Austauschbeziehungen. Auch eröffnen sich erhebliche Potenziale für eine Neugestaltung der Arbeitsorganisation, die mobiler, flexibler und kooperativer ist – und damit Chancen auf individuelle Entfaltung und Teilhabe in sich birgt.

Auf der anderen Seite stehen Positionen, die den technologischen Wandel überwiegend mit Sorge betrachten. In den Medien kursieren Szenarien über drohende digitalisierungsbedingte Massenarbeitslosigkeit. Andere – wahrscheinlichere – Szenarien beschreiben zumindest mittlere bis große Verwerfungen auf dem Arbeitsmarkt und seine zunehmende Polarisierung. Die bange Frage lautet, was vom deutschen System der sozialen Marktwirtschaft insgesamt noch übrig bleibt, falls die Disruptionen der Digitalisierung bislang tragfähige Strukturen und Institutionen ins Wanken bringen.

Ob das Pendel stärker in Richtung Chance oder in Richtung Risiken ausschlagen wird, ist keineswegs eine ausgemachte Sache, sondern wird von der Bereitschaft und der Fähigkeit aller gesellschaftlich relevanten Akteure, insbesondere der Sozialpartner und des Staates, abhängen, den Wandel offensiv zu gestalten. Die Frage, wann und wofür neue Technologien zum Einsatz kommen und zu wessen Vorteil sie genutzt werden, ist klärungsbedürftig. Die fortschreitende Digitalisierung soll den Menschen das Leben (und auch die Arbeit) leichter machen, ihnen zu mehr Selbstbestimmung und kreativen Entfaltungsmöglichkeiten verhelfen. Ob es tatsächlich so kommt, werden die Ergebnisse des großen gesellschaftlichen Aushandlungsprozesses zeigen, der bereits in vollem Gange ist.

Der Einsatz neuer digitaler Technologien ist im Begriff, die bestehenden wirtschaftlichen *Kräfteverhältnisse völlig neu zu sortieren:* Klassische Industrien stehen unter Veränderungsdruck, wenn sie erfolgreich bleiben wollen, weil sie z.B. zunehmend in direkte Konkurrenzen treten müssen zu großen Internetfirmen. Diese haben schon gigantische Summen in die Erforschung künstlicher Intelligenz investiert und sich damit einen beachtlichen Startvorteil mit Blick auf den nächsten Fortschrittsschub verschafft. Technologischer Fortschritt reicht damit weit über konkrete Anwendungsfelder hinaus. Er schafft neue Märkte, rekonfiguriert Wertschöpfungsketten und verändert Wettbewerbsbedingungen fundamental. Kurz: Er verändert auch die Grundlage, auf der die Arbeitsbeziehungen fußen. Im digitalen Kapitalismus treten neue Akteure (z.B. Internetplattformen) auf den Plan, die die Grenzen zwischen Arbeitgebern und Arbeitnehmern verwischen. In komplexen Wertschöpfungsketten ist nicht mehr klar zu definieren, wo die Grenzen eines Betriebes liegen (und worin sie überhaupt bestehen). Die zunehmende Vernetzung fordert etablierte Arbeitsschutzmechanismen heraus. Durch neue Techniken zur Kontrolle von Mitarbeiter/innen und ohne wirksamen Datenschutz bewegen wir uns auf den »gläsernen Beschäftigten« zu – eine Perspektive, die die Frage nach der Würde des Menschen aufwirft. Bisherige Kategorien unserer Wirtschaftsordnung geraten also ebenso wie *Grundprinzipien unserer Arbeitskultur ins Wanken,* d.h., sie müssen (im Kontext bekannter Interessengegensätze) nachjustiert und dadurch zukunftsfähig gemacht werden.

DIGITALISIERUNG IST NICHT ALLES

In unserer Kommissionsarbeit haben wir der *Digitalisierung* als zentraler Triebkraft gesellschaftlichen Wandels eine prominente Rolle eingeräumt. Sie zog sich wie ein roter Faden durch all unsere Sitzungen – weil sie als Veränderungstreiber das stärkste Potenzial für Umbrüche birgt. Dennoch war es von Anfang an der Anspruch unserer Kommissionsarbeit, eine Gesamtschau vorzunehmen. Die möglichen Folgen des Einsatzes neuer Technologien, daraus resultierende Chancen und Risiken stehen in einem breiteren Kontext und in engem wechselseitigem Bezug zu anderen wichtigen Kräften der Veränderung.

Mit dem vorliegenden Bericht wollen wir deshalb alle Prägekräfte des Arbeitslebens in den Blick nehmen, die heute für den Menschen im Arbeitsprozess besonders relevant sind und unsere Gesellschaft insgesamt besonders kennzeichnen. Dazu zählen neben der Digitalisierung vor allem der *demografische Wandel,* die veränderten *Lebensentwürfe von Frauen und Männern,* die Frage der *Vereinbarkeit von Beruf und Sorgearbeit* und nicht zuletzt die *Zuwanderung.*

Damit sind Themen angesprochen, die in Deutschland ungemachte Hausaufgaben sind: Durch den Bevölkerungsrückgang ergeben sich nicht nur erhebliche Personalengpässe, sondern auch zusätzlicher Bedarf bei der Versorgung pflegebedürftiger Menschen, auf die die Infrastruktur bislang noch nicht ausgerichtet ist. Die Vereinbarkeitsnöte werden damit immer massiver. Sie provozieren nicht selten Konflikte und Erschöpfung, wenn sich Sorgende zwischen Beruf und Familie aufreiben müssen. Ohnehin ist das Belastungsniveau der Erwerbstätigen offenbar auf einem so hohen Niveau angekommen, dass die Akteure in Wirtschaft und Politik aufgrund der damit verbundenen Kosten für Arbeitsausfall und Rehabilitation aufschrecken.

Schließlich tut sich die Gesellschaft auch schwer mit ihrer Haltung zur Zuwanderung. Die Gesellschaft altert und kann Arbeitskräfte aus dem Ausland gut brauchen. Längst meldet die Wirtschaft, dass sie ohne Arbeitsmigration nicht auskomme, und warnt vor einem Arbeitskräftemangel in Höhe von rund sechs Millionen Beschäftigten im Jahr 2030. Zugleich löst der Zuzug Ängste oder auch offene Feindseligkeit aus, die sich in jüngerer Zeit insbesondere gegen die Kriegsflüchtlinge bei uns richtet.

Für die Kommission war daher schon zu Beginn der Beratungen klar, dass sie nicht nur die Digitalisierung in den Blick nehmen wollte, sondern auch die ungemachten Hausaufgaben: Die genannten Probleme erfahren durch die Digitalisierung eine neue Dramatik. Auf der anderen Seite bietet die Digitalisierung auch die Möglichkeiten zur ihrer Lösung und zur Steigerung der *Lebensqualität.*

Der Digitalisierung wohnt das Potenzial der Polarisierung von Einkommen und Lebenschancen inne. Bereits jetzt hat eine wachsende Zahl von Menschen das Gefühl, nicht an diesem Erfolg teilzuhaben und ein Leben zu führen, das durch wachsende wirtschaftliche und soziale Unsicherheit geprägt ist. Der aktuelle Armuts- und Reichtumsbericht attestiert Deutschland eine »verfestigte Ungleichheit«. Die Digitalisierung kann hier als Sprengstoff wirken, wenn es nicht gelingt, die »Digitalisierungsdividende«, sofern es sie denn geben wird (die Wissenschaft ist hier uneins), gerecht zu verteilen.

WIE GEHT ES WEITER?

Es ist Zeit, die Grundlagen für die Arbeit der Zukunft zu festigen. Dafür müssen wir die Arbeit selbst und die Rahmenbedingungen der Arbeit in vielerlei Hinsicht neu gestalten. »Arbeit transformieren!« – das ist der Titel, den wir unserem Bericht gegeben haben. Damit knüpfen wir an den Begriff »Transformation« an, der seit einigen Jahren Konjunktur hat. Wir schließen uns aber nicht der rein technologischen Deutung dieses Begriffs an, der in den vergangenen Jahren den Digitalisierungsdiskurs geprägt hat und der oft deterministische Züge trägt, sondern verstehen Transformation als etwas ebenso Notwendiges wie Aktives – als einen Veränderungsprozess, der keineswegs vorherbestimmt ist, der aber einem klaren Ziel folgen soll: Arbeit besser zu machen – für so viele Menschen wie möglich. Dafür gilt es, in eine neue Phase gemeinsamen Gestaltens einzutreten, um die Chancen der Digitalisierung zu ergreifen und sie in Innovationen, Lebensqualität und Sicherheit umzuwandeln. Unser Bericht ist als Impuls für den Eintritt in eine solche neue Phase gedacht.

Wir danken allen Mitgliedern der Kommission für ihr kontinuierliches Engagement über zwei Jahre hinweg, für ihre Bereitschaft, ihr Wissen zu teilen und kontrovers zu diskutieren, und für ihre Mitwirkung beim Verfassen der Denkanstöße.

Berlin und Kassel, Mai 2017
Kerstin Jürgens, Reiner Hoffmann und Christina Schildmann

DIE KOMMISSION

VORSITZENDE

REINER HOFFMANN Vorsitzender des Deutschen Gewerkschaftsbundes und Vorsitzender des Vorstands der Hans-Böckler-Stiftung
PROF. DR. KERSTIN JÜRGENS Professorin für Mikrosoziologie an der Universität Kassel

MITGLIEDER

PROF. JUTTA ALLMENDINGER, PH.D. Präsidentin des Wissenschaftszentrums Berlin für Sozialforschung und Professorin für Bildungssoziologie und Arbeitsmarktforschung an der Humboldt-Universität Berlin
ANSGAR BAUMS Head of Government Relations Europe/Middle East/Africa, HP Deutschland GmbH
CHRISTIANE BENNER Zweite Vorsitzende der IG Metall
PROF. DR. ANDREAS BOES Mitglied des Vorstands des Instituts für Sozialwissenschaftliche Forschung e.V. und Professor an der TU Darmstadt
DR. JULIA BORGGRÄFE Head of Human Resources & Corporate Governance, Messe Berlin, und Partnerin, autenticon – consulting in context
PROF. DR. GERHARD BOSCH Geschäftsführender Direktor des Instituts Arbeit und Qualifikation, Universität Duisburg-Essen
MONIKA BRANDL Vorsitzende des Gesamtbetriebsrates und Mitglied des Aufsichtsrats der Deutschen Telekom AG, Vorsitzende des ver.di-Gewerkschaftsrats
WOLFGANG DANIEL ehemaliger stellvertretender Betriebsratsvorsitzender und Mitglied des Aufsichtsrats, BASF SE
ALFRED GEISSLER Mitglied der Geschäftsführung und Arbeitsdirektor, STEAG GmbH

RALF GIESEN Mitglied der Geschäftsführung, Vivawest GmbH und Vivawest Wohnen GmbH
EDELTRAUD GLÄNZER Stellvertretende Vorsitzende der IG Bergbau, Chemie, Energie
PROF. DR. ANKE HASSEL Wissenschaftliche Direktorin des Wirtschafts- und Sozialwissenschaftlichen Instituts der Hans-Böckler-Stiftung
LOTHAR HERBST Mitglied des Vorstands und Arbeitsdirektor, Mainova AG
PROF. DR. HEIKE JOEBGES Professorin für International Economics an der Hochschule für Technik und Wirtschaft Berlin
VALENTINA KERST Geschäftsführerin topiclodge – Strategische Internetberatung, Leiterin des Landesrates für digitale Entwicklung und Kultur in Rheinland-Pfalz
MATTHIAS GRAF VON KIELMANSEGG Abteilungsleiter Strategien und Grundsatzfragen, Bundesministerium für Bildung und Forschung
ANDREA KOCSIS Stellvertretende Vorsitzende der Vereinten Dienstleistungsgewerkschaft
PROF. DR. KARL-RUDOLF KORTE Professor für Politikwissenschaft, Direktor der NRW School of Governance und Dekan für Gesellschaftswissenschaften an der Universität Duisburg-Essen
HOLGER KRÖKEL Mitglied des Betriebsrats und des Gesamtbetriebsrates, Bosch Rexroth AG
PROF. DR. JAN MARCO LEIMEISTER Professor für Wirtschaftsinformatik, Universität St. Gallen und Universität Kassel
MARTIN MATHES Leiter der Abteilung Wirtschafts- und Sozialpolitik, IG Bauen-Agrar-Umwelt
BENJAMIN MIKFELD Abteilungsleiter Grundsatzfragen, Bundesministerium für Arbeit und Soziales
PROF. EM. DR. ULRICH MÜCKENBERGER Rechts- und Politikwissenschaftler und emeritierter Professor für Arbeits- und Sozialrecht am Fachbereich Sozialökonomie der Universität Hamburg
BERND OSTERLOH Vorsitzender des Gesamt- und Konzernbetriebsrates und Mitglied des Präsidiums des Aufsichtsrats, Volkswagen AG
PROF. DR. LUDGER PRIES Professor für Soziologie an der Ruhr-Universität Bochum
ISABEL ROTHE Präsidentin der Bundesanstalt für Arbeitsschutz und Arbeitsmedizin

PROF. DR. GÜNTHER SCHUH Professor für Produktionssystematik an der RWTH Aachen, Leiter des Bereichs Technologiemanagement beim Fraunhofer-Institut für Produktionstechnologie
BIRGIT STEINBORN Gesamtbetriebsratsvorsitzende und stellvertretende Vorsitzende des Aufsichtsrats, Siemens AG
PROF. DR. TILL VAN TREECK Professor für Sozialökonomie an der Universität Duisburg-Essen
PROF. DR. BERTHOLD VOGEL Professor für Soziologie und Direktor des Soziologischen Forschungsinstituts an der Universität Göttingen

Beim Erstellen des Kommissionsberichts haben im Sekretariat der Kommission »Arbeit der Zukunft« Annekathrin Müller und Lisa Schrepf mitgewirkt. Darüber hinaus haben uns folgende Personen unterstützt: Petra Adolph, Jutta Blankau, Michael Fischer, Thomas Fischer, Melanie Frerichs, Michael Guggemos, Sarah Herbst, Michael Kühlen, Kai Lindemann, Manuela Maschke, Oliver Suchy, Dorothea Voss sowie weitere Mitarbeiterinnen und Mitarbeiter der Hans-Böckler-Stiftung und des Deutschen Gewerkschaftsbundes. Wir danken allen für ihr großes Engagement.

ERWERBSTÄTIGKEIT

STANDARDS FÜR DIE VIELFALT

NORMEN VERTEIDIGEN, SCHUTZ AUSBAUEN

WO STEHEN WIR?

Welche Stellung Arbeitnehmerinnen und Arbeitnehmer in der Arbeitswelt und damit in der Gesellschaft haben, entscheidet sich über die Beschäftigungsform: Sind sie angestellt? Zu welchen Konditionen? Haben sie einen Arbeitsvertrag – oder erhalten sie (nur) einen Arbeitsauftrag? An diese Fragen sind nicht nur Arbeitsvolumen und Entgelte geknüpft, sondern auch Rechte und soziale Sicherheit.

DAS NORMALARBEITSVERHÄLTNIS ALS GARANT DER ABSICHERUNG. Ab den späten 50er Jahren kam es in der jungen Bundesrepublik zu einem rasanten Wachstum des industriellen Sektors, der mit einem deutlichen Aufbau von Beschäftigung und einer Expansion der Mitbestimmung in Tarifverträgen und betrieblichen Vertretungsorganen einherging. Die als »Wirtschaftswunder« titulierte Phase war gekennzeichnet durch Vollbeschäftigung, kontinuierliche Einkommenssteigerungen und den Ausbau des Wohlfahrtsstaates. Durch die große Nachfrage nach Arbeitskräften, die auch zu Anwerbemaßnahmen im europäischen Ausland (→ MIGRATION) führte, konnten die Gewerkschaften viele Verbesserungen durchsetzen.

Fest verflochten mit dieser wirtschaftlichen Dynamik war die Institutionalisierung des *Normalarbeitsverhältnisses.* Gemeint ist ein Arbeitsverhältnis, das unbefristet und sozialversicherungspflichtig ist und in der Regel in Vollzeit ausgeübt wird.[1] Das Normalarbeitsverhältnis erfüllt Funktionen, die für Arbeitgeber/innen und Arbeitnehmer/innen gleichermaßen *Verlässlichkeit* bieten: Die »Schutzfunktion« bezieht sich vor allem auf die Absicherung der Beschäftigten; die Betriebe profitieren von der »Orientierungs- und Ordnungsfunktion« bei arbeits- und sozialrechtlichen Vorschriften und von der »Antriebs- und Selektionsfunktion«, indem ein Anreiz für kontinuierliche Erwerbstätigkeit gesetzt wird.[2] Im Wettbewerb um Arbeitskräfte markieren

1 Eine weite Definition bezieht auch Teilzeitarbeit ein, allerdings nur ab einem Umfang von 20 Stunden.

2 Zu den Funktionen des Normalarbeitsverhältnisses siehe MÜCKENBERGER 1989.

diese Funktionen Regeln, die allen Betrieben gleiche Ausgangschancen verschafften und einen Überbietungswettbewerb um Beschäftigte verhinderten. Von 1950 bis 1980 war das Normalarbeitsverhältnis der vorherrschende Typus von Beschäftigung in Westdeutschland. In Ostdeutschland galt Vollbeschäftigung in Vollzeitarbeit als Leitbild, doch verschleierte die niedrige Arbeitslosenquote die tatsächliche Unterbeschäftigung und die verdeckte Arbeitslosigkeit.

PLURALITÄT IN DEN ARBEITSVERHÄLTNISSEN GAB ES SCHON IMMER. Bei aller Dominanz des Normalarbeitsverhältnisses gab es immer schon Beschäftigtengruppen, die hiervon *abweichend* arbeiteten und z.B. über Saisonarbeit, Heimarbeit oder Teilzeitarbeit ihre Existenz sicherten. Das Normalarbeitsverhältnis war auf das traditionelle Modell eines männlichen *Familienernährers* zugeschnitten, der mit seinem Einkommen die Existenz einer ganzen Familie bestreitet. Die Ehefrau sollte weitgehend für die Haus- und Familienarbeit freigestellt sein, was bei einem Einsatz auf dem Arbeitsmarkt eine geringere Entlohnung und Beschäftigung in geringem Stundenvolumen rechtfertigte.[3] Während in dieser westdeutschen Ausprägung Frauen überwiegend mit geringer Stundenzahl beschäftigt waren, war Frauenerwerbstätigkeit in der DDR als Vollzeitbeschäftigung organisiert. Die Arbeit im Haushalt wurde zwar auch hier meist von Frauen übernommen, doch verschaffte ihnen das Ganztagsangebot in der Kinderbetreuung Entlastung.

3 Mit dem »Ehegattensplitting« setzt der Gesetzgeber steuerpolitische Anreize zur traditionellen Rollenverteilung und begünstigt fiskalisch eine ungleiche Arbeitsteilung zwischen Mann und Frau.

Mit *Wertewandel, Frauenbewegung* und *Bildungsexpansion* brach das traditionelle Modell in Westdeutschland sukzessive auf. Das Ernährer-Zuverdiener-Modell fand immer mehr Zuspruch, auch die Zahl der Paare, die sich die Aufgaben gleichgewichtig teilen wollten, nahm zu. Die Expansion des Dienstleistungssektors ab den 80er Jahren war nicht zuletzt durch diese modernisierten Lebensentwürfe angetrieben.

ARBEIT STEHT UNTER DRUCK. Als ab den 70er Jahren das Wachstum nachließ und die Arbeitslosigkeit zunahm, gerieten Beschäftigungsverhältnisse und Sozialstaat unter Druck. Unternehmen beklagten mit Verweis auf internationale Konkurrenz zu hohe Lohnkosten. Die Arbeitgeber forderten mehr Flexibilität in der Beschäftigung: Verbindliche Lohnstrukturen, kollektiv geregelte Arbeitszeiten und Schutzstandards von Beschäftigung galten vielen von ihnen als Wachstumshemmnis und Hürde für Einstellungen. Abhilfe sollten die Deregulierung der Beschäftigungsverhältnisse und der Abbau arbeitsrechtlicher Schutzvorschriften schaffen, etwa ein gelockerter Kündigungsschutz, die Erleichterung von Befristungen und der Beschäftigung in nur »geringfügigem« Umfang (Minijobs). Folge war, auch befördert durch die Privatisierung öffentlicher Dienste und durch Zunahme nicht tarifgebundener Betriebe, eine *Ausdifferenzierung der Beschäftigungsformen.*

EXPANSION »NEUER« BESCHÄFTIGUNGSFORMEN. Der Anteil von Beschäftigung jenseits des Normalarbeitsverhältnisses hat sich von 1991 bis 2015 nahezu verdoppelt. Mittlerweile arbeiten laut Statistischem Bundesamt rund ein Viertel aller Beschäftigten und fast die Hälfte aller erwerbstätigen Frauen in *Teilzeit.* In *Mini- und Midijobs* waren 2015 23 Prozent der Erwerbstätigen beschäftigt – davon fast zwei Drittel haupt- und ein Drittel nebenberuflich. Der Anteil geringfügig entlohnter Beschäftigter liegt bei 16 Prozent aller Erwerbstätigen. *Befristete Beschäftigung* hat von 1995 bis 2014 um zwei Prozentpunkte zugenommen, ihr Anteil liegt jetzt bei 13 Prozent. Befristung ist kein Massenphänomen, aber Normalität beim Berufseinstieg: 45 Prozent aller Neueinstellungen erfolgen befristet.[4]

Daneben hat die Bedeutung der *Leiharbeit* und *Solo-Selbstständigkeit* massiv zugenommen. Seit Mitte der 90er Jahre hat sich die Leiharbeit mehr als verfünffacht. Im Jahr 2016 hatte sie einen Anteil von 3 Prozent an allen sozialversicherungspflichtig Beschäftigten. Die Zahl der Solo-Selbstständigen ist bis 2012 deutlich gestiegen, zuletzt aber wieder leicht rückläufig; sie liegt derzeit bei 6 Prozent aller Erwerbstätigen (BRENKE/BEZNOSKA 2016). Die Solo-Selbstständigen sind eine äußerst heterogene Gruppe: Ihre Einkommensspanne erstreckt sich von sehr schlecht bis hin zu sehr gut Verdienenden. Auch *Werkverträge* zählen zur Arbeitsrealität. Hier kommt es zu großen Überschneidungen mit der Solo-Selbstständigkeit. Da Werkverträge nicht meldepflichtig sind, gibt es – im Unterschied etwa zur Leiharbeit – keine zuverlässigen Daten; es gibt jedoch Anzeichen für einen Trend zur Zunahme und Erfahrungen mit Missbrauch (IG METALL 2015; BÄCKER/SCHMITZ 2016) [→ MIGRATION].

4 Laut IAB-Betriebspanel 2014 erfolgten 60 Prozent der Einstellungen im öffentlichen Dienst befristet. In der Privatwirtschaft waren es 40 Prozent und in der Wissenschaft 87 Prozent (HOHENDANNER et al. 2016).

Dass sich die Pluralität der Beschäftigungsverhältnisse auch aus den *Wünschen von Beschäftigten* ergibt, wird in arbeitspolitischen Debatten immer wieder betont – und trifft für einen Teil der Beschäftigten auch zu. Die Betonung der Erwünschtheit kaschiert allerdings die Tatsache, dass ein nicht unerheblicher Teil aus Mangel an Alternativen jenseits des Normalarbeitsverhältnisses arbeitet. Teilzeitarbeit und Solo-Selbstständigkeit sind oft eine Antwort auf fehlende Flexibilität in der »Normalarbeit«. Auch die ungleiche Verteilung der Sorgearbeit und eine fehlende Betreuungsinfrastruktur stellen große Hindernisse für Vollzeiterwerbstätigkeit dar.

POLARISIERUNG DER ERWERBSTÄTIGEN ENTLANG DER BESCHÄFTIGUNGSFORM. Welche Form von Beschäftigung vorherrscht, unterscheidet sich je nach Branche. Minijobs und andere Teilzeitarrangements finden sich vor allem im Gastgewerbe und im Handel, Leiharbeit ist ein beliebtes Instrument industrieller Großbetriebe, und befristete Beschäftigung ist das Instrument der Wahl zur Flexibilisierung im öffentlichen Dienst. Ungleichheiten qua Beschäftigungsstatus zeigen sich keineswegs nur in wachstumsschwachen Bereichen, sondern auch an Orten des Booms, wie sich an der Expansion der Leiharbeit in der Industrie ablesen lässt. Über alle Branchen hinweg scheint sich allerdings eine Gemeinsamkeit herauszukristallisieren: Es sind vor allem Frauen, Jüngere und Geringqualifizierte, die in Teilzeit, Minijobs, Leiharbeit oder als befristet Beschäftigte arbeiten.[5] Hier verbinden sich prekärer Beschäftigungsstatus und niedriges Entgelt zu einer Erwerbslage, die zwar Einbindung in den Arbeitsmarkt, aber kaum eigenständige Existenzsicherung und verlässliche Lebensplanung garantiert (→ EINKOMMEN).

PREKARISIERUNG AUCH INNERHALB VON »NORMALARBEIT«. Auf der einen Seite gibt es nach wie vor eine große Gruppe von Beschäftigten, die weiterhin oder auch neu im klassischen Normalarbeitsverhältnis beschäftigt ist. Die sozialversicherungspflichtige Beschäftigung hat wieder zugenommen, und die Dauer der Betriebszugehörigkeit der Kernbelegschaften ist noch immer hoch.[6] Gleichwohl kommt es zu einer *Spaltung im Binnenverhältnis:* Während sich die einen weiter-

5 Der Anteil von Frauen am Normalarbeitsverhältnis liegt weitgehend unverändert bei knapp 30 Prozent (EICHHORST et al. 2017).

6 Laut IW KÖLN (2016) hat sich die Beschäftigungsdauer während der letzten zehn Jahre nicht wesentlich verändert. 46 Prozent der Befragten der Arbeitskräfteerhebung waren 2015 seit mindestens zehn Jahren bei ihrem Arbeitgeber beschäftigt (STATISTISCHES BUNDESAMT 2017b).

hin in einer Zone von hohen Schutzstandards, hoher Tarifbindung und einer sukzessiven Verbesserung von Einkommen bewegen, gilt dies für andere längst nicht mehr. Auch innerhalb von »Normalarbeit« erfahren Erwerbstätige ihre Existenz als prekär, weil sie mit hohem Konkurrenz- und Wettbewerbsdruck konfrontiert sind und bisherige Garantien für Aufstieg nicht mehr wie bislang greifen. Die Folge ist ein *Nebeneinander von stärker und schwächer geschützten Beschäftigungsverhältnissen.*

WER REDET NOCH ÜBER DIE ARBEITSLOSEN? Trotz der günstigen Entwicklungen auf dem Arbeitsmarkt bleibt ein erhebliches Potenzial an Arbeitskräften ungenutzt. 2016 waren im Jahresdurchschnitt 2,7 Millionen Menschen arbeitslos; zählt man die an Fördermaßnahmen der Bundesagentur für Arbeit Teilnehmenden hinzu, waren es 3,5 Millionen (BA 2017a). Ein anderer Teil der Erwerbsbevölkerung ist unterbeschäftigt. Laut Statistischem Bundesamt wünschen sich 14 Prozent der Teilzeit- und 4 Prozent der Vollzeiterwerbstätigen eine Aufstockung ihrer Arbeitszeit. Es gibt also trotz positiver Arbeitsmarktbilanz eine beachtliche Zahl von Erwerbstätigen, die man als *erwerbstätige Arbeitsarme* bezeichnen könnte (→ EINKOMMEN).

WORAUF SOLLTEN WIR UNS VORBEREITEN?

Seit vielen Jahren zeichnet sich ein Strukturwandel hin zu einer *Expansion der Dienstleistungsarbeit* ab. Mittlerweile arbeiten sieben von zehn Beschäftigten im Dienstleistungssektor. Vor allem das starke Wachstum im Handel und im Gesundheits- und Sozialwesen macht sich bemerkbar. Während generell vor allem einfach- und mittelqualifizierte Tätigkeiten von Rationalisierung betroffen sind, kommt es im Dienstleistungsbereich zu einem zunehmenden Bedarf an einfachen Tätigkeiten und an Tätigkeiten mit mittlerer Qualifikation. Vor allem aber ist durch den Strukturwandel der Bedarf an hoch qualifizierten (akademischen) Tätigkeiten gestiegen. Der nächste Strukturwandel steht nun mit der Digitalisierung ins Haus.

UNGEWISSE ENTWICKLUNG AUF DEM ARBEITSMARKT. Die Initialzündung für die deutsche Debatte um die Rationalisierungseffekte der Digitalisierung war die Studie von Frey und Osborne. Sie prognostizierten für die USA einen Abbau von 47 Prozent aller Beschäftigten in den nächsten 20 Jahren (FREY/OSBORNE 2013). Auf Deutschland ist dieses Szenario nicht übertragbar, weil das hiesige Berufssystem sich sehr stark von dem in den USA unterscheidet: Auch dank des dualen Systems sind die Berufsbilder hierzulande deutlich komplexer; Interaktion, situative Unwägbarkeit und Kreativität sind wichtige Elemente. Diese lassen sich nicht einfach durch Technik ersetzen (PFEIFFER/SUPHAN 2015). Unter Berücksichtigung der deutschen Besonderheiten kommt das Institut für Arbeitsmarkt- und Berufsforschung auf ein Automatisierungsrisiko von nur 12 Prozent aller Tätigkeiten.[7]

Durch Technik potenziell ersetzbare Tätigkeiten werden nicht von allen gleichermaßen ausgeübt: Geringqualifizierte werden stärker betroffen sein als Hochqualifizierte, Tätigkeiten im Büro, in der Sachbearbeitung und im Verkauf, in der Ma-

7 Eine Modellrechnung des IAB geht davon aus, dass es im Jahr 2025 einerseits 1,5 Millionen Arbeitsplätze nicht mehr geben wird, dafür nahezu 1,5 Millionen Arbeitsplätze neu entstanden sein werden. Digitalisierung wird dabei den Strukturwandel zu mehr Dienstleistungen beschleunigen (WOLTER et al. 2016).

schinenwartung und -steuerung sind eher automatisierbar als lehrende, entwickelnde, soziale oder organisatorische Tätigkeiten. Andere Tätigkeiten werden zukünftig zunehmen, beispielsweise in der IT-Branche und im Gesundheitswesen (WIFOR 2016). Wie die *Gesamtbilanz* selbst bei einer hohen Umsetzung des technisch möglichen Veränderungspotenzials in bestimmten Tätigkeitsbereichen und Branchen und unter Berücksichtigung von Konsumströmen und veränderten Im- und Exportstrukturen aussieht, ist ungewiss. Ungewiss ist auch, ob verfügbare Technik tatsächlich in der betrieblichen Praxis eingesetzt wird: Dazu müssen technologische Innovationen als betriebswirtschaftlich rentabel eingeschätzt werden; zudem sind rechtliche und ethische Fragen zu klären (DENGLER/MATTHES 2015).

Insgesamt steht dem Rationalisierungs- und Automatisierungspotenzial der Digitalisierung mit der *Arbeitsanreicherung von Arbeitsplätzen* ein beachtliches positives Beschäftigungs- und Gestaltungspotenzial gegenüber: Werden einzelne Tätigkeiten stärker automatisiert, steigt der Anteil der Mensch-Maschine-Zusammenarbeit auf einem Arbeitsplatz. Die verbleibenden bzw. neuen Arbeitsplatzzuschnitte sind in der Tendenz anspruchsvoller als diejenigen, die durch Automatisierung wegfallen, daher ist Qualifizierung eine Voraussetzung für kontinuierliche Erwerbstätigkeit in einer digitalisierten Arbeitswelt. Auch treffen Automatisierungsszenarien nicht zwangsläufig oder quasi naturgesetzlich ein, die Entwicklung ist gestaltbar. Dabei kommt den Sozialpartnern eine zentrale Rolle zu.

TRÄGT DER ARBEITNEHMERBEGRIFF FÜR DIE DIGITALE ÖKONOMIE NOCH? Der technologische Fortschritt verändert nicht nur Arbeitsabläufe, sondern er bringt auch neue Geschäftsmodelle und Vernetzungen hervor, die die Strukturen von Wirtschaft und Arbeitswelt verändern. An die Erwerbstätigkeit und den Betrieb sind jedoch rechtliche und soziale Standards geknüpft.

Ein »Arbeitsverhältnis« geht von klar zu identifizierenden Arbeitgeber/innen und Arbeitnehmer/innen aus. Bereits jetzt gibt es Bereiche des Arbeitsmarktes, in denen sich diese Rollen verflüchtigen, z.B. bei der Plattformökonomie, aber auch in Teilen des Bildungsbereiches. Dieser Trend der Verflüchtigung dürfte sich im Zuge der Digitalisierung und der mit ihr verbundenen Neuausrichtung von Organisationsstrukturen verstärken.

Viele Menschen sind nicht mehr ausschließlich als »Arbeitnehmer/in« beschäftigt und per Arbeitsvertrag eingestellt, sondern sie arbeiten per *»Auftrag«*. Nicht nur beim Crowdworking[8], bei Netzwerk-Organisationen und digitalen Plattformen, sondern bis tief in die Kernbereiche der Arbeitswelt finden sich aufgrund komplexer Zuliefer- und Absatzketten unterschiedliche Gruppen von sogenannten »Fremdbeschäftigten«.

8 Beim Crowdwork werden Aufträge digital an einen anonymen Arbeitskräftepool, die sogenannte Crowd, ausgeschrieben. Die Vergabe erfolgt vermittelt über digitale Plattformen (»Intermediäre«).

Rechtliche Kriterien – wie z.B. die »persönliche Abhängigkeit« als Definition eines Beschäftigungsverhältnisses – können in diesen Bereichen immer schwerer Anwendung finden, noch sind an den Status »Arbeitnehmer/in« über die Arbeits- und Sozialrechtsordnung soziale Ansprüche gekoppelt: Kündigungsschutz- und Arbeitszeitgesetz ebenso wie die kollektive Vertretung im Betriebsverfassungsgesetz, das Tarifvertragsgesetz oder der Mindestlohn greifen bei Fremdbeschäftigten nicht. Die Klassifizierung der Erwerbstätigen und die sich daraus ergebende Form sozialer Absicherung sind daher Gegenstand juristischer Debatten (z.B. DÄUBLER/KLEBE 2015; KLEBE 2016; PRASSL/RISAK 2016).

ERODIERT DER BETRIEB ALS REFERENZRAHMEN? Die Digitalisierung befördert betriebliche Strukturen, die statt einer räumlichen oder organisatorischen Einheit eher ein Netzwerk darstellen (SYDOW/HELFEN 2016). In solchen Netzwerk-Betrieben gibt es im Zentrum weiterhin Angestellte, aber auch Freelancer, für die nicht mehr die Betriebszugehörigkeit und das Beschäftigungsverhältnis ausschlaggebend sind, sondern allein der Auftrag. Crowdworking ist in Deutschland zwar als empirische Arbeitsrealität eine noch zu vernachlässigende Größe, sie könnte aber als Prinzip des Arbeitseinsatzes an Bedeutung gewinnen und so auf die Regulierung anderer Beschäftigungsformen ausstrahlen. Arbeit, so ein Szenario, würde dann (unabhängig davon, ob interne oder externe Aufträge der Gegenstand sind) stärker über Plattformen organisiert werden (BOES et al. 2014, 2015). Damit wird der bisherige Begriff des »Betriebs« überholungsbedürftig.

WO KÖNNEN WIR ANSETZEN?

ANERKENNUNG DER PLURALITÄT VON ERWERBSTÄTIGKEIT

Die Vielfalt der Erwerbsformen wäre kein arbeitspolitisches Handlungsfeld, wenn es nur um unterschiedliche Einsatzzeiten oder -formen ginge. Resultieren aus unterschiedlichen Erwerbsformen jedoch höchst *unterschiedliche Formen der sozialen Absicherungen und der arbeitsrechtlichen Behandlung*, wird daraus eine gesellschaftspolitische Schlüsselfrage.

⟶ DENKANSTOSS FÜR EIN PLURALES LEITBILD DER ARBEIT

Abweichungen von der Vollzeitbeschäftigung werden gegenwärtig oft als »atypisch« und damit als nicht »normal« definiert. Selbst Beschäftigung knapp unterhalb der Vollzeit gilt – obwohl sie in der offiziellen Arbeitsmarktstatistik zum Normalarbeitsverhältnis gezählt wird – vielen immer noch als atypisch, also auch: nicht vollwertig. In dem Maße, in dem sich familiale Rollenmuster und Arbeitsteilungen ändern, muss sich die Arbeitswelt vom Idealbild und Orientierungsrahmen des männlichen Alleinernährers verabschieden. Teilzeit muss daher zur Normalität im Lebensverlauf werden – für Männer *und* Frauen – und darf nicht als »atypisch« abgestraft werden.

Soziale Absicherung, Arbeitsschutz und kollektive Vertretungsrechte sollten in allen Erwerbsformen zur Geltung kommen. Dieses Prinzip ist nicht nur nachhaltig für sozialen Zusammenhalt und die Stabilisierung der sozialen Sicherungssysteme, sondern auch aus gleichstellungspolitischer Perspektive überfällig. Auszeiten und Arbeitszeitreduktionen gewinnen an Normalität in einer Gesellschaft, in der Sorgearbeit und Qualifizierung als selbstverständliche Bestandteile des Lebenslaufs anerkannt werden.

Der rechtliche Begriff, das Konzept »Arbeitnehmer/in« und die hieran gekoppelten arbeitsrechtlichen und sozialen Schutzstandards waren eine Reaktion auf den Wunsch, *Arbeitskraft abzusichern*. Seit den Anfängen der Industrialisierung mit der Verelendung weiter Teile der Arbeiterschaft greift die Erkenntnis, dass eine staatliche Sozialpolitik und Schutzvorschriften zu Beschäftigung und Arbeitseinsatz nicht nur dem Einzelnen zu einer würdigen Existenz verhelfen, sondern auch der Wirtschaft *verlässlich abrufbare Ressourcen* garantieren und die Gesellschaft stabil halten.

Die Forschung problematisierte Veränderungen in der Nutzung von Arbeitskraft schon früh unter der Formel der *»Dekommodifizierung«:* Arbeitskräfte sollten, so die historische Einsicht, nicht unmittelbar den Kräften des Marktes ausgesetzt sein, sondern – da sie meistens über die marktschwächere Position verfügen – über allgemeine rechtliche Absicherung Schutz genießen. Die aktuelle Erosion des Status als »Arbeitnehmer/in« und die Zunahme von Arbeitstätigkeiten jenseits solcher Regulierungen bergen somit die Gefahr einer »Kommodifizierung«, in der sich immer mehr Menschen allein im Marktgeschehen behaupten müssen. Das ist nicht für alle ein Problem: Personen mit besonders nachgefragten Qualifikationen können sich auch auf solchen Arbeitsmärkten behaupten, für viele andere ist die Verhandlungslage jedoch weit schwieriger.

In einer sich dynamisch wandelnden Arbeitswelt und angesichts einer Pluralität von Beschäftigungsformen stellt sich die Frage, ob es überhaupt noch einen gemeinsamen Standard gibt und worin dieser besteht. Wenn immer mehr Unternehmen ihre Rolle als »Arbeitgeber« ablehnen und sich den dazu gehörenden Pflichten und Regeln entziehen, entstehen Schutzlücken. Vorschläge, diese Lücken für bestimmte Gruppen über das Handels- oder Zivilrecht zu schließen, werden nicht angemessen greifen. Ein Beispiel: Beim Online-Vermittlungsdienst zur Personenbeförderung »Uber« gelten die Fahrer/innen als selbstständig; die Plattform selbst sieht sich nur als Vermittlerin, nicht als Arbeitgeberin. Dieses Modell ist ebenso erfolgreich wie umstritten. In vielen Ländern, auf die sich die Uber-Aktivität erstreckt, sind derzeit juristische Auseinandersetzungen über den Beschäftigungsstatus der Fahrdienstleistenden zu verzeichnen.

Die folgenden Ausführungen und zentrale Ideen des Denkanstoßes basieren auf der Expertise von MÜCKENBERGER 2017. In der aktuellen Debatte dominieren zwei Positionen: Die erste bemängelt eine *fehlende gesetzliche Bestimmtheit* des Begriffs »Arbeitnehmer/in« und fordert eine gesetzliche Konkretisierung und Klarstellung. Die zweite Position geht weiter, indem sie seine *Angemessenheit grundlegend hinterfragt*. Der Begriff könne die aktuellen Gestaltungsprobleme von Arbeit nicht lösen, weshalb es einer konzeptionellen und letztlich auch gesetzlichen Veränderung bedürfe.

Empirische Untermauerung für die zweite Position ergibt sich aus dem sprunghaften Wachstum von Plattformen, die entweder Dienstleistungen vermitteln (Uber, AirBnB, Helpling) oder als Crowdworking-Plattformen selbst zum Ort der Arbeit werden. Es wird geschätzt, dass es in Deutschland insgesamt zwischen ein bis zwei Millionen Crowdworker/innen gibt. Die Kund/innen der Crowdworking-Plattformen umfassen das gesamte Spektrum der Wirtschaft von Google, Intel und AOL Inc. über die Deutsche Telekom bis hin zur Deutschen Bahn.

Wie also könnte ein *Konzept zur Neugestaltung der Arbeitsverhältnisse* aussehen, das dem Wandel Rechnung trägt und dabei die bisherigen Schutzfunktionen bewahrt, d.h. Standards aus Arbeitsrecht, Sozialversicherungssystem und Mitbestimmung in die Zukunft transportiert? Statt wie bislang Beschäftigte einzuteilen in die, die dazugehören, und die anderen, die nicht dazugehören, gilt es, ein neues *System abgestufter Rechte* zu finden und einen Arbeitnehmerbegriff, der für die digitale Transformation trägt.

→ DENKANSTOSS EIN NEUER ARBEITNEHMERBEGRIFF

Die Kommission plädiert für ein *vierstufiges Modell zum Schutz der Arbeit:*

1.

Neue Gruppen werden *in den Schutz* einbezogen, der bislang am Arbeitnehmerbegriff festgemacht war. Dies gilt insbesondere für Selbstständige, die formal selbstständig sind, faktisch aber durch die Arbeitsabläufe der Kontrolle eines Arbeitgebers unterliegen oder *wirtschaftlich* von ihm *abhängig* sind – wenn also durchaus eine *abhängige* Beschäftigung vorliegt.

Nötig ist hierfür zum einen eine erweiterte und besser *durchsetzbare Definition von Scheinselbstständigkeit* – also von Selbstständigkeit, bei der rechtlich der Arbeitnehmerstatus aller Voraussicht nach eingeklagt werden kann. Ein Anhaltspunkt könnte die Regelung sein, die bis 2002 galt, die fünf klare Kriterien als Indizien zur Abgrenzung definierte und die Beweislast dem Arbeitgeber zuwies.

Zum anderen ist es nötig, den Arbeitnehmerbegriff zu entpersönlichen und weiter zu fassen, ihn also auf diejenigen auszuweiten, die nicht persönlich abhängig sind, sondern – insbesondere bei *digital vermittelter Arbeit – sachlich oder wirtschaftlich abhängig* sind.

Eine Abgrenzung ist auch umgekehrt möglich: Selbstständig ist, wer im Wesentlichen frei seine Tätigkeit gestalten kann – diejenigen, die das nicht können (z.B. mit Blick auf die Preisgestaltung oder die Zeit des Arbeitseinsatzes), sind es nicht. Anregungen für eine solche Handhabung bietet das in den USA gängige »Control-Kriterium«, das sich vom Kriterium der »persönlichen Abhängigkeit« löst und elektronische Vernetzung als sachliche Abhängigkeit anerkennt. Danach gilt auch als Arbeitnehmer/in, wer während einer bestimmten Zeit für einen anderen nach dessen Weisung eine Leistung erbringt und als Gegenleistung eine Vergütung erhält. Gerichtsurteile (Causa FedEx) haben dieses Prinzip bereits bestätigt.

2.

Die Kommission ist sich darüber im Klaren, dass sich nicht alle im Zwischenbereich zwischen abhängiger Beschäftigung und Selbstständigkeit Arbeitenden einem erweiterten Arbeitnehmerbegriff zuordnen lassen. Diese Gruppe braucht jedoch, soll sie nicht in einer Grauzone unsichtbar werden, *neue Konturierungen*. Hierfür bietet sich an, die bereits existierende Kategorie der *»arbeitnehmerähnlichen Person«* auszuweiten. Diese Kategorie wird bislang nur auf kleine Gruppen angewendet (z.B. auf sogenannte »feste Freie« im Medienbereich). An diesem Status hängt eine Reihe sozialer Schutzvorschriften wie z.B. der Anspruch auf Urlaub, Pflegezeit oder Bildungsurlaub. Darüber hinaus ist es für Beschäftigte in diesem Status möglich, Tarifverträge abzuschließen. Die *Kategorie ist ausbaubar und ausbauwürdig.*

Folgerichtig wäre deshalb auch eine Änderung des Tarifvertragsgesetzes, nach der alle Personen als »arbeitnehmerähnlich« gelten, die 25 Prozent ihres Erwerbseinkommens bei einem Auftraggeber erzielen. Der EuGH hat bereits klargestellt, dass solche Tarifvereinbarungen vom EU-Kartellrecht ausgenommen und damit legal sind, die Arbeitsbedingungen derjenigen Selbstständigen regeln, die sich in einer vergleichbaren Situation wie Arbeitnehmer/innen befinden. Um diese Gruppe in ein kollektives Bezugssystem einzubinden, wäre auch eine Ausweitung von § 3 des Betriebsverfassungsgesetzes zu diskutieren.

In anderen Ländern wird die Differenzierung in (echte) Selbstständige, arbeitnehmerähnliche Personen und Arbeitnehmer/innen bereits umgesetzt: Im US-amerikanischen und kanadischen Rechtssystem gibt es neben der Kategorie des »independent contractor« (Selbstständiger) und der des »employee« (abhängig Beschäftigter) den »dependent contractor« (abhängig Selbstständiger) als neue dritte Kategorie. In Spanien und Italien hat sich eine solche Unterscheidung bereits seit längerer Zeit etabliert. Der internationale Vergleich bietet Ansatzpunkte für die Weiterentwicklung des Arbeitnehmerschutzes in Deutschland. Zu beachten ist, dass die Einführung neuer Kategorien nicht mit einer Aufweichung des erweiterten Arbeitnehmerbegriffs verbunden sein darf und dass die neuen bzw. erweiterten Kategorien die gleichen Schutzrechte wie für abhängig Beschäftigte verbürgen.

3.

Darüber hinaus müssen *Rechte und Schutznormen* in den Blick genommen werden, die zwar an Arbeit gebunden, aber *unabhängig vom rechtlichen Status der Arbeitenden* sind. Hier bieten sich drei Ansatzpunkte an:

— Schutzrechte, die an die *Gefahrenquelle* anknüpfen (z.B. beim technischen Arbeitsschutz oder Datenschutz) und gegenüber der Gefahrenquelle schützen, gelten bereits jetzt für Selbstständige und Drittbeschäftigte. Dieser Schutz ist in der digitalen Arbeitswelt durchaus auf Risiken der Datenverarbeitung bzw. mit Blick auf informationelle Selbstbestimmungsrechte anwendbar, doch ist dafür eine *neue Systematisierung nach dem Verursacherprinzip* nötig.

— Auch *Schutznormen des Gleichbehandlungsrechts* sind vielfach anwendbar, ohne dass persönliche Abhängigkeit bei der Verrichtung der Arbeit vorliegen muss.

— Die Einführung von *portablen Rechten für Erwerbstätige* dürfte Mobilitätsinteressen der Arbeitenden und global agierenden Unternehmen gleichermaßen entgegenkommen. Zwar treffen § 613a BGB für Betriebsübergänge und § 4 BetrAVG für Arbeitgeberwechsel Vorkehrungen, doch stellen diese Ausnahmefälle dar und regeln die individuelle Arbeitgeber-Arbeitnehmer-Beziehung nicht systematisch. Arbeitnehmerrechte und -positionen wären mit einer *»Portabilität«* auszustatten, die bei Wechsel oder Verlust des Arbeitgebers die Besitzstände vor Verlust schützt und in neue wirtschaftliche und soziale Konstellationen transferiert. Im Urlaubsrecht, bei der betrieblichen Altersversorgung und bei Zeitguthaben, auch in der Künstlersozialversicherung und bei den überbetrieblichen Urlaubskassenverfahren in den Baubranchen gibt es bereits Vorkehrungen und Erfahrungen, an die sich anzuknüpfen ließe. Im Entwurf des »Weißbuchs Arbeiten 4.0« des Bundesministeriums für Arbeit und Soziales (BMAS 2016b) etwa wird das Instrument eines »persönlichen Erwerbstätigenkontos« vorgeschlagen, das sich im Kontext von Langzeitkonten ausbauen ließe; Anregungen bietet auch das französische Beispiel des »compte personnel d'activités«. Spielräume und Mechanismen solcher Portabilität sind noch nicht ausreichend ausgeleuchtet.

Darüber hinaus scheint für die Gruppe der Solo-Selbstständigen eine Pflichtmitgliedschaft in der gesetzlichen Rentenversicherung geboten. Die Verbesserung der freiwilligen Arbeitslosenversicherung für Solo-Selbstständige ist ebenfalls in den Blick zu nehmen. Bei Plattformarbeiter/innen ist die Frage zu klären, wie sowohl Auftraggeber als auch Plattformbetreiber in die Finanzierung eingebunden werden können.

4.

Wenn für manche Erwerbstätige nicht mehr der Arbeitsvertrag, sondern das Bürgerliche Gesetzbuch gilt, das Rechtsbeziehungen zwischen Privatpersonen regelt, rückt das *»soziale Zivilrecht«* ins Blickfeld.

Die Mitglieder der Gesellschaft haben unabhängig von ihrer Stellung im Erwerbsleben Rechte – besonders dann, wenn sie sich in einer Situation struktureller Machtunterlegenheit befinden (z.B. Mietverhältnis oder Verbraucherfragen). Dieses soziale Zivilrecht garantiert kaum arbeitsrechtliche Normen und Rechtsdurchsetzung, gewinnt aber an Gewicht, wo in einer digitalisierten Arbeitswelt bislang keine anderen Schutzrechte greifen. Mit Blick auf Crowdwork lässt sich zeigen, dass z.B. die *schuldrechtlichen Vorschriften zum Schutz von Verbraucher/innen* bei Verwendung »Allgemeiner Geschäftsbedingungen« durchaus Anwendung finden können (→ EINKOMMEN). Je größer jedoch die wirtschaftliche Abhängigkeit von Crowdworker/innen ist, desto unwahrscheinlicher ist, dass sie ihre »Verbraucherrechte« tatsächlich einfordern. Deswegen bedarf es auch hier kollektiver Durchsetzungsinstrumente, etwa analog zum Verbandsklagerecht der Verbraucherzentralen.

Der *Urheberschutz* und der Schutz von Gebrauchs- und Geschmacksmustern dürften bei Crowdwork (wie überhaupt digitaler Arbeit) ebenfalls größere Bedeutung erlangen (→ EINKOMMEN). Die Frage ist allerdings auch, welche Regelungen bei Plattformen greifen sollen, die ihren Sitz im Ausland haben (siehe S.37).

Insgesamt gewinnt das *»soziale Zivil- und Wirtschaftsrecht«* überall dort an Bedeutung, wo sich der Arbeitnehmerbegriff und seine Erweiterungen als nicht anwendbar erweisen.

Mit diesem *neuen normativen Bezugsrahmen* ließe sich der *Vielfalt der Erwerbsformen* in der Arbeitswelt Rechnung tragen und dem schleichenden Verlust der bisherigen sozialen und rechtlichen Einbettung und Absicherung von Erwerbstätigkeit Einhalt gebieten.

DEN BETRIEB ENTLANG SEINER FUNKTIONEN DENKEN

Der Prozess der *betrieblichen Entgrenzung* ist nicht neu, sondern wurde bereits Ende der 80er Jahre beschrieben, als Prozesse der Vermarktlichung und Dezentralisierung einsetzten. Prinzipien des Wettbewerbs wurden in das Unternehmen hineingeholt, das Management wurde verschlankt, und Hierarchien wurden ausgedünnt, immer mehr Arbeitsschritte wurden ausgelagert. Im Zusammenhang mit der Digitalisierung wird nun eine weiter gehende Entgrenzung bis hin zur »Auflösung« des Betriebs diskutiert, der sich von einer technisch-organisatorischen Einheit zu einem *digital verbundenen Netzwerk* entwickelt.

Durch das Internet entstehen neue Formen der Zusammenarbeit und der Vernetzung, aus denen sich neue Wertschöpfungssysteme und -ketten kreieren lassen, die wiederum neue Produktionsstrukturen hervorbringen können. Arbeit und Produktion sind weniger an bestimmte Orte gebunden, wenn Arbeitsmittel, Arbeitsgegenstände sowie die Organisation der Prozesse und die begleitende Kommunikation auf Basis des Internets zusammengeführt werden können. In global integrierten Unternehmen werden unterschiedliche Teile der Wertschöpfung längst an ganz unterschiedlichen Orten erbracht.

Auch die Präsenz der Beschäftigten im Betrieb ist nicht mehr zwingend. Cloud-Konzepte und die Nutzung von Cloud-Plattformen als Drehscheiben für die Organisation von Arbeit befördern eine Veränderung betrieblicher Strukturen: Sie werden für Externe geöffnet, und es wird alles verbunden, was sich per »Cloud« anschlussfähig machen lässt. Das Unternehmen IBM bezeichnet dies als »Working in the Open«. Über die Plattform können global verteilte Arbeitskräfte genutzt und in Wertschöpfungsprozesse integriert werden. Im Betrieb definiert sich die Grenze zwischen innen und außen letztlich über die Zugriffsrechte auf die Cloud-Plattformen – und diese können flexibel neu vergeben werden. Fest angestellte Mitarbeiter/innen eines Betriebs arbeiten mit Beschäftigten von Zulieferbetrieben, mit Solo-Selbstständigen und sogar mit Crowdworker/innen und Kund/innen in einem gemeinsamen Wertschöpfungsprozess zusammen (BOES 2017). Zwar sind diese Phänomen nicht flächendeckend, beeinflussen aber grundlegend die Denk- und Gestaltungsweisen betrieblicher Strukturen.

DEBATTE

EIN NEUER BETRIEBSBEGRIFF

Der Betrieb verschwindet im Zuge des technologischen Fortschritts und globaler Vernetzungen nicht, verändert aber seine Form und seine Organisationslogik – und damit auch seine Risikostruktur. Immer mehr Risiken werden auf »Marktteilnehmer« abgewälzt, die früher als abhängig Beschäftigte tätig und über diesen Status geschützt waren.

In der Rechtsprechung ist der Betrieb »die organisatorische Einheit, innerhalb derer der Arbeitgeber allein oder mit seinen Arbeitnehmern mit Hilfe von sächlichen oder immateriellen Mitteln bestimmte arbeitstechnische Zwecke fortgesetzt verfolgt, die sich nicht in der Befriedigung des Eigenbedarfs erschöpfen« (BAG v. 31. 5. 2000 – 7 ABR 78/98). Diese Umschreibung ist bereits flexibler als das herkömmliche Verständnis von Betrieb, das sich an einem Ort festmachte.

An die Stelle des örtlich gedachten Betriebs rückt seine Definition als *funktionale Einheit:* In dem Sinne, in dem es einem wirtschaftlichen Akteur gelingt, die für seinen Produktionsprozess erforderlichen sozialen Bindungen herzustellen und hierüber die zur Ausübung seines Direktionsrechts erforderlichen Transaktions- und Kontrollstrukturen aufzubauen, ist das Ergebnis als *Betrieb* zu verstehen. Das ist von großer Bedeutung für das Arbeitsrecht und die Mitbestimmung, weil die vielfältigen Informations-, Konsultations- und Mitbestimmungsrechte im Betriebsverfassungsgesetz an den Betrieb (und die Auslegung des Betriebsbegriffs) geknüpft sind.

Mit einer rein funktionalen Definition wird eine moderne Fassung des Betriebsbegriffs möglich. Wichtig dabei: Der Betrieb erfährt damit keinesfalls einen Bedeutungsverlust. Er verändert zwar seine konkret historische Form, bleibt aber in seinem Wesen und seiner juristischen Bedeutung als organisatorische Einheit bestehen.

Die Definition des Betriebs als funktionale Einheit hat Folgen für das Mitbestimmungssystem: Wird der Betriebsbegriff »enträumlicht«, können Arbeitgeber nicht mehr durch das Zerlegen von Betrieben in Kleinstbetriebe die Mitbestimmung umgehen. Zugleich eröffnet der neue Betriebsbegriff Betriebs- und Personalräten die Möglichkeit, ihren Vertretungsanspruch entlang der Wertschöpfungskette geltend zu machen.

Vieles spricht dafür, den neuen Betriebsbegriff ergänzend neben den des »alten Betriebs« zu stellen, der insbesondere Arbeitgeberfunktion behalten muss. So können bestehende Mitbestimmungsmöglichkeiten und Schutzstandards (wie zum Beispiel höhere Branchenmindestlöhne) gesichert und eine Zerstückelung von Arbeitsverhältnissen in eine Vielzahl von Kurzzeitverhältnissen vermieden werden.

Für die Sozialpartnerschaft stellen sich darüber hinaus grundsätzliche Fragen: Was bedeutet es für die Sozialpartner, wenn sich Betriebe und Branchen verflüssigen und klare Abgrenzungen zwischen ihnen immer weniger möglich sind? Wie kann eine schlagkräftige gewerkschaftliche Vertretung in einem Netzwerkunternehmen aussehen, bei der sich Gewerkschaften nicht gegenseitig kannibalisieren?

DIE ABSICHERUNG PER AUFTRAG HERSTELLEN

In der digitalen Arbeitswelt gibt es immer mehr Personen, die, statt über ein Beschäftigungsverhältnis und einen Arbeitsvertrag zu verfügen, nur noch *Aufträge* erledigen. Vermittler hierfür sind zumeist digitale Plattformen. Mit diesem sogenannten *Crowdworking* hat sich ein neuer Typus der Nutzung von Arbeitskraft gebildet, der zwar in Deutschland noch marginal ist, für den mit Blick auf die Entwicklung in anderen Ländern jedoch deutliche Zuwächse zu erwarten sind.

Weltweit gibt es circa 2.300 Crowdworking-Plattformen (davon circa 65 von Deutschland aus betriebene); die Weltbank schätzt hier bis 2020 einen Umsatz von circa 25 Milliarden Dollar und einen Anstieg auf 112 Millionen Crowdworker/innen (KUEK et al. 2015). Schon jetzt arbeiten auf Plattformen wie TopCoder (USA) 750.000, auf Freelancer (Australien) 14,5 Millionen, auf Mechanical Turk (US) eine Million und auf Clickworker (Deutschland) 700.000 Menschen (KLEBE 2016). Der Durchschnittsverdienst liegt laut einer Studie bei zwei Dollar pro Stunde (EUROFOUND 2015; IRANI/SILBERMAN 2013). Auch wenn in Deutschland Crowdworking noch in erster Linie nebenberuflich betrieben wird, scheint es geboten, sich der Frage zu widmen, wie man für diese Form von Beschäftigung zukünftig nicht nur existenzsichernde Einkommen, sondern insgesamt all jene Standards sichern kann, die bislang an Beschäftigung gekoppelt waren.

Da Plattformen sich selbst nicht als Arbeitgeber, sondern als Vermittler sehen, werden Crowdworker/innen wie Selbstständige behandelt. Es greifen also weder die üblichen Lohnfindungsmechanismen oder der gesetzliche Mindestlohn noch alle anderen an Beschäftigungsverhältnisse gekoppelten Formen der Absicherung.

Als Grund für die fehlenden sozialen und arbeitsrechtlichen Standards im Bereich von Crowd- und Clickworking wird angeführt, es handele sich hier um einen globalen – also nicht nationalstaatlich zu regulierenden – Arbeitsraum. Gleichwohl gibt es durchaus Möglichkeiten, auch für diese Tätigkeiten Absicherungen sicherzustellen, wie sie im Prinzip für die Beschäftigung gelten. Auch wenn Crowdworking aufgrund seiner Beschaffenheit (Vermittlung über digitale Plattformen) schwieriger arbeits- und sozialrechtlich zu regulieren ist als abhängige Beschäftigung, lassen sich dennoch Standards einführen.

DEBATTE BESTELLERPRINZIP FÜR DIGITALE ARBEIT

Als vielversprechenden Ansatzpunkt für die Sicherstellung von Standards bei Crowdwork diskutierte die Kommission die Einführung eines *verpflichtenden »Bestellerprinzips«* für digitale Arbeit.

Das heißt: Wenn ein deutsches Unternehmen über eine digitale Plattform Dienstleistungen bestellt, müsste deutsches bzw. EU-Recht gelten, d.h., die hierzulande geltenden Standards für den (Mindest-) Lohn, die steuerliche Behandlung und das Arbeitsrecht müssten zur Anwendung kommen. Für die Bezahlung und die Arbeitsbedingungen der Auftragnehmenden wäre also nicht ausschlaggebend, wo die Leistung erbracht wird, sondern in welchem *Land der Auftraggeber* sitzt. Die Kommission diskutierte den Vorschlag aufgrund vieler noch zu klärender Fragen kontrovers, sieht jedoch im Bestellerprinzip einen durchaus wegweisenden Gedanken, der sich nah an anderen Lösungsansätzen bewegt: So funktioniert in Deutschland etwa auch das 2015 erlassene *Maklergesetz* nach dem Grundsatz »Wer bestellt, zahlt, und dessen Rechtsstand gilt«. Noch interessanter erscheinen aber die *Parallelen zur EU-Entsenderichtlinie.* Diese folgt der Grundlogik, dass für entsendete Arbeitnehmer/innen das Beschäftigungsland- bzw. Arbeitsortprinzip und nicht das Herkunftslandprinzip gilt. Ihre Entlohnung und die für sie geltenden arbeitsrechtlichen Standards richten sich danach, wo sie ihre Arbeit erbringen. Im Kern besagt auch der Grundsatz »Gleicher Lohn für gleiche Arbeit am gleichen Ort« genau dies.

Gerade die Analogien zu der Entsenderichtlinie zeigen aber aus Sicht der Kommission auch, dass zu dem angedachten Bestellerprinzip noch eine ganze Reihe offener Fragen geklärt werden muss:

Dies gilt erstens für die *Regelungsreichweite.* Die Entsenderichtlinie greift nur für Arbeitnehmerentsendungen zwischen den EU-Mitgliedstaaten. Erst dadurch, dass sich die mitgliedstaatlichen Regierungen grundsätzlich auf die Anwendung des Beschäftigungslandprinzips einigen konnten, wurde die verbindliche rechtliche Regelung in Gestalt der Entsenderichtlinie möglich. Solange es um die über digitale Plattformen vermittelte Erbringung von Dienstleistungen geht, bei denen sowohl Auftragnehmer als auch Auftraggeber in einem der EU-Mitgliedstaaten sitzen, wäre eine analoge Regelung im europäischen Recht also zumindest denkbar. Nicht mehr erfasst von der

Regelungsreichweite europäischen Rechts werden aber Vermittlungszusammenhänge, bei denen Auftraggebende und/oder Auftragnehmende außerhalb der EU angesiedelt sind. Eine europäische Regelung für das verbindliche Bestellerprinzip wäre zwar ein erheblicher Gewinn, würde aber dennoch zu kurz greifen, weil digitale Plattformen in ihrer Vermittlerrolle häufig global agieren.

— Ein zweites Problem stellt sich, wiederum analog zur EU-Entsenderichtlinie, durch den *Status* der meisten Crowdworker/innen. Bei ihnen handelt es sich regelmäßig eben nicht um abhängig Beschäftigte, sondern um Solo-Selbstständige. Auch die Entsenderichtlinie bezieht sich im Kern auf abhängig Beschäftigte, die von ihrem Heimatunternehmen zur Erbringung bestimmter Arbeiten an das Auftraggeberunternehmen im europäischen Ausland entsendet werden. Zahlreiche Schlupflöcher zur Umgehung bietet sie aber, wenn Beschäftigte als Werkvertragsnehmer in anderen EU-Ländern tätig werden – also dort offiziell den Status von Selbstständigen haben.

Gerade für Arbeit, die über digitale Plattformen vermittelt und regelmäßig von (solo-)selbstständigen Crowdworker/innen erbracht wird, zeigt sich also, wie wichtig es ist, die Idee der Einführung eines verpflichtenden Bestellerprinzips von Anfang an zusammenzudenken mit einer grundlegenden *Neudefinition des Arbeitnehmerbegriffs* (s.o.).

— Ein dritter Punkt, der im Zusammenhang mit der Einführung eines verbindlichen Bestellerprinzips genauer betrachtet werden muss, ist die Frage, *welche Dienstleistungen* bzw. welche digitalen Vermittlungsplattformen davon erfasst sein sollen. Hier ist vor allem zu unterscheiden zwischen Plattformen, die Dienstleistungen mit starker Ortsbindung anbieten, und Plattformen, die global Dienstleistungsarbeit vermitteln. Bei Vermittlern ortsgebundener Dienstleistungen, wie wir sie häufig – etwa in Gestalt des Fahrdienstvermittlers Uber – in der sogenannten Sharing Economy finden, sollte eher darüber nachgedacht werden, ob nicht der Plattformanbieter selbst den rechtlichen Status der Arbeitgebers erhalten sollte – jeweils nach dem nationalen Recht des Landes, in dem er diese Dienstleistungen anbietet. Das verbindliche Bestellerprinzip – basierend auf dem Sitzland des Auftraggebers – würde hingegen vor allem auf Dienstleistungen ohne starke Ortsgebundenheit Anwendung finden, die über Plattformen global vermittelt werden.

→ DENKANSTOSS DIGITALE TOOLS ZUR TRANSPARENZ UND KOLLEKTIVBILDUNG BEI PLATTFORMEN

Menschen, die über Crowdwork ihre Existenz sichern, sind nicht immer als »prekär Erwerbstätige« einzustufen, sie sind aber für viele Regelungen rund um die Arbeit selbst verantwortlich und arbeiten zumeist isoliert. Die Kommission schlägt deshalb vor, für Crowdworker/innen eine *gemeinschaftliche Kommunikationsinfrastruktur* aufzubauen, über die Austausch, Information und Beratung gewährleistet sind.

Hierfür gibt es bereits Vorbilder, an die sich anknüpfen lässt: Mit der Website www.faircrowdwork.org hat die Industriegewerkschaft Metall eine Plattform für Crowdworker/innen geschaffen, die Vernetzung organisiert, Transparenz über Plattformen schafft und Beratung anbietet. Während üblicherweise die Plattformen ihre Crowdworker/innen bewerten und gegebenenfalls für eine künftige Auftragsvergabe aussortieren, wird der Spieß hier umgedreht: Nun bewerten die Crowdworker/innen die Plattformen, u.a. entlang von Kriterien wie Bezahlung, Kommunikation und Arbeitsqualität. Auch ver.di betreibt eine Beratungsplattform für Crowdworker/innen (»Ich bin mehr wert«). Das Tool »Turkopticon« ermöglicht die Bewertung von Auftraggeber/innen. Die Bewertung ist bei der Auswahl von neuen Aufträgen über »Amazon Mechanical Turk« einzusehen (IG METALL ohne Jahr; VER.DI ohne Jahr; IRANI/SILBERMANN 2013).

Darüber hinaus werden »Codes of Conduct« fixiert, in denen Regeln für ein faires Miteinander benannt sind. Weiter gehend sind Ideen zu Gründung von Plattformkooperativen, d.h. von Plattformen im Besitz von Genossenschaften. Die Plattformtechnologie soll hier verbunden werden mit guten Arbeitsbedingungen und dem gemeinnützigen Geschäftsmodell einer Genossenschaft. Gewerkschaften können dabei juristische und insbesondere arbeitsrechtliche Expertise einbringen.

STANDARDS IN DER BREITE SICHERN

In der Thematisierung sozialer Ungleichheit geht es zumeist um Vermögens- und Einkommensunterschiede. Vernachlässigt wird dabei aber, dass sich durch die Ausdifferenzierung der Erwerbsformen auch Unterschiede in Arbeitsplatzsicherheit, förderlichen Arbeitsbedingungen und Chancen auf »gute Arbeit« ergeben.

Bei der Durchsicht der Datenlage zu Arbeitsbedingungen in Deutschland fällt eine *Trennlinie entlang der Tarifbindung* ins Auge: Dort, wo Tarifverträge gelten und Betriebs- und Personalräte aktiv sind, eröffnen sich weit bessere Bedingungen und Absicherung für die Erwerbstätigen. In Ländern mit hoher Tarifbindung sind die individuellen Primäreinkommen am geringsten gespreizt, in Ländern mit geringer Tarifbindung stauchen sich die Löhne am unteren Ende auf dem Niveau des Mindestlohns.

Das Statistische Bundesamt weist für 2014 eine Tarifbindung von 46 Prozent bzw. 39 Prozent der Beschäftigten in West- und Ostdeutschland aus. In vielen Bereichen der Industrie ist die Tarifbindung vergleichsweise hoch (z.B. Energieversorgung: 85 Prozent), wenngleich sich in der langfristigen Perspektive eine sinkende Tendenz zeigt. In den Dienstleistungsberufen hingegen ist der Bindungsgrad deutlich schwächer (z.B. Gastgewerbe 24 Prozent); zudem sind ein Ost-West-Gefälle und ein Gefälle nach Betriebsgröße erkennbar. Die eher mit einem hohen Organisationsgrad einhergehende Vollzeitbeschäftigung ist in den Dienstleistungen geringer verbreitet, und in den neueren Arbeitsmarktsegmenten (z.B. der IT-Branche) gibt es in vielen Unternehmen keine Mitbestimmung. Generell ist ein *Rückgang der Tarifbindung* bzw. der Reichweite von Flächentarifverträgen zu erkennen; auch zeichnen sich *qualitative Veränderungen innerhalb der Tarifbindung* ab, z.B. durch die Zunahme von Haustarifverträgen als Ergänzung oder Ersatz von Flächentarifverträgen oder von Öffnungs- und Differenzierungsklauseln in Flächentarifverträgen. Hinzu kommt ein *Rückgang der Betriebsratsdichte*, also die Erosion derjenigen Institution, die Tarifverträge auf der betrieblichen Ebene mit Leben erfüllt.

→ DENKANSTOSS

DIE TARIFBINDUNG AUSWEITEN

Die Kommission sieht einen Lösungsweg zur Bekämpfung der sozialen Polarisierung in einer *Stärkung der Tarifbindung.* Ein wichtiges Instrument zur Stärkung der Tarifbindung sind *Allgemeinverbindlicherklärungen,* also die Möglichkeit, auf Antrag der Sozialpartner die Regeln eines Tarifvertrags für alle Unternehmen in einer Branche verbindlich zu machen – auch für diejenigen, die nicht tarifgebunden sind. Allerdings ist die Zahl der Allgemeinverbindlicherklärungen in den vergangenen Jahren erheblich gesunken – offenbar waren die Hürden zu hoch. Daher begrüßt die Kommission das im Jahr 2014 vom Bundestag verabschiedete »Tarifautonomiestärkungsgesetz«, das Allgemeinverbindlicherklärungen erleichtert. Die Hürde wurde deutlich gesenkt: Vorher galt die Regel, dass mindestens 50 Prozent der Arbeitnehmer/innen der Branche bereits in einem tarifgebundenen Betrieb arbeiten müssen. An dieser Hürde scheiterten Allgemeinverbindlicherklärungen in der Vergangenheit oft, obwohl sie gerade in Branchen mit geringer Tarifbindung besonders sinnvoll wären.

Diese Regel gilt nun nicht mehr, stattdessen muss bei einem Antrag auf Allgemeinverbindlicherklärung vom Bundesministerium für Arbeit und Soziales im Einvernehmen mit einem aus je drei Vertretern der Spitzenorganisationen der Arbeitgeber und der Arbeitnehmer bestehenden Ausschuss (Tarifausschuss) festgestellt werden, dass eine solche im »öffentlichen Interesse« liegt. Dieses »öffentliche Interesse« ist im Gesetz bislang nicht näher definiert. Um dieses *Gesetz* wirksamer zu machen, empfiehlt die Kommission Folgendes:

— *Klarere Definition des öffentlichen Interesses:* Die Allgemeinverbindlicherklärung gilt als im öffentlichen Interesse geboten, wenn a) der Tarifvertrag in seinem Geltungsbereich für die Gestaltung der Arbeitsbedingungen überwiegende Bedeutung erlangt hat oder b) die Wirksamkeit von tarifvertraglicher Regelsetzung gegen die Folgen wirtschaftlicher Fehlentwicklungen abgesichert werden muss. Das ist in der Praxis offenbar zu wenig konkret, um zu greifen. Darum empfiehlt die Kommission, festzulegen, wie man dieses öffentliche Interesse besser konkretisieren kann. Konkretisierungen könnten sein: Ein öffentliches Interesse ist gegeben, wenn eine Branche einen Niedriglohnanteil von mindestens 20 Prozent hat oder wenn in einer Branche die Fluktuation sehr hoch ist, sodass es sehr unwahrscheinlich ist, dass Tarifvereinbarungen zustande kommen. Diese Regelung hat die Schweiz mit Blick auf die Tourismusbranche eingeführt, wo eine sehr hohe Fluktuation herrscht.

— *Einführung von Branchendialogen im Dienstleistungsbereich:* Der Branchendialog ist ein Instrument, um tripartistisch (im Dialog zwischen Politik, Gewerkschaften und Unternehmen) konstruktive Lösungen zu finden. Allerdings fehlen solche Branchendialoge bislang im *Dienstleistungssektor.* Sie sind aber bedeutsam, weil die Arbeitbeziehungen hier nicht mit denen im Industriebereich vergleichbar sind. Beispielsweise konkurrieren im Bereich der ambulanten Altenpflege private, freigemeinnützige und öffentlichen Anbieter miteinander – um zu Regelungen zu kommen, müssen sich sehr viele Parteien verständigen.

— Die Kommission empfiehlt darüber hinaus, *Tarifverträge auch für Gruppen von Beschäftigten zu öffnen, die* zwar *keine Arbeitnehmer sind,* für die jedoch ein vergleichbares Schutzbedürfnis besteht. Hierfür bietet sich an, das *Tarifvertragsgesetz* so zu *reformieren,* dass das Recht, Tarifverträge zu erstreiten, nicht mehr auf diejenigen beschränkt ist, die überwiegend für einen Auftraggeber tätig sind, sondern für mehrere – sich aber gleichwohl eine Abhängigkeit ergibt. Damit wäre ein Paradigmenwechsel eingeläutet, denn bislang werden Solo-Selbstständige, die für mehrere Auftraggeber arbeiten, als Wettbewerber betrachtet. Eine Reform würde sie zu *kollektiven Akteuren* machen, die gemeinsam höhere Löhne erstreiten dürfen. Bislang wird vertreten, dass das Wettbewerbsrecht (Kartellrecht) solche kollektiven Aushandlungen als »unerlaubte Preisabsprache« untersage. Da viele Solo-Selbstständige aber über eine sehr schwache Marktposition verfügen, stellt sich die Frage, ob das Wettbewerbsrecht für sie der richtige Bezugsrahmen ist oder ob hier nicht andere Rechtsgüter/Schutzgüter greifen müssten nach dem Prinzip »Bürgerrecht schlägt Wettbewerbsrecht«.

→ DENKANSTOSS TARIFBINDUNG DURCH GEZIELTE ÖFFENTLICHE AUFTRAGSVERGABE STÄRKEN

Auch die öffentliche Auftragsvergabe bietet aus Sicht der Kommission einen guten Ansatzpunkt, um das Prinzip »Tarifvertrag« zu stärken. Die Vergabestellen des Bundes, der Länder und der Kommunen geben in Deutschland derzeit ca. 400 Milliarden Euro für die öffentliche Beschaffung von Gütern und Dienstleistungen aus – dies entspricht 17 Prozent des Bruttoinlandproduktes. Aus Sicht der Kommission ist der Staat kein normaler Marktteilnehmer. Er hat eine besondere Vorbildrolle und muss daher neben der Wirtschaftlichkeit auch übergeordnete, gesellschaftlich erstrebenswerte Interessen berücksichtigen. Dazu gehört der Schutz der Marktteilnehmer/innen vor Preisunterbietung durch Lohndumping und durch das Unterlaufen deutscher und internationaler arbeits- und sozialrechtlicher Standards.

Die Kommission spricht sich dafür aus, dass die öffentliche Hand die *Einhaltung des Tarifgitters* (Einhaltung repräsentativer Tarifverträge) sowie die Mitgliedschaft in einem tarifschließenden Verband zu einem *verbindlichen Vergabekriterium* erklärt, um das Tarifsystem zu stärken. Hiermit wären auch die ausgelagerten Bereiche abgedeckt. Solche Tariftreueklauseln mit Bezug auf repräsentative Tarifverträge sind verfassungsrechtlich zulässig. In Deutschland und Europa gab es in den vergangenen Jahren bereits Reformen des Vergaberechts. Schon die EU-Richtlinien über die öffentliche Vergabe von 2014 haben gezeigt, dass soziale Kriterien in der öffentlichen Vergabe nicht mehr als »vergabefremd« bezeichnet werden können.

BESCHÄFTIGUNG BEI RATIONALISIERUNG SCHÜTZEN

Der digitale Wandel bringt nicht nur neue Geschäftsmodelle mit sich, sondern birgt durch die Automatisierung auch enorme *Rationalisierungspotenziale*. Dies ist weder für die Industrie- noch für die Dienstleistungsarbeit ein neues Phänomen – und es gibt bewährte Rezepte, hiermit umzugehen, um Beschäftigungsabbau sozialverträglich zu gestalten. Mit Blick auf mögliche beschleunigte Umbrüche am Arbeitsmarkt sollten diese Instrumente zukunftsfähig und als Option für Krisenbewältigung in der Breite der Arbeitswelt bekannter gemacht werden.

⟶ DENKANSTOSS BETRIEBLICHE BESCHÄFTIGUNGSSICHERUNG DURCH ARBEITSZEITVERKÜRZUNG UND QUALIFIZIERUNG

Schon aus den 90er Jahren datieren Modelle zur beschäftigungssichernden Arbeitszeitverkürzung. Belegschaften haben kollektiv auf Arbeitszeit und Einkommen zugunsten von Beschäftigungssicherung verzichtet; bekanntestes Beispiel ist die »Vier-Tage-Woche« bei der Volkswagen AG.

Seit 2001 haben Betriebsräte die Möglichkeit, Vorschläge zur Beschäftigungssicherung zu machen; der Arbeitgeber ist verpflichtet, sich mit diesen Vorschlägen auseinanderzusetzen. Seit 2009 verfügen die Betriebe über das sehr effektive Instrument der *(vorübergehenden) Beschäftigungssicherung*. Der Gesetzgeber erleichtert mit diesem Gesetz den Zugang zu *konjunktureller Kurzarbeit* und entlastet die Arbeitgeber hinsichtlich der damit verbundenen Kosten. Dies gilt insbesondere, wenn die Belegschaft während der Kurzarbeit gleichzeitig *qualifiziert* wird. In der Metall- und Elektroindustrie ist es bereits einmal gelungen, Zuschüsse zum Kurzarbeitergeld zu vereinbaren und damit die finanziellen Einbußen bei Kurzarbeit zu begrenzen, Beschäftigung für die Dauer der Kurzarbeit zu sichern und die Mitbestimmungsrechte der Betriebsräte auszuweiten (so die Regelung im bis 2010 laufenden Tarifvertrag »Kurzarbeit, Qualifizierung und Beschäftigungssicherung« zwischen IG Metall und Arbeitgeberverband Südwestmetall).

Das *Instrument des Kurzarbeitergeldes*, das in der Finanz- und Wirtschaftskrise zum Einsatz kam, sollte mit Blick auf den durch die Digitalisierung beförderten Strukturwandel weiterentwickelt werden. Bislang wurde z.B. die *Verknüpfung von Kurzarbeit mit Qualifizierung* zu selten von den Betrieben genutzt. Weil man keine Pläne für Qualifizierungsmaßnahmen parat hatte oder Beschäftigte nicht zur Qualifizierung bereit waren, wurden die von der Bundesagentur für Arbeit vorgesehenen Mittel nicht ausgeschöpft. Unternehmen sollten Qualifizierung also prophylaktisch planen (→ QUALIFIZIERUNG).

So gut sich Betriebe auch auf die Digitalisierung einzustellen versuchen, werden doch nicht alle die Digitalisierung schnell genug meistern. Beispielsweise sind mittelständische Zulieferbetriebe von Insolvenz bedroht, wenn sie sich nicht schnell genug »mit-digitalisieren«, da sie dann aus der integrierten Wertschöpfungskette herausfallen, wie dies beispielweise 30 Prozent der Automobilzulieferer in Deutschland droht (DIEZ 2016). Betroffene Firmen können wieder auf die Beine kommen, aber sie brauchen dafür Zeit und Unterstützung.

DEBATTE TRANSFERGESELLSCHAFTEN WEITERENTWICKELN

Transfergesellschaften sind ein bewährtes Instrument bei Betriebsinsolvenzen, das bei beschleunigtem Strukturwandel *weiterentwickelt* werden kann. In der Kommission wurde der Vorschlag kontrovers diskutiert, die Regeln der Transfergesellschaft so zu ändern, dass die Beschäftigten aus der Transfergesellschaft nach der Sanierung wieder in den alten Betrieb zurückkehren können und sie sich während der Zeit in der Transfergesellschaft weiterqualifizieren. Die Transfergesellschaft könnte als ein »internes Start-up« funktionieren.

Einigkeit bestand darin, dass Transfergesellschaften stärker als bisher für Weiterbildung genutzt werden sollten. Die Qualifizierung wird bei den Sozialplanverhandlungen bislang noch vernachlässigt – hier ist ein Umdenken in der Praxis nötig.

Auf positive Resonanz stieß der Gedanke eines »Transformations-Kurzarbeitergeldes«, wie es die IG Metall jüngst vorgeschlagen hat.

War die abhängige Beschäftigung für große Teile der Erwerbsbevölkerung zugleich Garantie einer *dauerhaften Existenzsicherung*, so hat sich dies deutlich gewandelt. In einer dynamischen, global vernetzten Wirtschaft ist die Sicherheit des Arbeitsplatzes nicht nur gefühlt, sondern auch objektiv nur bedingt gegeben. Je größer die Konkurrenz in bestimmten Segmenten wird, sei es durch die Rationalisierungseffekte oder durch Arbeitsmigration, desto fragiler wird die Lebenslage in der Zone des Abstiegs, aber auch in der Mitte der Gesellschaft wahrgenommen (CASTEL 2000; CASTEL/DÖRRE 2009).

Auch wenn Arbeitslosigkeit schon immer eine persönliche Krisenlage war, hat sich dies mit den Hartz-Reformen verschärft. Arbeitslosigkeit ist seitdem noch stärker verbunden mit der Sorge, abzurutschen und zu verarmen – und den bisherigen Status nicht zurückzuerlangen, da die Zumutbarkeitsregelungen im ALG-II-Bezug die Annahme von Arbeit auch unterhalb des Qualifikationsniveaus vorsehen. In der Praxis der Arbeitsagenturen hat zudem Vermittlung Vorrang vor umfassender Qualifizierung; oft werden anstelle vertiefter Qualifizierung kleinteilige Ad-hoc-Maßnahmen angeboten (BLÄSCHE et al. 2017). Von den rund 1,3 Millionen ungelernten Arbeitslosen begannen zuletzt jährlich nur knapp 50.000 eine Fortbildung mit dem Ziel, einen beruflichen Abschluss zu erlangen. Die Zahl der Hartz-IV-Bezieher sank zwischen 2010 und 2015 um 9 Prozent, die Weiterbildungsausgaben für diese Gruppe wurden jedoch um 26 Prozent reduziert. Expert/innen halten dies für kurzsichtig, da neuere Studien zeigen, dass sich umfangreiche Qualifizierung durchaus auszahlt (mit einer um ein Fünftel erhöhten Beschäftigungswahrscheinlichkeit), wenngleich nicht von heute auf morgen.

DEBATTE ABSTIEGSBREMSEN

Angesichts der Automatisierungs- und Rationalisierungspotenziale der Digitalisierung diskutierte die Kommission über mögliche Lösungsansätze, die als *»Abstiegsbremsen«* funktionieren könnten. In der Debatte kamen drei Vorschläge zur Sprache:

— Viel Zuspruch fand die geplante Einführung eines *Qualifizierungsarbeitslosengeldes* (»ALG Q«). Das Instrument kombiniert den Bezug eines verlängerten Arbeitslosengeldes mit Qualifizierung und schafft dadurch absehbar für viele die Möglichkeit, wieder (und ggf. an neuer Stelle) in den Arbeitsmarkt einzusteigen.

— Trotz umfassender Qualifizierungsbemühungen werden nicht alle Menschen, die arbeitslos werden, unmittelbar auf dem ersten Arbeitsmarkt wieder Fuß fassen. Bedenkenswert ist eine Initiative aus Nordrhein-Westfalen: Um Langzeitarbeitslosen wieder eine Perspektive zu geben, hat die Landesregierung die Forderung der Gewerkschaften aufgegriffen, für die Langzeitarbeitslosen einen *neuen sozialen Arbeitsmarkt* zu schaffen.

— Diskutiert wurde der Gedanke einer *neuen Form des Kurzarbeitergelds,* mit dem die IG BAU den Übergang in die Rente für ältere Arbeitnehmer/innen mit gesundheitlichen Einschränkungen absichern will *(»Altersflexi«)*.

Zwar hat sich die Kommission hier noch auf kein abschließendes Votum für bestimmte Instrumente verständigt, es war aber Konsens, dass ein frühzeitiges Nachdenken über »Abstiegsbremsen« dringend geboten ist.

EINKOMMEN

ARBEIT AUFWERTEN

AUSKOMMEN GARANTIEREN, LEISTUNG HONORIEREN

WO STEHEN WIR?

So verkürzt es wäre, Erwerbstätigkeit nur als Mittel zum Gelderwerb zu sehen, so naiv wäre es, zu ignorieren, dass Menschen auf eine *materielle Absicherung* ihrer Existenz angewiesen sind und hierfür Einkommen erzielen müssen. Auch wenn sie sich über eine besondere Qualifikation, die am Arbeitsmarkt und im Unternehmen erreichte Position oder ihre soziale Vernetzung absichern können, so bleiben sie dennoch stets auf die Nachfrage nach ihrer Arbeitskraft angewiesen. Die *Bezahlung der Arbeit* ist und bleibt also entscheidend in der Aushandlung zwischen den Beteiligten. Dies gilt für abhängig Beschäftigte und für Selbstständige gleichermaßen. Auch Freiberufler/innen, Crowdworker/innen oder Künstler/innen, denen zumeist hohe Freiheitsgrade in ihrer Tätigkeit zugeschrieben werden, müssen ihr Einkommen sicherstellen und sichern sich dabei über Verträge, Patente oder Verwertungsrechte ab.

ERBEN ENTSCHEIDET ÜBER CHANCEN. Neben den Einkommen entscheidet auch das *Vermögen* darüber, welche finanziellen Spielräume zur Verfügung stehen; Aussichten auf Erbschaften eröffnen nur einem Teil der Gesellschaft Planungsspielräume für die Zukunft. Die Vermögensübertragungen aus Erbschaften beliefen sich im Jahr 2014 auf 38 Milliarden Euro, aus Schenkungen auf 71 Milliarden Euro. Damit erhöhte sich laut Statistischem Bundesamt das geerbte und geschenkte Vermögen gegenüber dem Vorjahr um 55 Prozent. Betriebsvermögen stellte nur 45 Prozent des vererbten Vermögens dar; der Rest war Privatvermögen. Das Vererbungsvolumen dürfte in den kommenden Jahren massiv ansteigen: Für den Zeitraum 2012 bis 2027 wird es für die mindestens 70-Jährigen in Höhe von insgesamt 1,45 Billionen Euro angegeben (STATISTISCHES BUNDESAMT 2015a; GRABKA/TIEFENSEE 2017). Personen, die über ein Vermögen von mehr als einer Million Euro verfügen, erben nicht nur häufiger, sondern sie erzielen auch überdurchschnittliche Haushaltseinkommen.

FRAUEN HABEN WENIGER GELD. Generell besteht ein großes Gefälle zwischen den Geschlechtern: Frauen erzielen im Durchschnitt niedrigere Erwerbseinkünfte als der Partner. Dies liegt zumeist an der Arbeitsteilung in Familien und dem Umfang der Erwerbsarbeit von Frauen. Zugleich weisen die Segmente des Arbeitsmarktes, in denen überwiegend Frauen beschäftigt sind, zu einem großen Teil niedrigere Stundenlöhne auf; ein Teil der Arbeitsangebote wird hier darüber hinaus nur im Niedrigstundenbereich unterbreitet (z.B. im Handel). Alleinerziehende haben in Deutschland das größte Armutsrisiko (PABST/ASMUS 2017).[1]

DIE EINKOMMENSSPREIZUNG WIRD ZUM POLITIKUM. Die Diagnose einer »starken Mitte« in Deutschland, in der Ernährerlöhne das Auskommen ganzer Familien sicherten und regelmäßige Tariferhöhungen stattfanden, wurde spätestens ab dem Jahr 2000 von der Realität überholt. Die Einkommensschere hatte sich immer weiter geöffnet, sodass Prekarisierung und Ungleichheit zu Dauerthemen wurden.

Die Einkommen der privaten Haushalte sind von 1991 bis 2014 zwar insgesamt um 12 Prozent gestiegen, doch verlief die Entwicklung in den Einkommensgruppen sehr unterschiedlich: Die mittleren Einkommen nahmen um mehr als acht, die höchsten jedoch um bis zu 26 Prozent zu. Die unteren Einkommen hingegen gingen real zurück (GRABKA/GOEBEL 2017). Im europäischen Vergleich zeigt sich, dass Deutschland mit 23 Prozent aller Beschäftigten einen der größten Niedriglohnsektoren aufweist. Der Niedriglohnsektor[2] stagniert auf hohem Niveau (MÖLLER 2016).

DIE URSACHEN SOZIALER SPREIZUNG SIND VIELFÄLTIG. Grund für die gewachsene Einkommensungleichheit sind u.a. die Expansion von Beschäftigungsverhältnissen jenseits der Vollzeitarbeit (→ ERWERBSTÄTIGKEIT) und die Ausweitung des Dienstleistungssektors, in dem in einigen Bereichen deutlich niedrigere Entgelte als in der Industrie gezahlt werden. Daneben fallen auch Bewegungen am Arbeitsmarkt ins Gewicht. Innerhalb der Branchen haben Entlohnungsunterschiede zwischen Unternehmen zugenommen, sodass sich Beschäftigte auf besser bzw. schlechter zahlende Firmen sortieren.

1 Im Jahr 2015 lag das Risiko von Alleinerziehenden, in Armut zu geraten, bei 44 Prozent. Fast 40 Prozent der Alleinerziehenden beziehen SGB-II-Leistungen (Hartz IV), was in etwa viermal so hoch wie der Durchschnitt aller Haushalte ist.

2 Im Niedriglohnbereich werden weniger als zwei Drittel des mittleren Lohns erreicht.

Auch die *abnehmende Tarifbindung* hat Auswirkungen: Außerhalb tariflicher Vereinbarungen werden auffallend häufiger niedrige Entgelte gezahlt, zudem gehen in tarifgebundenen Unternehmen die Einkommen zwischen den Gruppen weniger auseinander. Niedrige Entgelte und Stundenvolumina ziehen für den Staat jedoch unweigerlich *Kosten* für Aufstockung und Sozialleistungen nach sich. Die Zahl der Personen, die auf Grundsicherung im Alter angewiesen sind, ist von 258.000 im Jahr 2003 auf 536.000 im Jahr 2015 angestiegen.

Hinzu kommen *soziale Kosten:* Eine heikle Einkommenssituation und Unsicherheiten in der Beschäftigungsperspektive beeinflussen die Entscheidung zur Familiengründung und -erweiterung negativ (GOEBEL/GIESECKE 2009), Bildungsinvestitionen in die Zukunft der Kinder werden erschwert. Zudem gilt: Niedrige Einkommen, geringe Bildung und ein prekärer beruflicher Status sind mit geringerer Lebenserwartung assoziiert.[3]

DIENSTLEISTUNGEN ABGEHÄNGT? Während es im produzierenden Gewerbe seit Anfang der 90er Jahre – mit Ausnahme der Krisenjahre 2008/2009 – zu deutlichen Reallohnsteigerungen gekommen war, galt dies für die Beschäftigten der Dienstleistungsbranche (abgesehen von der Informations- und Kommunikationsbranche) überwiegend nicht: Nachdem hier die Löhne bis 2007 eher gesunken waren, kam es erst seit 2014 wieder zu leichten Zuwächsen – ohne in allen Bereichen das Lohnniveau von 1991 zu erreichen (STATISTISCHES BUNDESAMT 2016d).

Zwar werden absehbar die Bruttostundenlöhne in allen Branchen steigen, allerdings ist die Dynamik in den Wirtschaftszweigen unterschiedlich. Insbesondere im landwirtschaftlichen Sektor und in vielen Dienstleistungsbranchen wird ein unterdurchschnittlicher Anstieg der Löhne erwartet. Gering entlohnte Dienstleistungsarbeit wird maßgeblich von Frauen geleistet. Ihr Anteil am Niedriglohnsektor liegt bei fast 70 Prozent. Allerdings hat das Outsourcing vieler Bereiche aus klassischen Industrieunternehmen auch eine nicht unerhebliche Zahl Männer in den Niedriglohnsektor abgedrängt.

DIE BEWERTUNG VON ARBEIT IST EINE GESELLSCHAFTSPOLITISCHE SCHLÜSSELFRAGE. Die *unterschiedliche Bezahlung* von Arbeit ist eine brisante Frage. Werden Einkommensunterschiede bei unterschiedli-

3 CHETTY (2016) identifiziert für die USA einen Unterschied von 15 Jahren zwischen den reichsten und ärmsten Männern. Für Deutschland gibt das Robert-Koch-Institut einen Unterschied von zehn Jahren an (RKI 2017).

chen Qualifikationen und Tätigkeiten als gerecht empfunden, wendet sich das Blatt, wenn für gleiche und gleichwertige Arbeit unterschiedliche Entgelte gezahlt werden.

Sorgearbeit für sich und andere ist schon immer unterbewertet. Zwar ist die Erwerbssphäre existenziell auf diese Arbeit angewiesen, doch wurde diese lange Zeit nicht als »Arbeit« anerkannt. Frauen wurde qua Geschlecht eine besondere Befähigung zur Sorgearbeit zugeschrieben – Folge ist eine *Hierarchisierung nicht nur der Arbeiten, sondern auch der Geschlechter,* die bis heute die Gesellschaft prägt. Je mehr die Erwerbsarbeit der Arbeit im Haushalt ähnelt und je mehr Frauen in einem Segment beschäftigt sind, desto niedriger fällt die Entlohnung aus. Der »gender pay gap«, der die Lohndiskriminierung von Frauen anzeigt, liegt im Vergleich von Frauen und Männern bei 21 Prozent (STATISTISCHES BUNDESAMT 2016C).[4] Die entstehenden Einkommensunterschiede sind Ursache einer anhaltend ungleichen Verteilung der Haus- und Sorgearbeit. Sie wirken als Anreiz dafür, dass bei Paaren die Person mit dem niedrigeren Einkommen die Arbeitszeit unterbricht oder reduziert. Inzwischen bemängeln auch zunehmend Männer diese Vorstrukturierung familialer Entscheidungen.

4 Er beträgt immerhin noch 8 Prozent, wenn man Personen mit gleicher Ausbildung, Tätigkeit und Arbeitszeit vergleicht.

WORAUF SOLLTEN WIR UNS VORBEREITEN?

Die Debatte darüber, welches Maß an sozialer Ungleichheit gesellschaftspolitisch vertretbar ist, wird sich intensivieren. Studien zeigen, dass in einkommensgerechteren Gesellschaften die Menschen nicht nur ihre Lebensqualität höher bewerten, sondern auch die *wirtschaftliche Produktivität* höher ist. Ungleichheit ist potenziell wachstumshemmend bzw. makroökonomisch destabilisierend, weil sich einkommensschwache Haushalte produktivitätssteigernde Investitionen in Bildung und Gesundheit nicht leisten können und auch die Binnennachfrage stark von den verfügbaren Einkommen und den Einkommenssausichten für die große Masse der Bevölkerung abhängt (BEHRINGER et al. 2016).

Da der politische Druck zunahm, wurden z.B. im Rahmen des Vergabegesetzes soziale Kriterien eingeführt, die die öffentliche Auftragsvergabe an Mindeststandards und -einkommen knüpfen (SACK et al. 2016). Werden in Tarifverträgen die Löhne weiterhin für alle, also auch die untersten Einkommensgruppen, prozentual gleich und der gesetzliche Mindestlohn hierzu proportional erhöht, schmälert dies die bestehenden Ungleichheiten nicht. Da niedrige Einkommen niedrige Renten bedeuten, sind einkommenspolitische Entscheidungen auf lange Sicht auch sozialpolitisch brisant.

DIENSTLEISTUNGSARBEIT WIRD WEITER ZUNEHMEN. Der demografische Wandel und die zunehmende Erwerbsbeteiligung von Frauen werden dazu führen, dass insbesondere bei den sozialen Dienstleistungen die Nachfrage steigen wird. Solange die Entgelte hier so niedrig bleiben wie bislang, ist eine weitere Ausweitung prekärer Arbeits- und Einkommensbedingungen absehbar.[5] Kommt es hier zu keinem Richtungswechsel, bleiben viele Menschen auf Mehrfach- und Nebenjobs angewiesen, um ein existenzsicherndes Einkommen zu erzielen.[6] Angesichts des steigenden Bedarfs an

5 Der Personalbedarf im Pflegesektor wird laut Prognosen bis 2050 auf bis zu eine Million Vollzeitkräfte steigen (SCHULZE 2012), dennoch liegen die Löhne hier im Vergleich mit allen Beschäftigten 17 Prozent unter dem Durchschnitt (BOGAI et al. 2015)

Arbeitskräften wird die internationale Arbeitsmigration weiter zunehmen. Es sind maßgeblich Frauen, die aus anderen Ländern kommen und hier Pflegearbeit übernehmen, dafür aber in ihren eigenen Familien eine Lücke hinterlassen bzw. diese Lücke ihrerseits mit Arbeitsmigrantinnen aus noch ärmeren Ländern schließen.

6 Zwei Millionen Erwerbstätige standen 2015 mindestens in zwei Arbeitsverhältnissen. Die Zahl ist seit 2011 um knapp 15 Prozent gestiegen (STATISTISCHES BUNDESAMT 2017d).

PLATTFORMARBEIT BEEINFLUSST DIE EINKOMMENSVERTEILUNG. Durch Plattformen entstehen neue Arbeitsmarktzugänge, aber auch ein (in Teilen kostengünstigeres) Angebot an (zusätzlichen) Arbeitskräften, das den Konkurrenzdruck unter den Erwerbstätigen verschärft. Etliche Fragen zur Vergütung sind noch ungeklärt. Eine wachsende Gruppe, die als Solo-Selbstständige auf neue Verdienst- und Beschäftigungschancen hofft, sieht sich bislang noch mit erheblichen Risiken konfrontiert, da nicht nur die Auftragslage oft unkalkulierbar ist, sondern auch die Sicherstellung der Vergütung oder der Umgang etwa mit Bereitschaftszeiten unklar ist. Während Personen mit besonderen Qualifikationen über die Plattformen deutlich höhere Einkommen erzielen können als im betrieblichen Kontext, nutzt eine große Gruppe das Format bislang für Zuverdienste, die eher im Entgeltvolumen geringfügiger Beschäftigung liegen. Viele Solo-Selbstständige erzielen laut DIW weniger als den Mindestlohn.[7]

WER STREICHT DIE DIGITALE DIVIDENDE EIN? Dem technologischen Fortschritt wird in mehrfacher Hinsicht eine Erhöhung der Wertschöpfung zugeschrieben. Es entstehen gänzlich neue Optionen für Geschäftsmodelle, die umfassend jene Daten auswerten, die die Nutzer/innen digitaler Medien (mehr oder weniger bewusst) bereitstellen. Auch wird der Digitalisierung ein enormes Rationalisierungspotenzial zugeschrieben, weil mit ihrer Hilfe Arbeitsprozesse technisch unterstützt oder sogar rein maschinell und damit extrem beschleunigt stattfinden können. Zwar wird in der rege geführten Debatte über ein bedingungsloses Grundeinkommen die digitale Dividende bereits eingeplant, doch zeigen die Statistiken noch keine konkreten Produktivitätseffekte (HORN et al. 2017; HÜTHER 2016). Ob es sich hier um einen Verzögerungseffekt, unzulängliche Messverfahren oder eine falsche Annahme handelt, ist noch nicht ausgemacht.

7 71 Prozent der Crowdworker/innen verdienen mit dieser Arbeit 500 Euro oder weniger im Monat. Für 79 Prozent ist Crowdwork eine Nebentätigkeit, nur für 21 Prozent stellt sie die Haupttätigkeit dar (LEIMEISTER et al. 2016).

Generell werfen die Nutzungsweisen digitaler Medien Fragen nach der Beteiligung am Erfolg auf. Wenn in Chats, Blogs und kollaborativen Formaten Wissen geteilt wird und Ideen eingespeist werden, bewegen sich die Konsumierenden zusehends in der Rolle von Co-Produzierenden. Plattformbetreiber profitieren von diesen Beiträgen, beteiligen die Co-Produzierenden aber in der Regel nicht an den Erträgen. Damit stellen sich urheber- und eigentumsrechtliche Fragen neu, wie sie schon immer für Selbstständige und ihre Leistung von Bedeutung waren. Mag dies manchen Nutzer/innen gleichgültig sein, fehlen allen, die dies anders sehen, bislang die Rechte, um Ansprüche auf ihre Leistung zu reklamieren.

WO KÖNNEN WIR ANSETZEN?

Die Arenen der Aushandlung von Einkommen sind vielfältiger geworden. Die Dienstleistungsarbeit expandiert, doch führt dies nur in einigen Bereichen zu soliden Einkommen, während das Lohnniveau etwa bei den sozialen Dienstleistungen äußerst bescheiden ausfällt. Gleichzeitig entstehen neue Bereiche (z.B. die Plattformökonomie), in denen die üblichen Instrumente der Lohnfindung nur begrenzt, teilweise gar nicht greifen. Es gilt also zu klären, wie sich bewährte Mechanismen für eine gerechte Lohnverteilung stärken und – wo nötig – neue finden lassen. Starken Rückenwind erfährt dieses Anliegen durch die Rückkehr des Verteilungsdiskurses in die politische Arena.

DIE UNTERSTEN EINKOMMEN ANHEBEN

Die *Stärkung der Tarifbindung* und die *Eindämmung prekärer Beschäftigungsverhältnisse* können als wichtigste Ansatzpunkte für eine Bekämpfung der sozialen Ungleichheit gelten (→ ERWERBSTÄTIGKEIT). Vor dem Hintergrund, dass sich in beiden Feldern keine Kehrtwende abzeichnete, stieg der Druck, eine Grenze nach unten einzuziehen. Nachdem bereits fast alle EU-Staaten vorangeschritten waren, wurde 2015 auch in Deutschland ein allgemeiner *gesetzlicher Mindestlohn* eingeführt. Seit 2017 beträgt der Mindestlohn 8,84 Euro je Stunde. Seine Einführung wurde lange Zeit verweigert; Deutschland galt als europäischer Nachzügler in dieser Absicherung der untersten Einkommensgruppen. Die Befürchtungen, dass der Mindestlohn Beschäftigung ausbremsen würde, haben sich nicht erfüllt.

DEBATTE ABKEHR VON DER PROPORTIONALEN LOHNANHEBUNG?

Die Einführung des Mindestlohns führte zu einem deutlichen Lohnanstieg insbesondere in den Dienstleistungsbereichen wie Gastronomie, Handel und Logistik. Dennoch ist der Mindestlohn nur eine absolute Untergrenze, die auf Dauer keine (gute) Existenz sichern kann. Es stellt sich daher die Frage, welche weiteren Mechanismen helfen können, die unteren Lohnbereiche anzuheben und die erhebliche *Lohnspreizung* in Deutschland zu *reduzieren.*

Die Kommission empfiehlt hierfür primär eine *Stärkung der Tarifbindung* (→ ERWERBSTÄTIGKEIT), da die Lohnspreizung in tarifgebundenen Bereichen deutlich geringer ausfällt. Auch sollten *tarifvertragliche Branchenmindestlöhne* an Aufmerksamkeit gewinnen.

Allerdings zementiert die bei Tariferhöhungen meist praktizierte proportionale Lohn- und Gehaltserhöhung die Lohnungleichheit: Zwar profitieren alle, also auch die untersten Einkommensgruppen von Erhöhungen, doch bleibt das Verhältnis zwischen den oberen und den untersten Einkommensgruppen gleich. Ob vor diesem Hintergrund von einer proportionalen Lohnerhöhung abgewichen werden sollte, war in der Kommission umstritten.

Bislang kommen *überproportionale Erhöhungen* der unteren Entgeltgruppen relativ selten vor. Befürwortende Stimmen empfahlen daher eine Verbreiterung dieser Praxis. Ein Beispiel hierfür bietet der Abschluss im öffentlichen Dienst der Länder: In der ersten Stufe ist eine Anhebung von 2 Prozent, mindestens aber 75 Euro vorgesehen. Das bedeutet, dass sich etwa bei einer Vergütung von 2.000 Euro ein prozentuales Plus von 3,75 Prozent ergibt, bei 2.500 Euro sind es 3 Prozent, bei 3.200 Euro nur noch 2,3 Prozent.

Der gesetzliche Mindestlohn wird bislang nur nachlaufend zu den Tarifverträgen, d. h. orientiert an diesen Steigerungen, angehoben. Der Mindestlohn wird damit auch auf lange Sicht nicht das Niveau einer existenzsichernden Entlohnung erreichen. Stimmen aus der Kommission plädierten deshalb dafür, die *Mindestlöhne überproportional anzuheben.*

Zugleich scheint *überprüfungsbedürftig,* was zukünftig als angemessener und existenzsichernder Mindestlohn bewertet wird. In der Debatte sind bereits Kriterien wie Sicherung einer Rente oberhalb der Grundsicherung, Orientierung an der Europäischen Sozialcharta, Vergleichbarkeit mit Mindestlöhnen in Ländern mit vergleichbarer Wirtschaftskraft (z.B. Frankreich: 9,76 Euro).

DEBATTE EINFÜHRUNG VON MINDESTHONORARSÄTZEN?

Nimmt im Zuge der onlinebasierten Arbeit die Existenzsicherung oder der Zuverdienst über *Aufträge* zu, dann könnte, als Äquivalent zum Mindestlohn, ein *Mindesthonorar* eingeführt werden. Hier sind viele Fragen zur rechtlichen und praktischen Umsetzung noch nicht geklärt, doch gibt es für viele Professionen schon Gebührenordnungen, die ebenfalls solche Mindesthonorare vorsehen und eine Existenzsicherung garantieren.

DAS NIEDRIGZEITSEGMENT EINDÄMMEN

Neben dem Niedriglohnsektor ergibt sich ein großes Problem durch den wachsenden *Niedrigzeitsektor.* Hierzu gehören alle, die in Teilzeit unterhalb von 20 Stunden oder geringfügig beschäftigt sind. Diese Erwerbsformen sind nur bedingt freiwillig gewählt: 48 Prozent der Beschäftigten mit Arbeitszeiten bis 20 Stunden wünschen sich, länger zu arbeiten, etwa 30 Prozent der geringfügig Beschäftigten hoffen auf den Einstieg in eine sozialversicherte Erwerbsform. Dabei wünschen sich Frauen eine Aufstockung oder den Wechsel in eine sozialversicherte Beschäftigung deutlich häufiger als Männer (SEIFERT et al. 2016; FISCHER et al. 2015). Das Niedrigzeitsegment ist zudem meist wenig einkommensergiebig, weil ein Zusammenhang zwischen niedrigen Wochenstundenzahlen und niedrigen Stundenlöhnen besteht. Die hier Tätigen sind darüber hinaus bei Karriere und Weiterbildung benachteiligt; in sie investieren Unternehmen weniger. Inzwischen bauen ganze Branchen (z.B. Einzelhandel und Gastronomie) auf diese Niedrigzeit-Verhältnisse. Teilzeit mit geringem Stundenvolumen ist regional auch dort besonders verbreitet, wo es für die Beschäftigten an ausreichender Infrastruktur für Betreuung und Pflege mangelt.

Anfang 2017 arbeiteten laut Bundesagentur für Arbeit etwa 7,3 Millionen Erwerbstätige in einem Minijob, davon 2,6 Millionen im Nebenverdienst. Für 4,7 Millionen Beschäftigte war der Minijob die primäre Einkommensquelle, von ihnen waren ungefähr zwei Drittel Frauen (BA 2016a; 2017c). Wer einen oder mehrere Minijobs ausübt und mit dem Gesamteinkommen aus geringfügig entlohnter Beschäftigung unter einer Grenze von 450 Euro monatlich bleibt, entrichtet auf dieses Einkommen keine Einkommensteuer. Die Freistellung ist unabhängig davon, ob im Haushalt noch weiteres steuerpflichtiges Einkommen anfällt. Seit dem 1. Januar 2013 sind geringfügig entlohnte Beschäftigte, die einen Minijob neu beginnen, zwar grundsätzlich versicherungspflichtig in der gesetzlichen Rentenversicherung, doch besteht die Möglichkeit, sich auf Antrag von der Rentenversicherungspflicht befreien zu lassen. Diese Möglichkeit wird rege genutzt: Nur jede/r fünfte Minijobber/in zahlt ein.

Sind Erwerbstätige erst einmal im Niedrigzeitbereich beschäftigt, stecken sie hier oft fest und werden im Rentenbezug absehbar keine eigenständige Absicherung erreichen. Nur selten sind Minijobs eine Brücke in reguläre Beschäftigung.

→ DENKANSTOSS ABSCHIED VON MINIJOBS UND MINI-TEILZEIT

Die Kommission empfiehlt, den *Trend zu geringfügiger Beschäftigung und kurzer Teilzeit zu stoppen.* Hier ließe sich von zwei Seiten ansetzen:

— Zum einen gilt es, die *Infrastruktur im Bereich der Sorgearbeit* weiter auszubauen, damit Erwerbstätige mehr Spielräume für höhere Stundenvolumina erhalten. Im wachsenden Dienstleistungsbereich nehmen Schichtarbeit, Arbeit am Wochenende und in der Nacht zu. Damit Eltern, insbesondere Frauen, ihre Arbeitszeiten aufstocken können, wäre das Angebot an gebundenen, »echten« *Ganztagsschulen* deutlich zu erweitern. Da partiell auch ein Ausbau der Angebote in den Randzeiten des Tages unausweichlich sein wird, müssen absehbare Zielkonflikte aufgelöst werden: Die Bedarfe derjenigen, die Dienstleistungen in Anspruch nehmen, müssen mit den Zeitpräferenzen der Dienstleistenden in Dialog gebracht werden. Ein Beispiel für solche Aushandlungsprozesse ist das kommunale Projekt »Zeiten der Stadt«, das sich eine Harmonisierung der Interessen zum Ziel setzt (MÜCKENBERGER 1998) (→ GESELLSCHAFT).

— Zum anderen sollte der Gesetzgeber die zahlreichen *Anreize* für kurze Teilzeit und Minijobs *aufgeben* bzw. auslaufen lassen. Bislang findet hier in der Kombination aus Ehegattensplitting, beitragsfreier Mitversicherung in der gesetzlichen Krankenkasse und steuerlicher und sozialrechtlicher Privilegierung von Minijobs eine Subventionierung des Zuverdiener-Modells statt. Die Folge: Ein Ehepartner (es sind zumeist Frauen) verbleibt im Niedrigzeitbereich. Diese Subventionierung entspricht weder der veränderten Erwerbsorientierung von Frauen noch der wachsenden Familienorientierung der Männer; es passt auch nicht zum reformierten Unterhaltsrecht, das Eltern eine eigenständige Existenzsicherung nach der Trennung abverlangt.

Die Kommission schlägt vor, Einkommen aus geringfügiger und aus sozialversicherungspflichtiger Beschäftigung steuerlich und sozialversicherungsrechtlich zukünftig gleich zu behandeln und das Ehegattensplitting auslaufen zu lassen.

Zusätzlich zur Reform der Minijobs, die auf ein verändertes Verhalten der Erwerbstätigen abzielt, wäre es auch möglich, bei den Anbietern anzusetzen, also Erwerbsarbeit grundsätzlich in einem solchen Umfang zu organisieren, dass Existenzsicherung möglich ist. Als Alternative zu einem bedingungslosen Grundeinkommen könnten *bedingungslose Grundzeiten* eingeführt werden:

DEBATTE EIN SOCKEL FÜR DIE ARBEITSZEIT?

Um wachsende Lohnungleichheit einzudämmen, stehen diverse Instrumente zur Verfügung wie eine solidarische Lohnpolitik, überproportionale Tarifsteigerungen, ein Zurückdrängen prekärer Beschäftigungsverhältnisse und veränderte Entgeltordnungen. Zusätzlich könnte auch ein *Sockel für die Arbeitszeit* die Lage verbessern: eine Grund- bzw. Mindestarbeitszeit. Das ist kein aus der Luft gegriffener Gedanke: Frankreich führte sie 2014 ein; seitdem gilt für alle neuen Teilzeitverträge eine Mindestarbeitszeit von 24 Stunden pro Woche, 104 Stunden pro Monat und 1.102 Stunden pro Jahr. In Deutschland sehen die Tarifverträge für die Metall- und Elektroindustrie Untergrenzen für die Wochenarbeitszeit vor; bereits in der Tarifrunde 2003 hatten die Mitglieder der Tarifkommission bei ver.di eine tägliche zusammenhängende Mindestarbeitszeit von vier Stunden und eine wöchentliche Mindestarbeitszeit von 20 Stunden gefordert.

Der Sockel könnte bei *20 Stunden* liegen. Hierdurch würden die zumeist klassischerweise zur Vereinbarkeit von Beruf und Sorgearbeit genutzten Zeitmodelle bereits dem Sockel genügen. Damit das Instrument für beide Seiten genug Flexibilität bietet, sollten Ausnahmeregelungen für Rentner/innen und Studierende und betriebliche »sachliche Gründe« gelten. Auch wurde diskutiert, ob auf Wunsch der Beschäftigten eine Abweichung vom Sockel möglich sein sollte.

Kontrovers diskutiert wurde die Frage, wie sich der Sockel beispielsweise auf haushaltsnahe Dienstleistungen auswirkt. Geäußert wurde die Position, dass die Einführung eines Sockels Privathaushalte daran hindere, Haushaltshilfen einzustellen, die zumeist deutlich weniger als 20 Stunden in einem Haushalt beschäftigt sind. Entgegnet wurde, dass ja auf Wunsch der Beschäftigten vom Sockel abgewichen werde könne und es ohnehin erstrebenswert sei, dass haushaltsnahe Dienstleistende sozialversicherungspflichtig in Dienstleistungszentren angestellt seien, statt direkt im Privathaushalt bzw. zeitgleich in mehreren Privathaushalten. Eine flankierende Maßnahme zur Einführung des Arbeitszeitsockels könnte daher sein, kommunale (ggf. plattformbasierte) Dienstleistungsagenturen zu fördern.

DIE SOZIALEN DIENSTLEISTUNGEN AUFWERTEN

Prognosen zufolge sind die sozialen Dienstleistungen die größte Wachstumsbranche der kommenden Jahre: Zum einen gehen die geburtenstarken Jahrgänge auf das Rentenalter zu, was absehbar zu einem *steigenden Beschäftigtenbedarf* bei den Pflegedienstleistungen führt. Zum anderen benötigen berufstätige Eltern eine Betreuung für ihre Kinder. Schon heute machen diese Berufe (Erziehung, Gesundheit, Pflege) einen Arbeitsmarktanteil von 18 Prozent aus. Prognosen gehen von einem Anstieg auf bis zu einem Drittel aller Erwerbstätigen aus. Der Frauenanteil in diesem Sektor ist sehr hoch: Im Jahr 2015 waren 80 Prozent der Beschäftigten in den Erziehungsberufen, 81 Prozent in Gesundheits- und Krankenpflege, Rettungsdiensten und Geburtshilfe sowie 85 Prozent der Beschäftigten in der Altenpflege Frauen (STATISTISCHES BUNDESAMT 2017C).

Nicht alle sozialen Dienstleistungen, aber alle, die früher unentgeltlich von Frauen geleistet wurden, sind unterbewertet (SACHVERSTÄNDIGENKOMMISSION 2017; ALLMENDINGER/WOWEREIT 2015). Indem die Arbeitswelt von besserer Bildung, guter Gesundheitsversorgung, einer effizienten Bürokratie oder guten Strukturen zur Vereinbarkeit von Beruf und Familie profitiert, sind jede Investition und jeder Ausbau sozialer Dienste ein Beitrag zu *mehr Wachstum, zusätzlicher Beschäftigung, höherer Produktivität und höherem Wohlstand.*

In den vergangenen Jahren gab es in Politik und Wissenschaft mehrere Ansätze, eindimensionale Indikatoren zur Wirtschaftsentwicklung wie das Bruttoinlandsprodukt infrage zu stellen. Kommissionen und Initiativen haben sich daher wiederholt mit alternativen Ansätzen befasst, so z.B. die Stiglitz-Sen-Fitoussi-Kommission (im Auftrag der französischen Regierung), die Enquete-Kommission »Wachstum, Wohlstand, Lebensqualität« des Deutschen Bundestages, das »›Neue‹ magische Viereck« (DULLIEN/VAN TREECK 2012) oder der »Nationale Wohlfahrtsindex« (DIEFENBACHER et al. 2016).

Gemeinsam ist diesen Ansätzen der Gedanke, dass es zur Bestimmung von gesellschaftlichem Wohlstand und Lebensqualität einer *umfassenderen Beurteilung und Messung* bedarf, als es die gängige wirtschaftspolitische Orientierung am Bruttoinlandsprodukt gewährt. Vor allem ökologische, aber auch soziale Kosten bzw. Errungenschaften werden im Bruttoinlandsprodukt nicht abgebildet. So werden etwa Umweltkosten, gesellschaftliche Ungleichheit, Geschlechtergerechtigkeit oder eine Steigerung von Lebensqualität durch unbezahlte Arbeit vom Indikator nicht erfasst.

Besonders weitgehend sind die Anregungen der Stiglitz-Sen-Fitoussi-Kommission, die auch Wohlstands- und Verteilungswirkungen gesellschaftlich notwendiger Dienstleistungen berücksichtigt. In ihrem Empfehlungskatalog sprechen sich die Autoren dafür aus, zur Messung des materiellen Wohlstands und der Wirtschaftsleistung Einkommen und Konsum und nicht die Produktion als Bemessungsgrundlage heranzuziehen. Damit ließen sich *Verteilungsaspekte* besser in den Blick nehmen. Auch könne Lebensqualität nicht nur durch den materiellen Lebensstandard bestimmt werden, sondern es sollten auch Gesundheit, Bildung, Umweltbedingungen, das Ausmaß privater und sozialer Aktivität und Möglichkeiten politischer Wirksamkeit berücksichtigt werden (STIGLITZ et al. 2010a, 2010b).

→ DENKANSTOSS

PRODUKTIVITÄT NEU DENKEN

Lohnsteigerungen begründen sich in der Theorie aus der Kombination von Produktivitätszuwächsen, Inflation und einer Umverteilungskomponente, wenngleich Letztere in den vergangenen Jahren an Bedeutung verloren hat. Produktivität lässt sich jedoch nicht allein an quantitativem Wachstum festmachen, und soziale Dienstleistungen lassen sich nicht bedingungslos Effizienzkriterien unterwerfen, ohne dass ihre Qualität leidet. So sollen Erzieher/innen z.B. nicht möglichst viele Kinder betreuen, sondern sich nach allen verfügbaren Kenntnissen möglichst gut dieser Aufgabe widmen – Ähnliches gilt für die Pflege (Stichwort »Minutenpflege«). Die öffentlichen und insbesondere die sozialen Dienstleistungen leisten einen unmittelbaren *Beitrag zum gesellschaftlichen Wohlstand und zur Lebensqualität.* Bildung, Erziehung und Versorgung von Kindern und Pflegebedürftigen bilden die Basis für die Teilnahme am Arbeitsmarkt und das Heranwachsen der Arbeitskräfte von morgen.

Für die sozialen Dienstleistungen ist der bisherige Produktivitätsbegriff also kein guter Maßstab. Vielmehr sind *Messkriterien* und *Indikatoren nötig*, die dem *besonderen Charakter* von sozialen Dienstleistungen *besser gerecht werden* und deren Wert für Gesellschaft und Wirtschaft realistischer als bislang abbilden. Ein *neues Verständnis* von Produktivität würde helfen, das Ziel der Nachhaltigkeit der Staatsfinanzen besser mit den Zielen der ökonomischen, ökologischen und sozialen Nachhaltigkeit in Einklang bringen.

Damit ein solches Verständnis Konsequenzen hat und arbeitsmarktpolitischen Akteuren als Argumentationsgrundlage dienen kann, empfiehlt es sich, dieses Verständnis im staatlichen Berichtswesen zu verankern. Dafür müsste zunächst – neben dem BIP – ein neues Referenzsystem für die Wohlstandsentwicklung eingeführt werden (z.B. in Form eines neues Jahreswohlstandsberichts oder eines neuen »Magischen Vierecks«). In diesem Referenzsystem könnte dann auch der Beitrag der sozialen Dienstleistungen ausgewiesen werden.

→ DENKANSTOSS STAAT UND SOZIALPARTNER ALS AKTEURE DER AUFWERTUNG

Da personennahe Dienstleistungen von elementarer gesellschaftlicher Bedeutung sind, ist eine Aufwertung dieser Tätigkeit eine gesamtgesellschaftliche Aufgabe, die auf die Besonderheiten personennaher Dienstleistungen eingehen und die Interessen und Anerkennungsansprüche der Beschäftigten, Patient/innen und Klient/innen aufgreifen muss. Die Aufwertung wird nicht nur durch die Bereitschaft der Gesellschaft, mehr zu zahlen, erreicht werden. Sie bedarf darüber hinaus eines gesellschaftlich verankerten Verständnisses dafür, dass derartige Tätigkeiten zur *Daseinsvorsorge* eines handlungsfähigen Staates gehören, der steuerpolitisch dafür die Grundlagen schaffen muss.

Hier bieten sich folgende konkrete Ansatzpunkte:

— Die *Tarifbindung* erweist sich international als Schlüssel, um höhere Einkommen im sozialen Dienstleistungssektor durchzusetzen. In Deutschland ist durch die Fragmentierung der Tariflandschaft in diesem Bereich, vor allem aber durch die Zunahme (überwiegend nicht tarifgebundener) privater Anbieter der Anschluss an die allgemeine Lohnentwicklung verloren gegangen. Allgemeinverbindlicherklärungen könnten daher Standards in der Fläche absichern, trägerübergreifend (d.h. für öffentliche, kirchliche und private Träger) wirken und Lohnkonkurrenzen vermeiden.

— Die Aufwertung der sozialen Dienstleistungen beginnt bereits bei den *Ausbildungsbedingungen.* Noch immer wird gern ausgeblendet, dass in sozialen Berufen Beschäftigte mit Fachqualifikationen tätig sind. Diese angemessen zu honorieren ist für das professionelle Selbstverständnis der Dienstleistenden wichtig. In einem ersten Schritt wären Auszubildende denen im dualen System gleichzustellen und damit auch flächendeckend *Ausbildungsvergütungen zu zahlen*.

— Zugleich bleiben die niedrigen Einkommen ein Problem: Selbst vollzeitbeschäftigte Erzieher/innen und Krankenpfleger/innen verdienen zwischen 500 und 1.200 Euro weniger als Fachkräfte bei der Herstellung von Fahrzeugen und Fahrzeugteilen. Als Vorbild können die nordischen Länder fungieren: Eine *solidarische Lohnpolitik* zielt hier unter anderem auf Lohndriftanpassungsklauseln, um branchenbedingte Differenzen auszugleichen. In Schweden stiegen aufgrund dieser Lohnpolitik die Einkommen der Frauen fünf Jahre lang doppelt so stark wie die der Männer.

— Auch die *Arbeitszeiten* sind kritisch in den Blick zu nehmen: In Deutschland sind Beschäftigte in sozialen Berufen besonders häufig von kurzen Arbeitszeiten betroffen. Ein Teil wünscht sich aber eine *Aufstockung ihrer Arbeitszeit*. Hier müssen aus Sicht der Kommission mehr Möglichkeiten geschaffen werden, individuell die Arbeitszeit zu erhöhen. Dass zugleich viele Beschäftigte nicht in Vollzeit arbeiten wollen, ist oft den besonderen Belastungen der Arbeit geschuldet: Schichtarbeit, hohe Arbeitsintensität und eine Ökonomisierung der Interaktionen (Minutenpflege) widersprechen oft der Motivation und professionellen Standards.

— In Zusammenhang hiermit steht die *Personalbemessung:* Der angesichts restriktiver Kostenvorgaben ungenügende Stellenaufwuchs hat zu einer massiven Arbeitsverdichtung im Gesundheits- und Sozialwesen geführt. Überlastung und Verschleiß von Arbeitskraft sind die Folge. Verbindliche Vorgaben zur Personalbemessung und verbindlich einzuhaltende Standards im Arbeits- und Gesundheitsschutz sind daher angeraten.

— Viele *Initiativen zur Zukunft der Arbeit* sind bislang auf die Industrie fokussiert. Es wäre wünschenswert, dass auch die öffentlichen und sozialen Dienstleistungen Gegenstand solcher Initiativen werden.

→ DENKANSTOSS GESCHLECHTERGERECHTE ARBEITSPLATZBEWERTUNG

Erkennt man die besondere Bedeutung, Funktionalität und Qualität typischer »Frauenberufe« an, so ist es erforderlich, die *Arbeitsplatzbewertungskriterien* zu überprüfen. Im Vergleich mit anderen Berufen fließen maßgebliche Tätigkeiten, die charakteristische Aspekte dieser Berufsgruppen sind, nicht (ausreichend) in die Funktionsbewertung und damit nicht in die Lohnfestsetzung ein. Schweres Tragen und Heben in den Pflegeberufen, emotionale und psychosoziale Anforderungen sowie soziale Kompetenzen werden in derzeit angewandten Bewertungsverfahren in der Regel nicht angemessen berücksichtigt. Arbeitgeber und Sozialpartner sollten daher ihre Instrumente der Arbeitsplatzbewertung dahingehend überarbeiten, diese Kriterien in der Bewertung abzubilden und damit *diskriminierungsfreie Löhne* zu ermöglichen, die den besonderen Anforderungen dieser Tätigkeiten gerecht werden.

Denkanstöße liefert hierzu auch das Institut Arbeit und Qualifikation an der Universität Duisburg-Essen, das einen »Comparable Worth Index« berechnet und anhand von Tätigkeitsbeschreibungen gleichwertige Tätigkeiten identifiziert. Auf Basis des Verfahrens »Abakaba« (Analytische Bewertung von Arbeitstätigkeiten nach Katz und Baitsch, KATZ/BAITSCH 1996) werden dann alle Berufe neu bewertet und erhalten einen Punktwert. Dies ermöglicht es, unterschiedliche Tätigkeiten fairer (und somit auch geschlechtergerechter) zu vergleichen. Das Ergebnis kann Unternehmen zukünftig als Instrument dienen, Lohndiskriminierung zu vermeiden. Analog hierzu geht die Personalabteilung der Messe Berlin vor: Mithilfe des Verfahrens »eg-Check«, das auf der analytischen Arbeitsplatzbewertungsmethode beruht, werden alle Stellen überprüft und anschließend neu bewertet. Da nicht ausgeschlossen ist, dass auch Tarifverträge Frauen diskriminieren, überprüft die Gewerkschaft Nahrung-Genuss-Gaststätten alle Tarifverträge daraufhin.

EINKOMMEN IN DER WISSENS- UND DATENÖKONOMIE

In der digitalen Ökonomie erzeugen Menschen permanent Daten. Dies gilt für den Arbeitsprozess wie für ihr Privatleben. Damit werden Fragen aufgeworfen, die den Schutz persönlicher Daten betreffen. Hierzu gibt es inzwischen zahlreiche Initiativen, z.B. eine Initiative von Bürger/innen, die einen Vorschlag für eine Charta der Digitalen Grundrechte der Europäischen Union erarbeitet haben, zu denen das Recht gehört, über Daten selbst zu bestimmen. Zum anderen geht es stets auch um die Beteiligung an der Verwertung dieser Daten. Wenn Menschen durch ihre Kreativität, ihre Kommunikation oder ihre Bewegungsprofile Daten oder Inhalte erzeugen, aus denen sich Gewinne erzielen lassen, steht das Eigentum zur Disposition. Was gehört (weiterhin) mir? Was passiert mit meiner Leistung bei Weiternutzung durch andere?

⟶ DENKANSTOSS **DAS EIGENTUM AN DEN DATEN SICHERSTELLEN**

Daten gelten als der Rohstoff der Zukunft. Die Unternehmensberatung Boston Consulting nennt das dahinterstehende Prinzip »Big Data as a Business«. Die Auswertung und der Verkauf von Nutzerdaten sind bereits jetzt ein lukratives Geschäftsmodell für Plattformbetreiber. Diese werden von den Kunden/innen bislang kostenlos – teilweise ohne dass es ihnen bewusst ist – zur Verfügung gestellt.

Wenn die Nutzung und Verwertung von Daten einen immer größeren Teil der Wertschöpfung ausmachen, liegt die Frage auf der Hand, wem die Daten gehören und wie es möglich ist, die »Daten-Geber« an den Gewinnen zu beteiligen, die mit ihren Daten erzielt werden. Bislang kennt das deutsche *Rechtssystem* zwar ein *Eigentum an Dingen,* aber nicht an *persönlichen Daten*. Die Kommission regt an, hier eine Reform sowohl des Eigentumsrechts im Bürgerlichen Gesetzbuch als auch der Vorschriften für die Allgemeinen Geschäftsbedingungen (AGB) auf Plattformen in Betracht zu ziehen. Juristische Debatten darüber sind bereits im Gang.

Die Kreativ- und Kulturwirtschaft zählt mit einem Umsatz von ca. 146 Milliarden Euro zu den wachstumsstärksten Branchen in Deutschland. Ihr Anteil an der volkswirtschaftlichen Gesamtleistung (Bruttowertschöpfung) beträgt 2,3 Prozent (BMWI 2017).

Kennzeichnend für die Arbeit in diesem Wirtschaftszweig ist, dass hier *kreative Leistungen* entwickelt, verbreitet und verarbeitet werden. Dazu zählen Werke, Produkte und auch Dienstleistungen aus den Bereichen Musik, Theater und Kunst; ebenso aber fließen hier auch die Inhalte und Güter aus dem Verlagswesen, der Film- und Rundfunkwirtschaft, aus Journalistenbüros, Werbe- und Designagenturen, Architekturbüros und der Softwareentwicklung ein. Gemeinsamer Kern dieser Arbeiten ist der *schöpferische Akt*. Es entsteht ein *originelles, urheberrechtlich geschütztes Werk*.

Die Idee des Urheberrechts sieht vor, dass Künstler/innen am ökonomischen Erfolg ihres Werkes *angemessen beteiligt* sind. Ob dieses auch unter den Bedingungen der Digitalisierung tauglich ist, steht gegenwärtig in Zweifel. Menschen erzeugen digital nutz- und verwertbare Werke und realisieren so vielfach auch ihr Einkommen. Vor allem Softwareindustrie und Gaming-Sektor (Computer- und Videospiele) scheinen neue gesetzliche Regelungen zu benötigen. Für Plattformen ist zu klären, ob und inwieweit diese in der Nutzung von Daten und Inhalten urheberrechtliche Prinzipien einzuhalten haben. Verschwimmt die Grenze zwischen Produzenten und Konsumenten (die Forschung spricht von *Prosumenten*), dann entsteht »user-generated content«, an dem die Plattformen verdienen.

Viele Kreative müssen die Nutzungsrechte an ihrem Werk unbeschränkt und häufig gegen pauschale Vergütung abgeben (KRETSCHMER 2016). Dieses strukturelle Ungleichgewicht von Verwertern und Kreativen wird in der Zunahme von Buy-out-Verträgen deutlich, bei denen den Künstler/innen durch den Rechteverwerter ein Pauschalhonorar für die unbeschränkte Nutzung des Werks gezahlt wird. Folge ist ein »The-winner-takes-it-all«-Markt: Im Bereich der Musik landen fast 90 Prozent der Einkünfte bei 10 Prozent der Marktteilnehmer/innen, in den schriftstellerischen und bild-künstlerischen Sparten sind es etwa 50 bis 65 Prozent (KRETSCHMER 2011).

DEBATTE STÄRKUNG DER KOLLEKTIVEN RECHTE DER KREATIVSCHAFFENDEN

Urheber/innen sollten am ökonomischen Erfolg ihre Werke angemessen teilhaben. Hierfür sind mehrere Aspekte relevant:

Bei Reformen des Urheberrechts liegt der Schlüssel zur Verbesserung der Situation der Kreativschaffenden insbesondere im *Urhebervertragsrecht.* In Vertragsverhandlungen sind einzelne Urheber/innen strukturell unterlegen. Im Urhebervertragsrecht ist also die Ausgangslage des/der Einzelnen für Verhandlungen zu stärken. Außerdem sind Verbände und Gewerkschaften der Kreativen wirksam in die Lage zu versetzen, Vergütungen ihrer Mitglieder kollektiv zu verhandeln und durchzusetzen. Das gilt auch für die Stärkung von Rückrufrechten, die es Urhebern ermöglichen, ungenutzte Werke neu zu verwerten oder Zweitnutzungen durchzusetzen.

Ein Aspekt, der in der digitalen Ökonomie immer wichtiger wird, ist die verschwimmende Grenze zwischen Produzenten und Konsumenten zum »Prosumenten« als neuem Nutzertypus, bei dem Nutzen und Schaffen zusammenfallen. Die Bandbreite erstreckt sich von Blog- oder Lexikon-Beiträgen über Postings auf Facebook bis zum Hochladen von Filmen auf Youtube. Die Plattformen verdienen an dem unentgeltlich von den User/innen erzeugten Content durch die Werbung auf den entsprechenden Seiten. Hier stellt sich die Frage, wie man die User/innen am ökonomischen Erfolg der von ihnen generierten Inhalte teilhaben lassen kann. Diese Debatte steckt noch in den Kinderschuhen, wird aber immer bedeutsamer.

Um gesellschaftliche Akzeptanz für kollektive Vergütungen zu erzielen, müssen die Prinzipien der Tarifsetzung und die Verteilung von Tantiemen offengelegt werden. Dabei darf Interessenkonflikten zwischen Verwertern (etwa Verlagen) und Kreativen innerhalb von Verwertungsgesellschaften (wie GEMA, VG Wort, VG Bild) nicht aus dem Weg gegangen werden. Die Verwertungsgesellschaften sollten sich wieder deutlicher auf ihre Rolle als Vertreter der kollektiven Interessen der Kreativschaffenden verstehen, die gleichzeitig kulturelle und kommerzielle Innovationen ermöglichen und fördern.

DIE STARTBEDINGUNGEN FÜR JUNGE ERWACHSENE VERBESSERN

Eine gute *Infrastruktur* gilt als bester Garant von Chancengleichheit. Wird allen Kindern eine ausreichende materielle und emotionale Versorgung und eine zeitgemäße frühkindliche Förderung zuteil, ist für den weiteren Lebensweg eine solide Basis gelegt [→ QUALIFIZIERUNG]. Gleiches gilt für das Schulsystem, das allen Kindern unabhängig von Wohnort und sozialer Herkunft eine gute Ausbildung eröffnen soll. Hier besteht noch viel Nachholbedarf, für den ambitionierte Investitionen dringend nötig sind.

Gegenwärtig sieht die Lage jedoch noch anders aus: Die Startbedingungen ins Leben sind höchst unterschiedlich. Die zu erwartenden Vermögensübertragungen durch Erbschaften (siehe S. 50) werden die soziale Ungleichheit weiter befördern. Verschiedene Ansätze versuchen diese ungleiche Ausgangslage der Menschen zu beheben, indem sie einen Ausgleich vorsehen: Das »persönliche Entwicklungskonto« im Rahmen einer Arbeitsversicherung (SCHMID 2008) wie auch der »Lebenschancenkredit« (eine Art Anrechtsguthaben, das für Bildung, Zeitsouveränität und den Ausgleich sozialer Risiken eingesetzt werden soll; MAU 2015a) beruhen auf dem gleichen Grundgedanken: Man investiert in die materiellen Startbedingungen junger Menschen, um ungleiche Lebens- und Entwicklungschancen – zumindest in geringem Umfang – auszugleichen.

DEBATTE EIN STARTGUTHABEN FÜRS ERWACHSENENLEBEN?

Für den Fall, dass im Bereich der Bildungs- und schulischen Infrastruktur weiterhin massive Verbesserungen ausbleiben, könnte jungen Erwachsenen ein *Startguthaben* ausgezahlt werden. Diese Idee geht zurück auf Anthony B. Atkinson, der für alle Bürgerinnen und Bürger ein »Sozialerbe« vorsah, über das alle frei verfügen sollten und das sich durch eine erhöhte Erbschaftsteuer finanzieren ließe (vgl. ATKINSON 2016).

Befürwortende Stimmen heben hervor, dass ein solches Instrument die soziale Ungleichheit, die sich durch die ungleiche Verteilung von Vermögen reproduziert und verschärft, abmildern ließe. Eine Initiative im Bereich der Erbschaftsteuer sei ohnehin überfällig und fände hier ein sinnvolles Ziel: Das Startguthaben könnte Menschen dazu ermuntern, etwas für sich zu schaffen, einen Neustart zu wagen, einen neuen Weg einzuschlagen – allesamt Aktivitäten, die in einem dynamischen Umfeld nicht nur dem Einzelnen helfen und Chancen eröffnen, sondern die auch Innovationen im Sozialen oder in der Wirtschaft hervorbringen können.

Skeptische Positionen sehen viele unbeantwortete Fragen. So sei zu klären, ob und warum auch Kinder vermögender Eltern in den Genuss des Startguthabens kommen sollten, auch gebe es wiederum Unterschiede in der Kompetenz zur strategischen Nutzung des Guthabens. Generell sei klärungsbedürftig, ob die Auszahlung an Konditionen geknüpft würde, und, wenn ja, an welche. Zugleich könnte ein solches Startguthaben den Ausbau der Bildungs- und Schulinfrastruktur wiederum hemmen – vor allem, wenn eine Gegenfinanzierung ohne eine Erbschaftsteuerreform vorgenommen würde. Auch wurde zu bedenken gegeben, dass ein solches Guthaben erst im mittleren Alter sinnvoll sei, wenn es als Erbschaftsersatz gedacht ist.

ZUGANG ZU DEN RENDITEN DES FORTSCHRITTS

Der technologische Fortschritt und daran geknüpfte neue Geschäftsmodelle eröffnen das Potenzial für eine *gesteigerte Wertschöpfung und Erhöhung der Produktivität.* Wie sollen die Erwerbstätigen an diesem Fortschritt und den mit ihm verbundenen Gewinnen beteiligt werden? Das klassische Instrument hierfür stellen die in Tarifverhandlungen vereinbarten Lohnsteigerungen dar. In der Kommission wurde jedoch rege darüber debattiert, inwiefern darüber hinausgehend Instrumente erforderlich sind, die eine *Beteiligung der Erwerbstätigen institutionalisieren* und damit langfristig absichern, unabhängig von wiederholten Verhandlungen.

DEBATTE

EINE KAPITALBETEILIGUNG?

Befürwortende Stimmen sehen die Beteiligung von Mitarbeiter/innen über Belegschaftsaktien als Option, um zusätzlich zu den Lohnverhandlungen Beschäftigte am Gewinn des Unternehmens teilhaben zu lassen. So können Arbeitnehmerinnen und Arbeitnehmer am Wachstum des Produktionsfaktors Kapital beteiligt werden – mit tendenziell positiven Auswirkungen auf die gesamtgesellschaftliche Verteilungsgerechtigkeit.

Ein weiterer Aspekt der Kapitalbeteiligung wurde insbesondere während der Finanz- und Wirtschaftskrise 2008 bis 2010 auch innerhalb der Gewerkschaften diskutiert. So gab es Befürworter/innen von Kapitalbeteiligung im Fall von Sanierungs- und Krisenfällen, die durch die Tarifvertragsparteien festgestellt und betreut werden: Wenn unumgänglich sei, dass Arbeitnehmer/innen finanzielle Zugeständnisse machten, um ihre Arbeitsplätzte zu sichern, könnte Kapitalbeteiligung in diesen Fällen je nach Ausgestaltung eine (partielle) Kompensation für den vorübergehenden Verlust von Kaufkraft sein (so wurde auch in einer Stellungnahme des Europäischen Wirtschafts- und Sozialausschusses EWAS argumentiert).

Mitarbeiteraktionäre sind in besonderem Maße am langfristigen

Unternehmenserfolg interessiert. Würde die Arbeitnehmerschaft größere Aktienanteile auf sich vereinigen, könnte sie ihren Einfluss geltend machen; ihr Interesse an einer langfristigen Erhaltung des Unternehmens ließe sich besser gegenüber dem Prinzip der Orientierung an kurzfristigen Gewinnen behaupten. Ein möglicher Ansatz dazu könnte die Gründung eines Belegschaftsaktionärsvereins sein, der die Stimmrechte seiner Mitglieder bündelt. Ein aktuelles Beispiel dafür ist der neue Belegschaftsaktionärsverein »Wir für Siemens«. Die Besserstellung von Mitarbeiteraktien könnte nicht zuletzt ein geeignetes Mittel sein, um die Vermögensbildung zu fördern, bzw. einen zusätzlichen Anreiz darstellen, auch privat für das Alter vorzusorgen.

Kritische Stimmen merkten an, dass Gewinnbeteiligung ein ungeeignetes Instrument sei, um Arbeitnehmer/innen in allen Branchen an den Renditen des Fortschritts teilhaben zu lassen. Der ganze Öffentliche Dienst bliebe ausgespart; auch blieben alle außen vor, die gar nicht in einem Betrieb angestellt sind. Zudem verzeichnen Unternehmen im digitalen Bereich häufig in der Anfangsphase bei Börsennotierung hohe Zugewinne, die hauptsächlich auf erwarteten künftigen Gewinnen beruhen, damit aber nicht immer nachhaltig sind. Das Platzen der Internet-Blase habe gezeigt, dass sehr viele Unternehmen wieder schnell vom Markt verschwunden seien, die kurz zuvor noch rasante Zuwächse verzeichnet hatten. Eine derartige Konsolidierung könne auch bei digitalen Plattformen eintreten und dann, selbst wenn diese nicht so dramatisch verlaufen sollte, zu massiven Einkommensverlusten führen.

Zugleich stellte sich die Frage der *Kompetenz:* Sehr vorausschauende Beschäftigte könnten im Boom die Aktien verkaufen. Alle Studien für Deutschland deuten jedoch darauf hin, dass private Haushalte nicht geschult und kundig sind im Umgang mit Finanzprodukten. Der Einblick in die Entwicklung des Unternehmens fehlt. Beschäftigte wären bei Insolvenz doppelt betroffen: durch den Verlust des Arbeitsplatzes und den Rückgang des Aktienwertes. Jenseits von Fragen der Finanzkompetenz von Beschäftigten gibt es prinzipielle Einwände dagegen, dass Beschäftigte neben dem Arbeitsplatzrisiko über Formen der Gewinnbeteiligung zusätzlich das *unternehmerische Risiko* mittragen sollen. Ein makroökonomischer Einwand gegen eine Gewinnbeteiligung war zudem, dass diese konjunkturell prozyklisch wirken könnte, wenn die Einkommen der Beschäftigten im Aufschwung mit den Gewinnen stark steigen und im Abschwung entsprechend stark einbrechen und dies mit entsprechend starken Schwankungen im privaten Konsum verbunden ist. Auch daher spräche vieles dafür, Kapitalbeteiligungen nur zusätzlich zum Tariflohn zu fördern.

Soll eine solche Beteiligung Modellcharakter erhalten, müsste geklärt werden, ob auch ehemalige Mitarbeitende die Beteiligung (auch bei Arbeitslosigkeit) halten dürfen.

Finanzkrise und wirtschaftliche Verunsicherungen haben in den letzten Jahren Ideen von alternativen Formen des Wirtschaftens rehabilitiert. Unter dem Sammelbegriff der »solidarischen Ökonomie« gibt es eine Vielzahl an Initiativen und Konzepten, wie Dorfläden, Kollektiv-Betriebe, Tauschringe, aber auch sozialreformerische Konsum-, Energie- und Produktionsgenossenschaften. Gemeinsam ist allen diesen Ansätzen das Prinzip des Teilens *(Sharing)*. Das Internet eröffnet hierbei schon seit Längerem kommerzielle wie nicht kommerzielle Handlungsmöglichkeiten: Zu denken ist etwa an Nahrungsmittel- oder Kleidertauschbörsen ohne Profitinteresse, aber auch an kommerzielle Vermittlungsdienste wie Car-Sharing-Modelle.

Im Zuge der Debatte über die Sharing Economy erfahren *Genossenschaften* ein Comeback. 2012 riefen die Vereinten Nationen das Internationale Jahr der Genossenschaften aus. Der genossenschaftliche Gedanke hat eine lange Tradition: Das Modell verbreitete sich ausgehend von England auch in Deutschland seit dem 19. Jahrhundert (SCHWETTMANN 2012). Heute gibt es etwa 5.600 Genossenschaften verschiedenster Art (DGRV 2017b). Verbreitet sind Wohnungsbaugenossenschaften; die Raiffeisen-Genossenschaften versorgen die Landwirtschaft mit Betriebs-, Futter- und Düngemitteln und Maschinen. Aktuell werden vor allem im Bereich der erneuerbaren Energien Genossenschaften gegründet (DGRV 2017a). Bei den meisten Genossenschaften handelt es sich um Konsum- oder Wohnungsgenossenschaften. Arbeitergenossenschaften bzw. klassische Produktionsgenossenschaften, in denen auch die Arbeitskraft der Mitglieder verwertet wird, sind weniger verbreitet (SOMMER 2012).

→ DENKANSTOSS FÖRDERUNG VON GENOSSENSCHAFTEN IM DIGITALEN ZEITALTER

Genossenschaften verknüpfen die Vorstellung vom *Teilen und Besitzen.* Sie sind – anders als Unternehmen – nicht dem Gewinn, sondern *ihren Mitgliedern verpflichtet*. Die Mitglieder verfügen über Einlagen, zum Teil in unterschiedlicher Höhe, alle verfügen aber über das gleiche Stimmrecht. Weil die Mitglieder einerseits Eigentümer oder Arbeitgeber und andererseits Nutzer oder Arbeitnehmer sind, fallen in den Personengruppen der Genossenschaften zwei gegensätzliche Rollen des Marktes zusammen. Übertragen auf die digitale Ökonomie bedeutet dies, dass das *Teilen* (Sharing) keineswegs das *Besitzen* ausschließen muss, dass also Geschäftsmodelle, die auf dem Gedanken des Teilens basieren (wie Airbnb oder Uber) ebenso auch als *kollektiver Besitz* organisiert werden können.

Beispiel hierfür sind Überlegungen in Richtung von alternativen, *genossenschaftlich betriebenen Plattformen* (»platform cooperativism«), die gemeinnützig und an guten Arbeitsbedingungen orientiert sind (SCHOLZ 2016a, 2016b). Sowohl Uber als auch Crowdwork-Plattformen wie Upload sind als Genossenschaften vorstellbar, denn die technische Basis ist dieselbe. Uber-Fahrer/innen bzw. Crowdworker/innen wären dann die Plattformbetreiber.

In vielen Ländern gibt es eine enge *Verbindung zwischen Gewerkschaften und Genossenschaften*. In Deutschland ist man bislang offenkundig noch zurückhaltend, wohl nicht zuletzt aufgrund von mehreren Skandalen. In jüngster Zeit zeichnen sich aber wieder erste Schritte der Annäherung ab; Solidarität und Demokratie sind in beiden Organisationen als Leitprinzipien verwurzelt. Beim Auf- oder Umbau zu Genossenschaften oder bei genossenschaftlichen digitalen Plattformen eröffnet sich für Gewerkschaften ein neues Gestaltungsfeld.

QUALIFIZIERUNG

TALENT-SCHMIEDE DEUTSCHLAND

NEUGIER WECKEN, POTENZIALE ERSCHLIESSEN

WO STEHEN WIR?

Der Titel »Made in Germany« verweist – trotz globaler Konkurrenz – noch immer auf eine besondere Güte der hier erzeugten Produkte und Dienstleistungen. Dieser wirtschaftliche Erfolg Deutschlands basiert nicht auf Rohstoffen, sondern auf den *Fähigkeiten und Fertigkeiten der Menschen.* Ideen und Innovationen entstehen durch den Austausch von Erfahrungen und das Zusammenspiel von Kompetenzen. Diese sind das Fundament für das Wirtschaftsmodell und für die Sicherung und Schaffung von Arbeitsplätzen. Es bleibt zwar abzuwarten, ob sich der hohe Anteil von Facharbeit als ein Qualitätsmerkmal der deutschen Wirtschaft in einer Zeit halten lässt, in der Informationen global ausgetauscht und verarbeitet werden und Prozesse der Rationalisierung und Standardisierung selbst in hoch qualifizierte Berufe vordringen. Immer klarer zeichnet sich jedoch ab, dass zukünftige Produktivitätsmodelle noch weit umfassender von innovativen Ideen abhängen werden, die die Erwerbstätigen in Anwendung und Austausch mit neuen Technologien entwickeln.

BILDUNG WIRD NOCH WICHTIGER. In einem strukturellen Umbruch ist Bildung die notwendige Antwort. Sie legt den Grundstein für eine *mündige Existenz, Urteilsfähigkeit, Verständnis für komplexe Zusammenhänge und einen aktiven Bürgerstatus in einer demokratischen Gesellschaft* – und sie bereitet, so der Idealfall, die Menschen auf Berufseinstieg, Aufstieg und Umstieg im Erwerbsleben vor. Der Arbeitsmarkt erhält dadurch Flexibilität. Art und Umfang gezielter Qualifizierung spielen eine wichtige Rolle für die *Wettbewerbsfähigkeit* der Wirtschaft; Qualifizierung ist Voraussetzung für Absicherung und Entfaltung der Menschen und für Partizipation – und somit Garant einer hohen *Arbeits- und Lebenszufriedenheit* in unserer Gesellschaft.

Menschen lernen lebensbegleitend. Je dynamischer die Veränderungen im Lebensumfeld, desto notwendiger wird das Lernen, um Chancen auf *Teilhabe und Entfaltung* zu erlangen. Das Bildungssystem unterstützt diese Lernprozesse, zielt aber auch direkt auf die Vermittlung konkreter Kompetenzen und *Qualifikationen*, die am Arbeitsmarkt nachgefragt werden. Abschlüsse und Zertifikate dokumentieren Lernfortschritte und haben eine Signalfunktion bei der Besetzung von Arbeitsplätzen.

Im Jahr 2016 gab es im dualen System erstmals mehr junge Menschen mit Abitur als mit Hauptschulabschluss. Gleichzeitig verlassen zahlreiche Jugendliche die Schule ohne Abschluss. Im Jahr 2014 waren es 47.000 Jugendliche (CARITAS 2016), das entspricht einem Anteil von knapp 6 Prozent. Noch höher ist die Quote beim beruflichen Abschluss. Insgesamt haben 1,2 Millionen junger Menschen zwischen 20 und 29 Jahren keinen Berufsabschluss – das sind knapp 13 Prozent dieser Altersgruppe (BIBB 2016; IW KÖLN 2014).

DAS BILDUNGSSYSTEM IST UNGERECHT. Bei aller Anerkennung für die Leistungsfähigkeit des Bildungssystems wird wiederholt seine *Selektivität* kritisiert: Bereits in der frühkindlichen Erziehung und in der *Schule* wird soziale Ungleichheit reproduziert, mitunter auch verschärft, weil Kinder aus bildungsfernen Milieus und mit Migrationshintergrund nicht ausreichend gefördert werden oder Stigmatisierung erfahren.[1]

AUCH DAS DUALE SYSTEM IST SELEKTIV. Die *duale Berufsausbildung* stärkt die Innovationsfähigkeit der Unternehmen und bietet eine enge Verknüpfung von Bildungssystem und Arbeitsmarkt; sie sichert einen gelungenen Übergang von der Ausbildung in den Arbeitsmarkt und ist daher international geschätzt als Instrument zur Vermeidung von Jugendarbeitslosigkeit. Dennoch kommt es auch hier zu Problemen. Zwar gibt es keine formalen Einstiegshürden in eine duale Ausbildung, doch ist der Einstieg für Jugendliche ohne Abschluss oder mit einem Hauptschulabschluss schwierig: In der bundesweiten Lehrstellenbörse der Industrie- und Handelskammern sind fast zwei von drei Ausbildungsangeboten für Jugendliche mit Hauptschulabschluss von vornherein verschlossen. Ähnliches gilt für den sogenannten »Übergangsbereich«, in dem sich 2016 rund 270.000 Jugendliche befanden. Der »Übergangsbereich« dient zur Einstiegsqualifizierung, vermittelt aber keine Berufsabschlüsse und birgt die Gefahr, zu einer langjährigen »Parkstation« zu werden (BMBF 2016).

1 Kinder aus sozial schwachen Verhältnissen weisen hierzulande geringere Kompetenzen auf als Kinder, auf die dies nicht zutrifft (OECD 2016c).

Auffallend viele der insbesondere von Frauen gewählten Ausbildungen im Gesundheits- und Sozialsektor sind privat zu finanzieren; auch der Status als Schülerin unterscheidet sich vom Status der Auszubildenden im dualen System.

DAS BILDUNGSSYSTEM IST INSGESAMT UNTERFINANZIERT. Generell sind die Bildungsausgaben in Deutschland eher unterdurchschnittlich. Sie betragen lediglich 4,2 Prozent des Bruttoinlandsproduktes – im OECD-Länderdurchschnitt sind es 4,8 Prozent. Vor allem die Investition in den tertiären Bildungsbereich – bei der OECD fallen hierunter auch Weiterbildungen – sind in Deutschland niedrig (OECD 2016a). Dies steht in deutlichem Gegensatz zu den Beschlüssen des Dresdner Bildungsgipfels von 2008. Bund und Länder hatten damals vereinbart, bis 2015 mindestens 10 Prozent des Bruttoinlandsprodukts für Bildung und Forschung auszugeben – 7 Prozent für Bildung und 3 Prozent für Forschung.

WEITERBILDUNG IST NÖTIG, ABER AUCH UNTERFINANZIERT. Es ist inzwischen ein Allgemeinplatz, dass sich Menschen lebensbegleitend weiterbilden sollen. Hintergrund ist ein starker Impuls seitens des Arbeitsmarktes, der Interesse an Erwerbstätigen hat, deren Kompetenzen auf der Höhe der Zeit sind. Neben individueller Weiterbildung, z.B. für das Nachholen von Abschlüssen oder für den beruflichen Aufstieg, hat die *betriebliche Weiterbildung* einen besonderen Stellenwert. Während individuelle Weiterbildung zumeist in der Freizeit und selbstfinanziert erfolgt, geht es bei der betrieblichen Weiterbildung um Qualifizierung, von der der Betrieb profitiert. Die bfw-Trendanalyse »Berufliche Aus- und Weiterbildung in Deutschland 2016« (ROGGENKAMP 2016) zeigt, dass Weiterbildung überwiegend privat finanziert wird. Die individuellen Ausgaben für Weiterbildung sind gegenüber 2007 von zehn auf 11,2 Milliarden Euro gestiegen.

TRENDWENDE BEI DER BETRIEBLICHEN WEITERBILDUNG? Während die öffentlichen Ausgaben in Weiterbildung gesunken sind, ist für die *Investitionen der Betriebe* nach einigen Jahren der Stagnation wieder ein Anstieg zu verzeichnen. 37 Prozent der 25- bis 64-Jährigen haben im Jahr 2014 an einer betrieblichen Weiterbildung teilgenommen, doch sind hier auch »kleine« Weiterbildungen, kurze Anpassungsqualifizierungen und die gesetzlich vorgeschriebenen Arbeits- und Gesundheitsschutzqualifizierungen eingerechnet (AUTORENGRUPPE BILDUNGSBERICHTERSTATTUNG 2016). Mit durchschnittlich 36 Weiterbildungsstunden (26 Stunden bei betrieblichen und 75 Stunden bei individuellen berufsbezogenen Maßnahmen) (BMBF 2015) bewegt sich die Weiterbildung zumeist *jenseits abschlussbezogener Formate*, sodass sie für den beruflichen Aufstieg keine relevante Hilfe darstellen.

HÜRDEN DER BETRIEBLICHEN WEITERBILDUNG. Weiterbildung findet bislang vor allem dort statt, wo sie bereits in den Berufen angelegt ist. Eine gezielte Ermunterung zur Weiterbildung erfolgt zumeist, wenn auch seitens des Betriebs konkreter Bedarf besteht. Als wichtigste Gründe für Zurückhaltung bei der Unterstützung von Weiterbildung nennen Betriebe eine zu *dünne Personaldecke*, aber auch finanzielle Aspekte. Man trage Kosten, denen nicht unmittelbar ein Nutzen gegenüberstehe – und die vor allem bei Personalfluktuation nicht rentabel seien (BITKOM RESEARCH 2016). Eine hohe Weiterbildungsrendite ergibt sich für die Beschäftigten und Betriebe gegenwärtig dort, wo Unternehmen ein strategisch ausgerichtetes Konzept verfolgen, die Weiterbildung praxisorientiert und betrieblich eingebunden ist und ein regelmäßiger Dialog zwischen Personalabteilungen und Betriebs- bzw. Personalräten etabliert ist.

WELCHE WEITERBILDUNG IST DIE RICHTIGE? Auch die Situation auf dem *Weiterbildungsmarkt* erweist sich als Hemmnis. Oft fehlt es an Standards und systematischen Regelungen – und angesichts der steigenden Nachfrage werden die Angebote in vielen Bereichen nicht ausreichen oder im Preis stark ansteigen. Mangelnde Transparenz, fehlende Beratung und eine unklare Finanzierung erschweren den Zugang zur Weiterbildung, insbesondere für Menschen mit geringem Einkommen und ohne Bildungsabschlüsse.

Neben inhaltlichen Gründen stehen aber auch organisatorische Gründe einer Weiterbildung entgegen: Personen, die beruflich stark eingebunden sind, haben während der Arbeitszeit häufig keine Kapazitäten bzw. müssen die Weiterbildung während der Freizeit einplanen. Wer dauerhaft Sorgearbeit leistet, hat in der Freizeit kaum Spielräume. Freistellung durch den Arbeitgeber ist daher eine wichtige Voraussetzung für verstärkte Aktivitäten.

REPRODUKTION VON UNGLEICHHEIT? Je besser eine Person schon qualifiziert ist, desto wahrscheinlicher ist laut dem Institut für Arbeitsmarkt- und Berufsforschung die Teilnahme an Bildungsangeboten. Frauen und Menschen mit Migrationshintergrund nehmen aufgrund ihres häufigen beruflichen Status als Geringqualifizierte,

Teilzeit- oder prekär Beschäftigte deutlich weniger an Weiterbildung und speziell an betrieblicher Weiterbildung teil. Die bisherigen Förderinstrumente der beruflichen Weiterbildung ändern an dieser sozialen Schieflage nichts. Im oberen Bildungssegment stehen mit dem Meister-BAföG und dem BAföG für Studierende Finanzierungsinstrumente der individuellen beruflichen Weiterbildung für bisher schon gut Qualifizierte bereit. Viele Geringqualifizierte sind hingegen auf Arbeitsförderungsmaßnahmen im Hartz-IV-System angewiesen. Für *Arbeitslose* werden zwar Weiterbildungen angeboten, doch sind die Anreize hierfür schwach, da die Maßnahmen kaum eine Verbesserung gegenüber dem Sozialleistungsbezug darstellen. Mit dem Weiterbildungsstärkungsgesetz hat beim Arbeitslosengeld (SGB III) Weiterbildung jüngst Vorrang vor Vermittlung erhalten. Gleichwohl fehlt den Jobcentern durch die Deckelung des Eingliederungsbudgets offenbar häufig das Geld, um den Bedarf an Weiterbildung zu finanzieren (DIETZ/OSIANDER 2014).

In der Bildungsforschung mehren sich die Stimmen für mehr *Anreize* oder auch Verpflichtungen zu Investitionen und Aktivitäten in der Weiterbildung. Juristische Expertisen (so zum Beispiel KOCHER/WELTI 2013) empfehlen einen *Rechtsanspruch auf Weiterbildung* und auf ein regelmäßiges *Qualifizierungsgespräch.*[2]

2 Im Entwurf zum Weißbuch »Arbeiten 4.0« des Bundesministeriums für Arbeit und Soziales (BMAS 2016) ist eine solche Verrechtlichung bereits zum Ziel erklärt worden.

WORAUF SOLLTEN WIR UNS VORBEREITEN?

In einer dynamischen und global vernetzten Wirtschaft sind *Beschäftigungsprognosen* ein schwieriges Geschäft – und mit Vorsicht zu behandeln. Es scheint jedoch absehbar, dass auch bei einer fortschreitenden Digitalisierung Personen mit abgeschlossener Berufsausbildung weiter auf Nachfrage nach ihrer Arbeitsleistung zählen können werden. Ein sinkender Bedarf zeichnet sich hingegen für Personen ab, die keinen Ausbildungsabschluss vorweisen können oder bereits heute für sogenannte einfache Arbeiten eingesetzt werden. Die Nachfrage nach solchen Stellen wird 2025 geschätzt um 1,3 Millionen höher liegen als das Angebot. Einfacharbeit bleibt laut Prognose nur dort erhalten, wo sich eine Automatisierung nicht rechnet oder wo Konsumierende einen Menschen als Kontaktpartner bevorzugen und einfordern.

Erwartet wird auch, dass die Digitalisierung in bestimmten Berufsfeldern zur Entwertung von Qualifikationen führt, wenn Tätigkeiten zunehmend berufsunspezifisch werden (und so auch die tarifpolitische Zuordnung dieser Tätigkeiten ins Wanken gerät). Andererseits kann Digitalisierung auch zur Aufwertung von Tätigkeiten führen, die dann tariflich zu übersetzen wäre. Das Prinzip der Berufstätigkeit als Orientierungsrahmen zu erhalten oder mit Blick auf neue Arbeitsformate weiterzuentwickeln ist eine noch zu lösende Aufgabe.

DIE BERUFLICHE AUSBILDUNG GERÄT UNTER VERÄNDERUNGSDRUCK. Die Neuordnung der Ausbildungsberufe gestalten Staat, Wirtschaftsverbände und Gewerkschaften orientiert an den Anforderungen der Arbeitswelt. Viele Ausbildungsordnungen sind »technikoffen« formuliert, sodass neue Technologien gut in die praktische betriebliche Ausbildung integriert werden können. Zudem sind Ausbildungen prozess- und kompetenzorientiert gestaltet. Formen der *interdisziplinären Zusammenarbeit* und des *agilen Arbeitens* (z.B. Design-Thinking-Methoden, Systems Engineering) müssen allerdings schon in frühen

Phasen der Ausbildung verankert werden, damit vernetztes Arbeiten in komplexen Zusammenhängen erfahrbar wird.

Der Anteil von Frauen in den als zukunftssicher und vergleichsweise gut bezahlten MINT-Berufen[3] ist noch immer zu niedrig; zudem verliert sich ihr oft erwähnter »Bildungsvorsprung« im Lebensverlauf, weil sie bei Eintritt in Teilzeitarbeit geringen Zugang zu Weiterbildung und beruflichem Aufstieg haben. Dort, wo im Berufsbild keine Weiterentwicklungspfade angelegt sind, haben Angebote für Aufstiegsfortbildungen und der Erwerb von Zusatzqualifikationen eine besondere Bedeutung.

3 Die Abkürzung steht für die Fächer Mathematik, Informatik, Naturwissenschaft, Technik. Der Frauenanteil ist hier mit 15 Prozent noch immer unterdurchschnittlich (BA 2016b).

Wiederholt wird in Deutschland über einen weiter wachsenden *Fachkräftemangel* und offene Stellen diskutiert (ZIKA/MAIER 2015; MAIER et al. 2016). Faktoren sind dabei einerseits der demografische Wandel und der Trend zur Akademisierung, andererseits die hohe Zahl von Jugendlichen, denen der Sprung von der Schule in die Ausbildung nicht gelingt. Die Betriebe stehen also bei der Rekrutierung von Nachwuchs vor der Herausforderung, Jugendliche mit Hauptschulabschluss und mittlerem Schulabschluss wieder stärker in den Blick zu nehmen. Hierzu hat die Bundesagentur für Arbeit mit dem Ausbau der ausbildungsbegleitenden Hilfen und der Einführung der *Assistierten Ausbildung* wichtige Unterstützung bereitgestellt.

VERÄNDERUNG WIRD ZUM NORMALFALL. Verschwinden oder verändern sich Berufe, müssen sich Beschäftigte zwangsläufig *nach- und umqualifizieren*. Eine Neukonzeption bisheriger Programme zur Förderung von Weiterbildung ist dafür nötig.[4] Es müssen Wege geebnet werden, um Reibungskosten gering zu halten und die individuelle Initiative besonders zu fördern.

4 Im Koalitionsvertrag der Bundesregierung ist das lebensbegleitende Lernen als »gesamtgesellschaftliche Aufgabe« deklariert; im Dezember 2014 hat die Bundesregierung die Allianz für Aus- und Weiterbildung gestartet.

Die Rede von einer »Qualifizierungsoffensive« ist omnipräsent, doch gilt es auch die Frage zu klären, ob erstens das hierfür erforderliche *Personal* zur Verfügung steht und zweitens dieses selbst ausreichend »digital qualifiziert« ist. Schon heute fehlen Berufsschullehrer/innen, an den Schulen ist ein Limit der Arbeitsbelastung erreicht. Die Rekrutierung und Weiterbildung des Lehrpersonals wird also eine Schlüsselrolle für die Gestaltung des digitalen Wandels spielen.

NEUE THEMEN FÜR BILDUNGSPROZESSE. Das digitale Zeitalter verlangt mit der Fähigkeit zu interdisziplinärer Zusammenarbeit, zur Vernetzung in komplexen Systemen und zur Interpretation von Daten genau solche Kompetenzen, die in dem breiten Bildungsverständnis angelegt sind, für das Deutschland bekannt ist. Stärkung der Informations- und Kommunikationskompetenz, Einführung neuer Schulfächer wie Digitalkunde – solche Forderungen stoßen meist schnell auf Zustimmung. Eine Antwort auf die Transformation ist damit allerdings noch nicht gegeben. Nötig ist ein *Frühwarnsystem*, das den zukünftig erforderlichen Kompetenzen nachspürt und dabei nicht nur die unmittelbar wirtschaftlichen Fertigkeiten im Blick behält.

WO KÖNNEN WIR ANSETZEN?

Im Strukturwandel entstehen neue Beschäftigungsfelder, andere gehen verloren. Umorientierung auf neue Tätigkeitsfelder und Veränderungen in Arbeitsinhalten und -abläufen verlangen dem Einzelnen Flexibilität im beruflichen Selbstverständnis und konkreten Arbeitshandeln ab. Das Bildungssystem muss seine Zielsetzung und Angebote daraufhin überprüfen, ob sie den neuen Arbeits- und Lebensbedingungen gerecht werden – und es muss zugleich die Basis für eine aufgeklärte Gesellschaft legen.

EINE NEUE VERSTÄNDIGUNG ÜBER DIE BILDUNGSZIELE

Es ist inzwischen ein Allgemeinplatz, dass bereits in der Schule neue Technologien zum Einsatz kommen sollten, um Kinder und Jugendliche frühzeitig zu einer souveränen Aneignung und Beurteilung zu befähigen. Schnelles Internet für Schulen, neue Schulfächer wie Digitalkunde, ein souveräner Umgang mit den eigenen Daten – so lauten die gängigen Forderungen, die in anderen Ländern schon teilweise umgesetzt sind.

Gleichwohl lohnt sich ein kurzes Innehalten: Welche Bildungsziele bleiben auch im Strukturwandel bedeutsam? Welche neuen müssen hinzutreten? Das Bildungssystem hat zunächst einmal keine geringere Aufgabe, als alle Kinder zu mündigen Menschen zu entwickeln, die sich in einer demokratischen Gesellschaft zurechtfinden und sie aktiv mitgestalten können. Es muss zudem eine solide Basis dafür legen, dass alle über solche Fertigkeiten verfügen (oder zu ihrer Aneignung befähigt sind), dass ihnen Teilhabe möglich ist. Hier gibt es Nachholbedarf.

→ DENKANSTOSS CHANCENGLEICHHEIT IM DIGITALEN ZEITALTER

In der aktuellen Digitalisierungsdebatte ist die Forderung nach mehr und lebenslanger Bildung omnipräsent. Doch alle Beschwörungen der Bedeutung von Bildung in der digitalisierten Arbeitswelt bleiben hohl, wenn es nicht gelingt, einen zentralen Nachteil des deutschen Bildungssystem zu überwinden: die *soziale Selektivität*, die oft skandalisiert wird und trotz aller Bemühungen noch nicht behoben ist. Im Vergleich mit anderen Ländern hat die soziale Herkunft der Kinder in Deutschland einen vielen größeren Effekt auf den schulischen Erfolg. Dadurch bleibt – auch mit Blick auf die Zuwanderung – das Potenzial vieler junger Menschen ungenutzt. Die soziale Selektivität wird noch an Brisanz gewinnen, wenn sich wie prognostiziert die Arbeitsmarktsituation für Menschen ohne Ausbildung in den kommenden Jahren deutlich verschärfen wird.

Das Bildungssystem muss *materiell und personell angemessen ausgestattet werden.* Es muss Kinder früher erreichen: etwa durch eine Stärkung der frühkindlichen Bildung. Es muss Schule als Ort von Bildung neben dem Elternhaus stark machen: etwa durch den Ausbau echter gebundener Ganztagsschulen. Und selbst wenn man an der in unterschiedliche Schulformen geteilten Sekundarbildung festhalten möchte (im internationalen Vergleich ein Sonderweg), muss die Durchlässigkeit zwischen den unterschiedlichen Strängen gestärkt werden.

Der technologische Wandel bringt nicht nur neue Formen des Arbeitens mit sich, sondern er führt auch zu neuen Formen der Kommunikation, der Selbstdarstellung und der Erfassung persönlicher Daten. Auf diese Anforderungen müssen selbst die »digital natives« vorbereitet werden. Ein Verständnis der Funktionsweise von Algorithmen, der Mechanismen des Web 2.0 und des Schutzes von Persönlichkeitsrechten wird essenziell, damit sind aber »analoge« Fähigkeiten keinesfalls hinfällig. Im Wandel gewinnen gerade jene Fähigkeiten neu an Stellenwert, die bislang eher zum »heimlichen Lehrplan« zählten: die

Fähigkeit zur *Selbstorganisation*, zum *eigenständigen Lernen* und zum *selbstverantwortlichen Arbeiten* sowie *Neugier* und *Selbstmotivation*. An Bedeutung gewinnt vor allem die Kompetenz zur *Kooperation und Kommunikation*. Hierfür schafft betriebliches Lernen, vor allem das Erlernen eines Berufs, gute Voraussetzungen, weil es zum Handeln in einem ganzheitlichen Aufgabenfeld befähigt und professionelles Selbstbewusstsein stärkt.

Der digitale Wandel und die absehbaren Veränderungen am Arbeitsmarkt erfordern nicht nur *breites berufliches Wissen*. Es wird auch darum gehen, *inhaltliche Flexibilität* zu vermitteln. Für die Dauer des gesamten Erwerbslebens im einmal erlernten Beruf zu bleiben kann weiterhin Wunsch und Orientierung bleiben; dieser Anspruch wird sich aber für viele Menschen nicht einlösen lassen. Die Bereitschaft, sich *auf Neues einzulassen* und sich *auch ausbildungsfremde Kompetenzen* anzueignen, wird also noch wichtiger.

Wie können diese Bildungsziele im Bildungssystem umgesetzt werden und tatsächlich zur Anwendung kommen?

DEBATTE EIN KOOPERATIONSGEBOT FÜR DIE BILDUNG

So bewährt die dezentrale Organisation in Bildungsfragen in vielerlei Hinsicht ist, kann sie im Strukturwandel auch zum Hemmnis werden, wenn in 16 Bundesländern jeweils neu darüber debattiert wird, welche Qualifizierungsziele sinnvoll sind. Viele Bundesländer setzen Kommissionen und Beraterkreise ein, um über die Herausforderungen und mögliche Lösungsansätze zu debattieren. Die Folge: ein gleichzeitiges, aber doch noch unverbundenes Nachdenken über die gleichen Fragen.

Um eine einheitliche *Bildungsstrategie* zu entwickeln, sollten daher Bund und Länder *im Grundgesetz mehr Möglichkeiten der Zusammenarbeit* erhalten. Umstritten war die Frage, ob das im bestehenden föderalen Rahmen möglich ist oder ob dieser Rahmen selbst substanziell geändert werden muss. Stimmen, die sich für eine substanzielle Änderung aussprachen, schlugen beispielsweise vor, im Artikel 91b Abs. 2 des Grundgesetzes festzulegen, dass Bund und Länder zur *Sicher-*

stellung und nicht nur zur Feststellung der Leistungsfähigkeit und Weiterentwicklung des Bildungssystems zusammenarbeiten können. Zudem könne eine *gemeinsame Bildungsplanung* von Bund und Ländern in das Grundgesetz aufgenommen werden. Um diese Strategie auch gesellschaftlich abzusichern, solle eine *»Reformkommission Bildung«* eingesetzt werden, an der auch die Sozialpartner beteiligt sind.

Die Befürworter der Verfassungsänderung begründeten ihre Position damit, dass der Bildungsföderalismus in Deutschland sich daran messen lassen müsse, ob er einen Beitrag für ein besseres Bildungssystem leisten könne. Ein weiterer Reformvorschlag bezog sich auf Artikel 104b. Dort ist festgelegt, wann der Bund Finanzhilfen für besonders bedeutsame Investitionen der Länder und Gemeinden gewähren kann, nämlich zur Abwehr einer Störung des gesamtwirtschaftlichen Gleichgewichts, zum Ausgleich unterschiedlicher Wirtschaftskraft im Bundesgebiet oder zur Förderung des wirtschaftlichen Wachstums. Die Kommission diskutierte die Möglichkeiten, diesen Artikel so zu reformieren, dass es möglich wird, gezielt in die kommunale Bildungsinfrastruktur finanzschwacher Gemeinden zu investieren. Damit könne ein wirksamer Beitrag zur *Modernisierung des Bildungswesens* geleistet werden.

Vereinzelt gab es auch kritische Stimmen. Sie wiesen auf die weitreichenden Auswirkungen solcher Reformen auf das Beziehungsgeflecht von Bund und Ländern hin und auf daran hängende Folgefragen, etwa welche Rolle die Kommunen dann als »Schulträger« einnehmen müssten (bislang dürfen sie keine direkten Finanzbeziehungen mit dem Bund eingehen). Auch bestand die Befürchtung, die Reformen würden die Verantwortlichkeiten für die Bildungspolitik verwischen statt verbessern, mit der Folge, dass auch die politische Haftung für Misserfolg nicht mehr richtig zuzuordnen wäre.

Schon der Sanierungsstau an den Schulgebäuden – die Kreditanstalt für Wiederaufbau (KfW) beziffert ihn auf 34 Milliarden Euro (BRAND et al. 2016) – zeigt jedoch, dass enormer Handlungsbedarf besteht. Zwar gab es beim Ausbau der Ganztagsschulen bereits einen Schub, doch sind die meisten sogenannte »offene Ganztagsschulen«, mit einem qualitativ oft unzureichenden Nachmittagsangebot. Bedenkenswert wäre daher, in naher Zukunft einen *Rechtsanspruch auf einen »echten« Ganztagsschulplatz* einzuführen. Auch sollte der Ausbau der Ganztagsschulen mit dem Ausbau der Schulsozialarbeit und multiprofessionellen Teams für Kitas und Schulen verknüpft werden. Für berufsbildende Schulen könnte ein *Berufsschulpakt* die technische Ausstattung, die regionale Versorgung und die Qualifizierung der Lehrkräfte verbessern. Mit Blick auf den Mangel an Lehrkräften in diesem Bereich ist das ein überfälliger Schritt.

Es ist begrüßenswert, dass der Bund über den kommunalen Investitionsförderungsfonds insgesamt 3,5 Milliarden Euro für die Jahre 2017 bis 2020 für die Sanierung von Schulgebäuden bereitstellt. Angesichts des großen Rückstaus werden in den kommenden Jahren jedoch weitere Finanzhilfen in diesem Bereich notwendig sein.

Bei einer Qualifizierungsstrategie für die Arbeitswelt der Zukunft geht es nicht nur um IT-Kenntnisse. Mit zunehmender Automatisierung und Digitalisierung werden die Systeme komplexer – Störungen z.B. in automatisierten Systemen müssen von den Beschäftigten situativ bewältigt werden. Die Fähigkeit, für Prozesse *Verantwortung zu übernehmen* und *in vernetzten und bereichsübergreifenden Prozessen zu denken und zu handeln,* ist neben einer verbesserten IT-Kompetenz das wichtigste Handlungsfeld. Deshalb müssen *personale Kompetenzen* ganzheitlich gestärkt werden. Zudem wird in vielen Bereichen eine *interdisziplinäre Zusammenarbeit* an Bedeutung gewinnen. Das Lernen im Prozess der Arbeit wird durch die verkürzte Halbwertszeit technologischer Innovationen unabdingbar. Arbeitsplätze werden daher zunehmend zu Lernorten ausgebaut werden müssen. Digitale Assistenzsysteme können dafür ein wichtiger Ansatzpunkt sein.

Wenn sich der Arbeitsmarkt und die betrieblichen Arbeitsprozesse sehr dynamisch wandeln, sind *Passungsprobleme* zwischen den vorhandenen Qualifikationen und Kompetenzen der Erwerbstätigen einerseits und den Erwartungen und Bedarfen der Betriebe andererseits absehbar. Erforderlich ist daher ein Wissen, welche Kompetenzen in der Arbeitswelt wo und in welchem Ausmaß nachgefragt werden.

→ DENKANSTOSS EIN KOMPETENZ-MONITORING FÜR DEUTSCHLAND

Die Kommission unterstützt das Vorhaben, ein Kompetenz-Monitoring einzuführen und dieses zu institutionalisieren. Ziel eines solchen Monitorings könnte sein, auf Basis eines weiten Kompetenzbegriffs Schlüsselkompetenzen zu identifizieren, die für die Arbeit der Zukunft und die Wettbewerbsfähigkeit der deutschen Unternehmen wichtig sind. Das Augenmerk sollte dabei in einem ersten Schritt auf solchen Kompetenzen liegen, die durch neue Technologien an Bedeutung gewinnen. Als Impuls hierfür kann ein vom Bundesministerium für Bildung und Forschung finanziertes Projekt dienen, das sich gerade in der Pilotphase befindet. Hier werden Verfahren entwickelt, mit denen sich Kompetenzbedarf entlang der Wertschöpfungskette (von der Grundlagenforschung bis hin zu Vermarktung und gesellschaftlicher Akzeptanz) identifizieren und messen lässt.

Dieses Monitoring sollte *dauerhaft durchgeführt* werden und könnte das von der Bundesregierung geplante Fachkräfte-Monitoring sinnvoll ergänzen.

Die Kommission ist sich darüber im Klaren, dass ein solches Monitoring ein komplexes Vorhaben darstellt und schwierig zu bewerkstelligen ist. Für die Sicherung von Teilhabechancen ist ein solches Instrument jedoch unverzichtbar: So wie Betriebe Märkte beobachten, müssen auch die Erwerbstätigen – genau wie Bildungssystem und Sozialpartner – die Chance haben, sich auf neue Anforderungen rechtzeitig vorzubereiten.

FÖRDERUNG VON BEGINN AN

Kaum ein Forum zum digitalen Wandel lässt die *frühkindliche Förderung* außer Acht. Die Einübung und Anwendung neuer Technologien hält bereits Einzug in Grundschulen; auch für Kindertagesstätten gibt es diverse Initiativen. In ganzheitlich angelegten Konzepten geht es dabei auch darum, dass Kinder – unabhängig von ihrer sozialen Herkunft – die Chance erhalten, sich in einer komplexen und digital vernetzten Welt souverän zu bewegen.

In der Pädagogik wird durchaus kritisch diskutiert, ab welchem Lebensalter welcher Umgang mit Technik sinnvoll ist. Einigkeit besteht darüber, dass Neugierde, Aktivität, interaktive Auseinandersetzung und ein gutes emotionales Klima zentrale Voraussetzungen für gute Lernprozesse sind – und genau jene Fertigkeiten befördern, die heute und zukünftig (auch mit Blick auf eine nachhaltige Entwicklung) von Bedeutung sind. Frühkindliche Bildungsangebote sind »kein Allheilmittel« zur Vorbeugung gegen soziale Ungleichheit, aber sie können, verknüpft mit weiteren Instrumenten im Bildungsbereich und der sozialen Sicherung von Familien, einen soliden Start ins Leben geben (NAUMANN 2014).

⟶ DENKANSTOSS QUALITÄTSSTANDARDS FÜR DIE BILDUNG DER JÜNGSTEN

Bildungs- und Erziehungseinrichtungen der frühen Kindheit leisten einen wesentlichen Beitrag zu einer inklusiven Gesellschaft. Autonomes Handeln, kreative Freiräume, Raum für Selbstentwicklung und Zeit für Beziehungen sollten daher Teil jedes pädagogischen Konzepts sein. Dafür braucht es die notwendige *personelle und materielle Ausstattung.*

In den letzten Jahren wurden erhebliche Anstrengungen unternommen, um die Angebote für Kinderbetreuung und Ganztagsschulen auszubauen. In Westdeutschland ist der Nachholbedarf aber noch immer groß. Neben dem quantitativen Ausbau muss auch die *Qualität* der Angebote besonderes Augenmerk erhalten, insbesondere in der frühkindlichen Bildung. Notwendig sind *bundesweite Standards* für die Rahmenbedingungen der frühkindlichen Bildung. Hierzu zählen der Personalschlüssel, die Gruppengröße, die Aus- und Weiterbildung der Erzieher/innen und die Zeit für Vor- und Nachbereitung. Diese Standards müssen unabhängig vom Träger gelten und könnten in einem *Kita-Qualitätsentwicklungsgesetz* festgeschrieben werden.

Anregung für pädagogische Konzepte, die den unterschiedlichsten Formen von Benachteiligung entgegenwirken, liefert z.B. der *»Index für Inklusion«* (BOOTH et al. 2006). Kinder und Jugendliche sollten an kulturellen und sozialen Aktivitäten ihrer örtlichen Einrichtungen partizipieren. Leitgedanken sind die Anerkennung von Vielfalt und ein wertschätzender Umgang miteinander. Unterschiede zwischen den Kindern sollten als Chancen für gemeinsames Spielen und Lernen gesehen statt als Probleme bewertet werden. Generell sollten alle Barrieren abgebaut werden, die Kindern Zugänge erschweren und sie als Sonderfälle einstufen. Lernen sollte gemeinsam und voneinander stattfinden.

Viele Menschen (von Beschäftigten über Selbstständige bis hin zu Personalverantwortlichen und Geschäftsführer/innen) fühlen sich durch die *Komplexität und Geschwindigkeit des Wandels* überfordert. Es entstehen Verlust- und Versagensängste, es fehlt an Selbstwirksamkeitserfahrung.

→ DENKANSTOSS

STÄRKUNG DER ACHTSAMKEIT

Technische Fertigkeiten und digitale Aufklärung werden nicht ausreichen, um mit steigender Komplexität von Prozessen und einer zunehmender Geschwindigkeit von Veränderungen umgehen zu können. Auch werden zukünftige Generationen sich aufgrund schwindender natürlicher Ressourcen und wachsender Umweltprobleme verstärkt mit dem Thema Nachhaltigkeit auseinandersetzen müssen. Ein achtsamerer Umgang mit sich und anderen scheint geboten.

Einen Impuls hierfür liefert das ReSource Project (RESOURCE PROJECT ohne Jahr) des Max-Planck-Instituts Leipzig. Es wies nach, dass Achtsamkeitstrainings nicht nur der effektiven Stressreduktion dienen und die Resilienz des Einzelnen befördern, sondern auch die *emotionale Intelligenz* stärken. Dass inzwischen Unternehmen solche Erkenntnisse aufgreifen, kann nicht verwundern, da eine hohe Anpassungsfähigkeit und Leistungsstärke der Beschäftigten und eine Reduzierung von Ausfallzeiten die gewünschte Folge sein können.

Auch das Bildungssystem hat hier einen Beitrag zu liefern: Es muss Formate finden, in denen Kinder Selbstwirksamkeit und Vertrauen erfahren und geschult werden auch in Empathie und Intuition, Selbstbewusstsein und Mut, Energie und Herzensbildung.

Häufig wird im Zusammenhang mit Forderungen an das Bildungswesen eine mangelnde Eigeninitiative und Eignung des *pädagogischen Personals* bemängelt. Eine solche Kritik ignoriert, dass gute pädagogische Arbeit bestimmte Rahmenbedingungen verlangt:

→ DENKANSTOSS ARBEITSBEDINGUNGEN IM BILDUNGSSEKTOR VERBESSERN

Die Arbeitsbedingungen der Beschäftigten im Bildungswesen sind der Schlüssel zum Gelingen von Bildungsreformen. Sie müssen deshalb unbedingt verbessert werden.

In allen Bildungseinrichtungen sollten daher den hohen Anforderungen entsprechende Ressourcen gegenüberstehen. Eine ausreichende *Personalausstattung* ist der beste Schutz vor Verschleiß und Erschöpfung von Beschäftigten, die ihren Bildungsauftrag ernst nehmen. Erzieher/innen müssen außerdem besser bezahlt werden. Insbesondere im Weiterbildungssektor sind Arbeitsverhältnisse in einem hohen Maße befristet oder projektgebunden. Die strukturelle Destabilisierung von Erwerbsverläufen in diesem Bereich bringt ein prekäres Element in den Bildungssektor und ist kontraproduktiv dafür, in diesem wachsenden Beschäftigungsfeld ausreichend Personal zu sichern.

BILDUNG WIRD ZUM LEBENSBEGLEITER

Kitas und Schulen legen die Grundlage für das Berufsleben. Das beginnt bereits mit der Frage, welcher Schulabschluss welche Optionen eröffnet oder verschließt: Nur knapp jeder zweite Hauptschüler schafft direkt den Sprung von der Schule in die Ausbildung. In der bundesweiten Lehrstellenbörse der Industrie- und Handelskammern sind fast zwei von drei Angeboten für Hauptschüler/innen von vornherein verschlossen. 270.000 Jugendliche befinden sich in Maßnahmen aus einem der rund 350 Programme von Bund oder Ländern (»Übergangsbereich«) (AUTORENGRUPPE BILDUNGSBERICHTERSTATTUNG 2016). Pro Jahrgang bleiben mehr als 120.000 Jugendliche ohne Ausbildung (BIBB 2016); ihnen droht zumeist Langzeitarbeitslosigkeit oder prekäre Beschäftigung. Soziale Ressentiments und Konflikte sind mögliche Folgen dieser *verpassten Einstiegschance* für junge Erwachsene.

Das Ziel, jungen Menschen den *Zugang zu einer beruflichen Ausbildung* zu öffnen, ist und bleibt daher prioritär. Insbesondere in Regionen mit einem besonders problematischen Ausbildungsmarkt besteht dringender Handlungsbedarf. Darüber hinaus können verbindliche *Systeme zur Qualitätssicherung und Qualitätsentwicklung* dazu beitragen, dass die Ausbildung auch erfolgreich abgeschlossen wird.

Die Entscheidung für oder gegen eine berufliche Ausbildung ist eine sehr persönliche. Sie hängt ab von den individuellen Interessen der Jugendlichen, den Ausbildungsbedingungen und der Karriere- und Entwicklungsperspektive. Maßgeblich haben es also die Betriebe selbst in der Hand, die duale Ausbildung attraktiv zu halten. Dass dies durchaus gelingt, belegen die Zahlen: Erstmals ist im dualen System die Zahl der Auszubildenden mit Abitur (28 Prozent) höher als jener mit einem Hauptschulabschluss (27 Prozent) (BMBF 2017).

Das *duale System* befindet sich in einer paradoxen Situation: International wächst das Interesse, weil das Modell eine Verbindung zwischen Bildungssystem und Arbeitsmarkt herstellt – und auf diese Weise vielen Jugendlichen einen besseren Übergang in Arbeit ermöglicht. Gleichzeitig aber steht es in Deutschland unter Druck, weil sich die Zahl der Ausbildungsbetriebe auf einem historischen Tiefstand befindet. Seit 2009 sind fast 50.000 Ausbildungsbetriebe verloren gegangen. Nur 20 Prozent aller Betriebe bilden aus, 2007 waren es noch rund 24 Prozent. Vor allem kleine und Kleinstbetriebe mit bis zu neun Beschäftigten verabschieden sich aus der betrieblichen Ausbildung. Gleichzeitig steigt die Zahl der unbesetzten Ausbildungsplätze. Allein im Jahr 2016 konnten die Unternehmen rund 43.500 Ausbildungsplätze nicht besetzen (BMBF 2017).

→ DENKANSTOSS STÄRKUNG DES DUALEN BERUFSBILDUNGSSYSTEMS

Das duale System der Berufsausbildung stärkt die *Innovationskraft* der Betriebe. Die betrieblich geprägte Berufsbildung im dualen System vermittelt hochwertige berufliche Qualifikationen, schafft hohe Übergangsquoten in den Arbeitsmarkt und beugt hoher Jugendarbeitslosigkeit vor. Nahezu die Hälfte eines Altersjahrgangs durchläuft nach Angaben des Statistischen Bundesamtes die duale Berufsausbildung. Sie integriert damit – wie in kaum einem anderen Land in Europa – junge Menschen erfolgreich in die Arbeitswelt. Dass immer wieder Zielquoten für höhere Akademisierung an Deutschland herangetragen werden, ignoriert die *Leistungsfähigkeit* dieses Systems.

Um das System zukunftsfähig zu machen, werden folgende Maßnahmen empfohlen:

— *Berufsbilder und Ausbildungsordnungen* sind in regelmäßigen Abständen zu überprüfen und an sich verändernde Anforderungen anzupassen. Hierzu bieten die Verfahren und Gremien zur Evaluation der Ausbildungsordnungen und Rahmenlehrpläne, an denen auch die Sozialpartner beteiligt sind, die notwendige Grundlage. Notwendig scheint eine Ausweitung dieser auf dem Berufsbildungsgesetz und der Handwerksordnung basierenden Regelungen auf das duale Studium und auf die bisher nach Landesrecht geregelten Fachschulausbildungen.

— Die *Durchlässigkeit der Berufsbildung* sollte gestärkt werden. Auch schulisch gering Qualifizierte sollten Möglichkeiten für einen Einstieg in Ausbildung und einen Ausbildungsabschluss erhalten, z.B. durch den Ausbau der Assistierten Ausbildung. Darüber hinaus sollte im betrieblichen und im schulischen Teil der Ausbildung die Anschlussfähigkeit an berufliche und akademische Fortbildung gewährleistet werden (z.B. durch Zusatzangebote für Auszubildende).

— Die *Ausbildungsmöglichkeiten für Erwachsene* sollten erweitert und Ausbildungsprogramme an die Bedürfnisse Erwachsener angepasst werden, die eine erste Ausbildung nachholen oder eine neue Ausbildung absolvieren.

Idealerweise ist Weiterbildung schon in der *Konzeption und Gestaltung von Berufen* angelegt. In vielen Berufen des dualen Systems ist berufliche Weiterentwicklung, z.B. durch Aufstiegsfortbildungen, bereits implementiert. Auch in vielen akademischen Berufen ist fachliche Weiterbildung Voraussetzung für die Aufrechterhaltung des Berufstitels. Weiterbildung ist jedoch längst nicht in allen Berufen derart systematisch angelegt. Auch auf der betrieblichen Ebene besteht Nachholbedarf: Nötig sind erstens Lernsysteme, die *in den Arbeitsplatz integriert* sind, zweitens eine *lernförderliche Arbeitsumgebung* und drittens die Verzahnung von Weiterbildung mit *Personalentwicklungskonzepten*.

DEBATTE RECHTSANSPRUCH AUF GEFÖRDERTE BILDUNGSTEILZEIT FÜR ALLE?

Die Kommission diskutierte kontrovers die Einführung eines Rechtsanspruchs auf staatlich geförderte Bildungsteilzeit für alle (etwa nach österreichischem Vorbild). Den einen erschien die Einführung einer solchen Bildungsteilzeit überfällig, die anderen stellten den Sinn eines universellen Anspruchs infrage: Zwar würde das Recht auf eine geförderte Bildungsteilzeit vermutlich eine große Zahl an begrüßenswerten Weiterbildungsaktivitäten auslösen, gleichzeitig aber würde ein solches Instrument möglicherweise besonders von denen genutzt (werden können), die ohnehin mit hohem Bildungskapital ins Berufsleben starteten, damit würden sich Bildungsungleichheiten eher verstärken. Man solle also vielmehr gezielt Förderung für Menschen mit niedrigem formalem Bildungsgrad bereitstellen und beispielsweise Programme optimieren, die sich an ungelernte Kräfte richten (z.B. WeGebAU). Die Kommission kam hier zwar zu keinem gemeinsamen Votum, betonte aber die Notwendigkeit, die Debatte über *individuelle Weiterbildungsansprüche* forciert zu führen.

DEBATTE INSTRUMENTE DER MITBESTIMMUNG BEI DER WEITERBILDUNG SCHÄRFEN?

Die Kommission diskutierte auch die Rolle der Mitbestimmung mit Blick auf Ausbildung, Qualifizierung und Weiterbildung. Betriebliche Weiterbildung wird zwar von allen Akteuren der Arbeitspolitik als Schlüsselthema für den Strukturwandel erkannt und benannt, sie findet aber – wie oben gezeigt – selektiv und unzureichend statt. Angesichts der wachsenden Bedeutung von Weiterbildung im Betrieb stellt sich die Frage, ob Betriebsräte über genügend Instrumente verfügen, um die für den Strukturwandel nötige Weiterbildung entsprechend zu forcieren.

Mitbestimmungsrechte bei der Aus- und Weiterbildung existieren im Betriebsverfassungsgesetz in drei Feldern: Beschäftigungssicherung, berufliche Bildung und Personalplanung. Mit Blick auf die Beschäftigungssicherung existiert zwar ein Vorschlags- und Beratungsrecht, aber kein Initiativrecht. Wenn der Arbeitgeber die Vorschläge des Betriebsrates ablehnt, enden dessen Möglichkeiten. Da Qualifizierungsmaßnahmen aber zu wichtig sind, um Entscheidungen darüber nur einer Seite zu überlassen, ist zu prüfen, in §92a des BetrVG eine echte Mitbestimmung zu verankern. Auch beim Thema Berufsbildung und Durchführung von Bildungsmaßnahmen sind die Mitbestimmungsrechte bislang beschränkt. Das Initiativrecht des Betriebsrates gilt hier laut §97 Abs.2 und §98 nur für bereits laufende Aus- und Weiterbildungsaktivitäten. Damit Betriebsräte den Wandel aktiv mitgestalten können, steht hier eine Debatte über eine Erweiterung der Betriebsratsrechte auf künftige Maßnahmen an.

Mit den skizzierten Aufgaben in der Aus- und Weiterbildung sind viele, insbesondere kleine und mittelständische Betriebe, schnell überfordert. Die Bundesagentur für Arbeit bietet hier bereits einen Beratungsservice an, doch ist es für Betriebe noch immer schwer absehbar, wofür es sich lohnt, die Beschäftigten zu qualifizieren. Damit Betriebe in der Breite von den bildungswissenschaftlichen Erkenntnissen profitieren, scheinen neue Formen der Zusammenarbeit geboten.

→ DENKANSTOSS MEHR ÜBERBETRIEBLICHE KOOPERATION BEI DER WEITERBILDUNG

Das Bundesministerium für Arbeit und Soziales unterstützt mit dem ESF-Förderprogramm »Fachkräfte sichern: weiter bilden und Gleichstellung fördern« die Sozialpartner darin, die Weiterbildungsbeteiligung von Beschäftigten zu erhöhen. Unter anderem werden der Aufbau von *vernetzten Weiterbildungsstrukturen* in kleinen und mittleren Unternehmen und die Durchführung von betrieblichen und überbetrieblichen Weiterbildungsmaßnahmen in ihnen gefördert.

Die Kommission regt an, diese Sozialpartnerrichtlinie zu nutzen und generell (mehr) Verbünde für Aus- und Weiterbildung zu schließen, um sich den veränderten Qualifizierungsanforderungen gemeinsam zu widmen. Dies biete sich insbesondere in Branchen an, die von mittelständischen und insbesondere von kleinen Unternehmen geprägt sind.

Ein Beispiel hierfür findet sich in der *Bauwirtschaft:* Kern des von der Industriegewerkschaft Bauen-Agrar-Umwelt und den jeweiligen Arbeitgeberverbänden entwickelten Modells sind *branchenspezifische Ausbildungsumlagen,* die auf Grundlage allgemeinverbindlicher Tarifverträge von den Betrieben zu entrichten sind. Die Mittel werden von branchenspezifischen Sozial- bzw. Zusatzversorgungskassen der Tarifvertragsparteien verwaltet und insbesondere zur Finanzierung überbetrieblicher Ausbildungszentren verwendet. Diese Zentren übernehmen – ergänzend zur Berufsschule – betriebsnahe praktische Ausbildungsteile. Oft existieren für diese überbetrieblichen Ausbildungszentren Mindestqualitätsanforderungen, die auch Anforderungen zur (digitalen) Ausstattung der Ausbildungszentren und zur

Weiterbildung der eingesetzten Ausbilder umfassen. In einigen Baubranchen werden Umlagemittel nicht nur für die Erstausbildung, sondern auch für *Fort- und Weiterbildungsangebote* genutzt. Die Leistungen der Sozialkasse im Bereich der Fortbildung bestehen in der Übernahme der Kosten (einschließlich Lohnkostenerstattung) während der Lehrgangsteilnahme – damit werden auch finanzielle Anreize gesetzt. Solche Formen der überbetrieblichen Zusammenarbeit bei der Aus- und Weiterbildung erschienen der Kommission zeitgemäß und übertragbar auf anderen Branchen.

Weiterbildungsangebote werden in Deutschland aktuell in erster Linie von kommerziellen Anbietern und den Volkshochschulen getragen. Dabei bieten die übrigen Bildungseinrichtungen ein enormes Potenzial zur *Erweiterung des Angebots im Bereich Weiterbildung*, das bislang brachliegt. Gerade wenn es darum geht, das in den Denkanstößen skizzierte breite und ganzheitliche Bildungsideal umzusetzen, könnten die *Hochschulen* im Bereich der *Weiterbildung* einen wichtigen Beitrag leisten.

→ DENKANSTOSS HOCHSCHULPAKT FÜR WEITERBILDUNG

Viele Menschen werden nach einer längeren Berufstätigkeit ihre Qualifikationen aufstocken wollen oder müssen. *Universitäten und Fachhochschulen* sind prinzipiell bestens geeignet, Weiterbildungsangebote zu entwickeln und auszubauen, z.B. in Form von Seminaren oder Aufbau- und Ergänzungsstudiengängen. Bislang bleiben sie aber noch hinter den Möglichkeiten zurück; auch zielt das Weiterbildungsangebot bislang hauptsächlich auf Menschen, die bereits einen Hochschulabschluss haben bzw. noch studieren.

Das muss sich ändern. Nötig sind ein erleichterter Zugang (bislang ist in der Regel Abitur Voraussetzung) und ein Angebot, das besser auf die Bedürfnisse von Berufstätigen zugeschnitten ist. Zudem müssen Angebote unterhalb der Schwelle eines kompletten Hochschulstudiums oder Aufbaustudiengangs entwickelt werden.

Damit Hochschulen sich zu echten Anbietern für Weiterbildung auch jenseits der »Kernklientel« entwickeln können, sind Anreize und finanzielle Unterstützung nötig. Bislang sind Hochschulen kaum flächendeckend auf die Rolle als Weiterbildner vorbereitet: Lehrzeiten, Personalbestände, didaktische Konzepte und Lehretats sind nicht auf eine solche Aufgabe ausgelegt.

Eine Möglichkeit, dies zu ändern, ergibt sich mit der Fortentwicklung des aktuellen *Hochschulpaktes,* der 2020 ausläuft. Zumindest ein Teil der in einem neuen Programm vorgesehenen Gelder ließe sich an besondere Anstrengungen der Hochschulen knüpfen, *akademische Weiterbildungsangebote für Personen aus der Praxis* anzubieten. Zugleich aber stellt die Befristung der Mittel in einem zeitlich begrenzten Pakt die Hochschulen vor eine Hürde: Hochschulen können nicht nur vorübergehend als Weiterbildner auftreten und neue Lehrkonzepte, Zulassungsregeln oder Anerkennungsverfahren entwickeln, sondern brauchen *Planungssicherheit,* dass sich dieses Engagement dauerhaft fortführen lässt. Da Personal im Bereich der Weiterbildung absehbar stärker nachgefragt sein wird, werden Hochschulen angesichts der Befristungsregeln schnell vor einem Kapazitätsproblem stehen. Hier besteht Reformbedarf, damit die Arbeitsbedingungen im Hochschulsektor nicht zum Hemmschuh für zukunftsfähige Bildung werden.

DIE LERNENDEN BERATEN UND FINANZIELL FÖRDERN

In vielen Initiativen und Überlegungen zum lebensbegleitenden Lernen liegt der Fokus auf der Weiterbildung, doch werden zentrale Weichenstellungen für den Erwerbsverlauf schon in der Ausbildung und im Berufseinstieg vorgenommen. »Lebensbegleitendes Lernen« – dies ist für die einen positive Verheißung, für viele aber auch Anlass zur Sorge, weil in dieser Botschaft mitschwingt, dass ohne die »richtige« Weiterbildung die Position am Arbeitsmarkt nicht zu halten ist.

Bei der Ausbildungswahl sind oftmals Eltern die wichtigsten Ratgeber und werden von Kindern in dieser Rolle nicht nur akzeptiert, sondern auch offensiv nachgefragt (HURRELMANN 2014). Zugleich stoßen viele Eltern an Grenzen, weil sie die Arbeitsmarktentwicklung und den Wandel von Berufen kaum umfassend einschätzen können. Erwachsene wiederum sehen sich nicht nur einem unübersichtlichen Weiterbildungsmarkt gegenüber, sondern sie können auch ihren Bedarf und die Passfähigkeit einer Fortbildung nicht immer allein einschätzen.

⟶ DENKANSTOSS BILDUNGSBERATUNG IM LEBENSVERLAUF

Die Kommission sieht in Beratung ein wichtiges Kernelement einer *präventiven Bildungspolitik*. Dafür sollte eine *neue Beratungskultur* etabliert werden, in der *individuelle und neutrale Beratung für jeden* angeboten wird, unabhängig von der Ausgangslage der Person und ihren Ambitionen.

Die Kommission unterstützt Ideen für eine *Weiterbildungsberatung*. Wenn diese die Menschen neutral und unabhängig berät, kostenlos und gut erreichbar ist, als Angebot breit umworben und von gut qualifiziertem Personal nach definierten Standards durchgeführt wird, wäre eine solide Grundlage für lebensbegleitendes Lernen gelegt. Die Bundesagentur für Arbeit beschreitet mit der Weiterentwicklung der Berufsberatung zu einer lebensbegleitenden Berufsberatung bereits den richtigen Weg; ihr Ansatz kann zu einem tragfähigen

System ausgebaut werden. Bei Angliederung einer Bildungs- oder einer Weiterbildungsberatung an die Bundesagentur für Arbeit wäre jedoch darauf zu achten, dass diese unabhängig von den sonstigen Aufgaben der Bundesagentur und der Jobcenter arbeitet und die Wahrnehmung oder Nichtwahrnehmung von Beratung nicht mit Sanktionen verknüpft.

Langfristig wäre es sinnvoll, umfassendere Formate der Bildungsberatung zu entwickeln, die schon im Schulalter beginnt und über Einstiege in Ausbildung und Beruf, Entwicklungsoptionen, Wechsel und Umstiege sowie Fördermöglichkeiten aufklärt. Lernen kann man von *Bildungslotsenprogrammen* anderer Länder, beispielsweise von der Einrichtung des *Bildungsscouts* in Österreich.

Auch an den Universitäten und Hochschulen gibt es zahlreiche Beratungsangebote für das Studium, den Studienfachwechsel oder den Weg in die Praxis nach dem Abschluss. Für diejenigen, die mit dem Studium nicht zurechtkommen und für die ein Wechsel zurück in andere Zweige des Bildungssystems oder in die berufliche Ausbildung angeraten wäre, gibt es hingegen kaum Angebote. Die Beratungen an den Hochschulen sind auf diese Fälle zumeist nicht vorbereitet und können lediglich an die Arbeitsagenturen verweisen.

Um Übergangsmöglichkeiten zu verbessern, könnte daher eine organisatorische und institutionelle Verknüpfung der Studienberatung der Hochschulen mit den Beratungen von Arbeitsagenturen, Kammern und anderen Beratungsstellen hilfreich sein. Solche Angebote gibt es bereits, jedoch bislang nur modellhaft und befristet.

Weiterbildung zur Beschäftigungssicherung wird immer wichtiger. Das Bundesministerium für Arbeit und Soziales hat, auch um Weiterbildung zu fördern, eine Initiative zur Weiterentwicklung der Arbeitslosenversicherung hin zu einer *Arbeitsversicherung* gestartet. Diese ist bislang – bis auf den Aspekt der Weiterbildungsberatung – nur in Umrissen skizziert. Eine solche Arbeitsversicherung, die nicht erst bei Arbeitslosigkeit greift, sondern auch schon bei drohender Arbeitslosigkeit, wäre eine proaktive Reaktion auf die Transformation.

Das aktuelle Konzept fokussiert sehr auf die Weiterbildungsberatung; zu klären wäre aber insbesondere auch die Förderung von Berufsausbildungen: Die Möglichkeit, auch in einer späteren Phase des Lebens noch eine Berufsausbildung zu machen, wird immer wichtiger. Erstens brauchen Menschen, die eine Qualifizierung am Erwerbsbeginn verpasst haben, eine *echte zweite Chance* (BOSCH 2010). Alle Untersuchungen zeigen, dass ein fehlgeschlagener Start in den Arbeitsmarkt, sei es durch fehlenden Schulabschluss oder fehlende Ausbildung, im gesamten Lebensverlauf Nachteile nach sich zieht. Menschen müssen Qualifizierung nachholen können, die andere schon in früheren Jahren erworben haben. Zweitens müssen sich angesichts des Strukturwandels viele Erwerbstätige auch in der zweiten Lebenshälfte *beruflich umorientieren.* Gerade hier ist es entscheidend, dass während einer Weiterbildung Einkommensausfälle bzw. Lohnkosten stärker als bislang ersetzt werden.

Bisher stehen einzelne Elemente der finanziellen Förderung von Weiterbildung – wie BAföG, Meister-BAföG, Aufstiegsstipendien, Bildungsprämien – unverbunden nebeneinander. Die Zusammenführung der Studienfinanzierung, der Finanzierung des Nachholens schulischer und beruflicher Abschlüsse und der Finanzierung der beruflichen Aufstiegsfortbildung in einem *Bildungsförderungsgesetz* würde Transparenz schaffen und Förderlücken schließen.

→ DENKANSTOSS BAFÖG FÜR EINE SPÄTERE CHANCE

Bereits 2004 wies die Expertenkommission »Finanzierung Lebenslangen Lernens« (DEUTSCHER BUNDESTAG 2004) auf die nötige *Erweiterung des öffentlichen Bildungsauftrags ins Erwachsenenalter* hin. Für das *Nachholen eines Schul- oder Berufsabschlusses* im Erwachsenenalter auf eigene Initiative wird jedoch nach dem 25. Lebensjahr kein BAföG gezahlt. Die einzige Chance bleibt hier die Förderung in der Arbeitsmarktpolitik, die in den vergangenen Jahren zu stark gestutzt wurde (BOSCH et al. 2011). Aus Sicht der Kommission müssen daher mehr Möglichkeiten für Erwachsene geschaffen werden, die sich entscheiden, Ausbildungen nachzuholen oder sich beruflich grundlegend neu zu orientieren.

Da viele Erwachsene Basisqualifikationen nicht in der Jugend erworben haben oder mit ihrer beruflichen Ausbildung keine Stelle mehr finden, muss die öffentliche Verantwortung für die Finanzierung der Allgemeinbildung und der Berufsausbildung auf das Erwachsenenalter ausgeweitet werden. Die Kommission schlägt daher vor, das bewährte Instrument des BAföG weiterzuentwickeln und ein *allgemeines BAföG für Erwachsene* einzuführen und (wie auch schon in der jetzigen Regelung) denjenigen zu gewähren, die nicht über ausreichendes eigenes Einkommen oder Vermögen verfügen. Anreize für Arbeitgeber, Arbeitsverhältnisse zu beenden, müssen dabei vermieden werden. Vielmehr könnte, über höhere Lohnkostenzuschüsse für Arbeitgeber, gerade die Teilnahme an solchen Weiterqualifizierungen unterstützt werden, durch die Arbeitnehmer von ihrem Arbeitgeber eine langfristige Arbeitsplatzperspektive bekommen.

Im Detail ergeben sich verschiedene Punkte, die bei einer Reform zu berücksichtigen wären: Zunächst sollten Personen, die aus der Arbeitslosigkeit heraus eine Qualifizierung anstreben, besonders berücksichtigt werden. Auch sollten Altersgrenzen bei diesem und ähnlichen Instrumenten kritisch geprüft werden. Das Meister-BAföG hat zwar keine Altersgrenze, fördert aber bevorzugt den beruflichen Aufstieg; die Altersgrenze des Studenten-BAföG für ein Masterstudium wiederum ist aus Sicht der Kommission noch immer zu niedrig. Im Zuge der Bologna-Reform ist die Altersgrenze des Studenten-BAföG für ein Masterstudium von einstmals 27 auf 35 Jahre erhöht worden.

Auch diese Grenze muss erhöht werden. Um eine Verschuldung am Ende des Studiums zu vermeiden, scheint ein Absenken des Darlehensanteils sinnvoll; auch sollten Freibeträge und Bedarfssätze angehoben werden. BAföG sollte einen automatischen Inflationsausgleich erhalten.

ARBEITSZEIT

SOUVERÄNITÄT IST DIE LÖSUNG

SPIELRÄUME NUTZEN, AKZENTE NEU SETZEN

WO STEHEN WIR?

Kaum ein Thema wird so rege diskutiert wie die *Arbeitszeit*. Hier verlaufen Kontroversen keineswegs nur zwischen Arbeitgebern und Gewerkschaften, sondern auch zwischen Beschäftigten innerhalb der Betriebe, in Arbeitsteams und sogar in Partnerschaften und Familien. Wer wann wie viel Zeit wofür aufwendet (und mit welchem Grad an Souveränität), das entscheidet über Einkommenschancen, Verwirklichungschancen und Berufsbiografien.

Damit wird die Zeitfrage zu einem das *gesamte Leben betreffenden Thema* – und zu einem zentralen Verhandlungsgegenstand von Tarifverträgen, Betriebsvereinbarungen und Arbeitsorganisation.

Konflikte um die Arbeitszeit sind so alt wie die Arbeit selbst: Es geht darum, wer über Gestaltungsrechte verfügt und welche Fragen an der Arbeitszeit hängen. Für Erwerbstätige sind dies Einkommen, Erholung sowie Weiterbildungs- und Aufstiegschancen, für die Unternehmen sind es die Spielräume für flexiblen Personaleinsatz und die Personalkosten.

DIE AUSGANGSLAGE IST UNÜBERSICHTLICH. Dominierte viele Jahrzehnte das Familienernährer-Hausfrauen-Modell, ist heute bei erwerbstätigen Paaren das Vollzeit-Teilzeit-Modell dominant, d.h. eine Verringerung der Arbeitszeit für Frauen nach der Familiengründung. Zugleich sind *Arbeitszeitwünsche und -realitäten breit gefächert:* Die Modelle zur Vereinbarkeit sind bunter gemischt, Frauen sind umfassender erwerbstätig, die Familienernährerin zählt zur neuen Realität.

Auch die Wünsche an die konkrete Zeitgestaltung sind vielfältig: Viele junge Erwerbstätige, die ihrer Arbeit gern nachgehen, sich nicht überlastet fühlen, über eine gute Position am Arbeitsmarkt verfügen und noch keine Sorgearbeit übernehmen, stehen der formalen Begrenzung der Arbeitszeit gleichgültig gegenüber. Eine Trennung oder gar starre Abgrenzung von Arbeit und Freizeit wird als überholt betrachtet; man will so arbeiten, wie es den eigenen Bedürfnissen und Arbeitsvorstellungen entspricht. Dem stehen diejenigen gegenüber, die nichts dringlicher wünschen als eine Begrenzung der Arbeitszeit. Die Gründe hierfür sind ganz unterschiedlich. Sie reichen von einer unbefriedigenden Aufgabe über Sorgeverpflichtungen und Interessen außerhalb des Berufs bis hin zu Überlastung. Es ist diese Unterschiedlichkeit der Bedürfnisse, die Arbeitszeitgestaltung zur Herkulesaufgabe macht.

Im Arbeitszeitvolumen spiegelt sich soziale Ungleichheit wider. Auseinandersetzungen um die Arbeitszeit machen sich bereits am Volumen fest. Unternehmen bevorzugen für bestimmte Gruppen von Arbeitskräften kürzere bzw. längere Arbeitsvolumina. Ein derart flexibler Einsatz des Personals entspricht nicht immer den Bedürfnissen der Menschen: Geringer Qualifizierte wollen häufig mehr arbeiten, weil sie auf eine bestimmte Stundenzahl zur Existenzsicherung angewiesen sind (→ EINKOMMEN), höher Qualifizierte wollen mit Blick auf die Erhaltung ihrer Gesundheit oder aufgrund von Sorgearbeit häufig weniger arbeiten.

Mit einer durchschnittlichen Arbeitszeit der Vollzeitbeschäftigten von 41,4 Stunden pro Woche liegt Deutschland auf Platz 12 von 28 im europäischen Vergleich.[1] Nach Angaben der Bundesanstalt für Arbeitsschutz und Arbeitsmedizin arbeiten abhängig Vollzeitbeschäftigte in Deutschland mit durchschnittlich 43,5 Wochenstunden sogar knapp fünf Stunden pro Woche länger als vertraglich vereinbart (durchschnittlich 38,6 Stunden) (BAUA 2016). Auffällig ist ein *Mismatch von Zeitpräferenzen und Arbeitszeiten:* Laut Sozio-oekonomischem Panel wünschen sich 39 Prozent der weiblichen und 46 Prozent der männlichen Teilzeitarbeitskräfte eine Verlängerung ihrer Arbeitszeit hin zu längerer Teilzeit. Zugleich sagen 43 Prozent der weiblichen und 31 Prozent der männlichen Vollzeitbeschäftigten, dass sie mehr als gewünscht und vertraglich vereinbart arbeiten.[2] Hinzu kommt: In Deutschland haben Erwerbstätige das durchschnittlich höchste Überstundenvolumen in der Eurozone. 16 Prozent derjenigen, die Überstunden leisten, tun dies im Umfang von mehr als zehn Stunden pro Woche.

1 Weisen Statistiken niedrigere Arbeitszeiten als diese Angaben von EUROSTAT (2016) aus, rechnen sie die Teilzeitbeschäftigten ein. Dadurch entsteht dann schnell der Trugschluss von Deutschland als Freizeitweltmeister.

2 Die Diskrepanz bestätigen alle Arbeitszeitstudien, wenngleich in unterschiedlichem Ausmaß.

DAS ARBEITSVOLUMEN IST KONSTANT, ABER ES VERTEILT SICH AUF MEHR PERSONEN. Immer mehr Menschen sind auf dem Arbeitsmarkt aktiv, auch die Zahl der sozialversicherungspflichtigen Beschäftigung ist kürzlich wieder angestiegen, aber laut IAB bewegt sich das Arbeitsvolumen von Arbeitnehmerinnen und Arbeitnehmern (Voll- und Teilzeit inklusive Nebenjobs) mit 50,3 Milliarden Stunden pro Jahr auf einem recht konstanten Niveau. Dies passt nur zusammen, weil die Teilzeitquote in Deutschland seit Anfang der 90er Jahre stark gestiegen ist. Dabei fällt der Zuwachs bei den Frauen mit 17 Prozentpunkten deutlich höher aus als bei den Männern mit acht Prozentpunkten. Im Jahr 2014 waren 58 Prozent der erwerbstätigen Frauen mit reduzierter Stundenzahl am Arbeitsmarkt aktiv, aber nur 21 Prozent der Männer (WANGER 2015; HOBLER et al. 2016). Auch die Zahl der geringfügigen Beschäftigungsverhältnisse ist angestiegen (→ ERWERBSTÄTIGKEIT). Damit bewegt sich eine große Gruppe am Arbeitsmarkt, die mit ihrer Erwerbstätigkeit keine eigenständige Existenzsicherung bestreiten kann, sondern auf Unterstützung im Haushaltskontext oder durch andere Einnahmequellen (Vermögen, familiale Unterstützung, Sozialleistungen) angewiesen ist.

FRAUEN SIND TEILZEIT-INTEGRIERT. Als »typisch deutsch« gilt die extrem ungleiche Zeitverteilung zwischen den Geschlechtern. Männer leisten in der Woche etwa zehn Stunden mehr Erwerbsarbeit als Frauen; umgekehrt verwenden Frauen wöchentlich etwa zehn Stunden mehr für Haus- und Familienarbeit. Diese Verteilung ist jedoch nur noch bedingt gewünscht: Fast ein Fünftel der weiblichen Beschäftigten wünscht sich eine Arbeitszeiterhöhung von mindestens fünf Stunden, sei es aus finanziellen Interessen, Sorge vor Nachteilen in der beruflichen Laufbahn oder schlicht aufgrund einer ausgeprägten Erwerbsorientierung (SEIFERT et al. 2016). Teilzeit geht bislang häufig einher mit geringen Stundenlöhnen (→ EINKOMMEN), schlechten Aufstiegschancen und fehlender Absicherung in der Rente.

Um solche Teilzeitfallen zu vermeiden, wird gegenwärtig ein verbindliches Rückkehrrecht auf Vollzeitarbeit diskutiert; das Bundesministerium für Arbeit und Soziales hat einen Gesetzentwurf hierzu vorgelegt. Die Entscheidung zur Arbeitszeitverkürzung zugunsten von Familien- und Sorgearbeit würde erleichtert. Bislang fühlen sich trotz verspäteter familienpolitischer Reformen (wie Kita-Ausbau oder Einführung des Elterngelds) viele Mütter und Väter noch immer zwischen beidem hin- und hergerissen; die Arbeitswelt wird als noch immer zu wenig familienfreundlich bewertet.[3] 22 Prozent der Teilzeitbeschäftigten arbeiten reduziert, weil ihnen die gewünschte Tätigkeit nicht als Vollzeitstelle angeboten wurde. Ein erhöhtes Angebot an größerer Teilzeit oder Vollzeitarbeit würde, wie von der Kinderbetreuung bekannt, die Arbeitsmarktbeteiligung von Frauen weiter steigern.

3 Die letzten zwei Familienberichte der Bundesregierung haben auf diese Zeitkonflikte von Eltern und Pflegenden hingewiesen (BMFSFJ 2006, 2012). Siehe auch ALLMENDINGER/DRESSEL 2005.

ARBEIT VERDICHTET SICH. In Verbindung mit dem Arbeitsvolumen steht immer auch die *Intensität.* Die Verkürzung der Arbeitszeit, die in den 50er Jahren noch bei durchschnittlich 48 Wochenstunden für Vollzeitbeschäftigte lag, ließ sich nur um den Preis einer Intensivierung der Arbeit durchsetzen. Tempo und Dichte haben immer weiter zugenommen; heute weist Deutschland eine im weltweiten Vergleich sehr hohe Arbeitsproduktivität auf. Einen großen Anteil daran hat die Beschleunigung der Arbeitsprozesse durch Automatisierung und den verstärkten Einsatz von Kommunikations- und Informationstechnologien. Laut Bundesanstalt für Arbeitsschutz und Arbeitsmedizin führen viele Erwerbstätige ihre Überlastung maßgeblich auf erhöhten Arbeitsdruck und verdichtete Abläufe zurück. Arbeitszeitgestaltung wird daher vermehrt als bedeutsamer Schlüssel für den betrieblichen Arbeits- und Gesundheitsschutz bewertet (→ ARBEITSORGANISATION).

ARBEIT IN »RANDZEITEN« IST VERBREITET. Konflikte um die *Lage der Arbeitszeit* entzünden sich von jeher an der Frage, wann Kompensation für aus Beschäftigtensicht ungünstig gelegene Arbeitszeiten zu erfolgen habe. Der Gesetzgeber hat dafür bestimmte finanzielle Zuschläge festgelegt. 17 Prozent der abhängig Beschäftigten arbeiten nachts oder/und im Schichtdienst. Seit den 90er Jahren ist für Arbeit am Wochenende und am Abend laut Mikrozensus eine sehr deutliche Steigerung erkennbar: Die Gruppe der »ständig« und »regelmäßig« zu diesen Zeiten Arbeitenden ist um rund fünf Prozentpunkte angewachsen, noch größer ist die Zunahme bei denen, die »sehr häufig« oder »oft« betroffen sind (BRENKE 2016). Teilzeitbeschäftigte Frauen und Bezieher/innen niedriger Einkommen sind in der Arbeit zu »Randzeiten« besonders häufig vertreten. Manche Betriebe nutzen Teilzeitbeschäftigte als Flexibilitätspuffer; viele Serviceberufe (z.B. in der Gastronomie) sind mit Arbeitszeiten außerhalb von »Nine to five« verbunden. Teilweise entspricht Arbeit zu Randzeiten den Interessen der Beschäftigten (in ihrer aktuellen Lebenslage), teilweise wird ihnen aber auch nur ein Vertrag für genau diese Zeiten angeboten. Auch wenn das Arbeiten in Randzeiten in sicherheitsrelevanten Berufen (Polizei, Krankenhäuser) große Akzeptanz erfährt, wird die Tendenz zu einer Rund-um-die-Uhr-Gesellschaft weithin mit Sorge beobachtet. Die Sozialforschung warnt vor einem Verlust *kollektiver freier Zeiten* und negativen Effekten auf den *sozialen Zusammenhalt.*

IMMER MEHR MENSCHEN ARBEITEN UNREGELMÄSSIG. Eng verknüpft mit der Lage der Arbeitszeit ist auch deren *Verteilung.* Diese wird dann flexibel, wenn das Volumen über den Tag, die Woche, den Monat oder längere Zeiträume hinweg schwankt. Solche Schwankungen werden zumeist über *Arbeitszeitkonten* verwaltet, die laut Bundesanstalt für Arbeitsschutz und Arbeitsmedizin für 61 Prozent der Beschäftigten existieren (BAUA 2016). Über die Inanspruchnahme der vielen formal möglichen Modelle liegen jedoch bislang wenig valide Daten vor. Meist erfolgt ein Freizeitausgleich, zuweilen aber werden die Guthaben auch ausbezahlt oder zur Beschäftigungssicherung genutzt.[4] Die Forschung weist auf die oft begrenzte Zeitsouveränität der Beschäftigten hin und problematisiert eine *Spaltung:* Beschäftigte mit sehr guter Position am Arbeitsmarkt, Beschäftigte in tarifgebundenen Betrieben und Beschäftigte, die von einem Betriebsrat vertreten werden, haben weit größere Chancen, ihre Zeitinteressen durchzusetzen, als alle anderen Gruppen am Arbeitsmarkt.[5]

4 In der Wirtschaftskrise 2008/2009 erwiesen sich diese Instrumente als Erfolgsfaktor, weil Arbeitsplätze erhalten blieben und Unternehmen ihr Personal nicht entlassen mussten.

DER ARBEITSZEITKONFLIKT WIRD INDIVIDUALISIERT. Die Arbeitszeitrichtlinie der EU, das Arbeitszeitgesetz, Tarifverträge und Betriebsvereinbarungen definieren unter Rekurs auf Erkenntnisse der wissenschaftlichen Forschung Standards für die Arbeitszeitgestaltung. Sie sind Haltegriffe und Leitplanken, mit deren Hilfe die Beschäftigten ihre eigenen Zeitinteressen durchsetzen können. Dies ist bedeutsam, weil Arbeitgeber zunehmend eine individuelle Arbeitsplanung erwarten, wenn zum Beispiel Zielvereinbarungen frei innerhalb eines bestimmten Zeitrahmens erfüllt werden können. Zeitsouveränität ist dabei allerdings nur sehr eingeschränkt gegeben, wenn es an

5 Zudem gilt der Rechtsanspruch auf Teilzeitarbeit bislang nur für Betriebe mit mehr als 15 Beschäftigten, sodass die in kleineren Betrieben Tätigen benachteiligt sind.

Einfluss auf die Arbeitsprozesse mangelt, die Zielvorgaben zu hoch gesteckt sind oder die Personaldecke zu dünn ist (→ ARBEITSORGANISATION).

Arbeitszeitkonflikte entzünden sich durch neue Arbeitsformen nicht mehr nur zwischen Arbeitgeber und Beschäftigten oder innerhalb von Arbeitsteams, sondern auch *im Beschäftigten selbst* (DUNKEL/KRATZER 2016; HANDRICH et al. 2016). Zeitstress und Überlastung können die Folge sein. Lösungsversuche zielen oft nicht auf die Behebung struktureller Probleme (wie Personalmangel oder schlechte Arbeitsorganisation), sondern auf die Optimierung der individuellen Kompetenzen des Zeitmanagements. Flexible Arbeitszeit bedeutet somit nicht automatisch eine bessere Work-Life-Balance. Sie kann nur dann zu Lösungen in beiderseitigem Interesse führen, wenn die Arbeitszeiten planbar sind und Arbeitszeitsouveränität tatsächlich garantiert ist (also gesetzlich, tariflich oder vertraglich festgelegt).[6]

UNTERNEHMENSKULTUR ALS LÖSUNG? Oft wird der Arbeitsorganisation und der hier praktizierten *Zeitkultur* ein größerer Stellenwert als formalen Vereinbarungen zugeschrieben. Es gibt zahlreiche Beispiele für nachhaltige Personalpolitik in Unternehmen, doch variiert die Durchsetzung individueller Zeitinteressen nach betrieblichem Status und Arbeitsmarktlage der Beschäftigten erheblich (KLENNER/LOTT 2016). Noch immer beklagen viele erwerbstätige Väter die mangelnde Akzeptanz reduzierter Arbeitszeiten; Freistellungsrechte fürs Ehrenamt oder die Pflegezeit kommen vielerorts nicht zur Anwendung. Selbst für Hochqualifizierte ergeben sich Barrieren: Oft mangelt es an Vorstellungskraft, dass verantwortungsvolle Positionen auch teilbar sind oder in Teilzeit ausgeübt werden könnten (→ ARBEITSORGANISATION).

6 Nur 38 Prozent der Beschäftigten können zu großen Teilen Arbeitsbeginn und -ende selbst festlegen (BAUA 2016).

WORAUF SOLLTEN WIR UNS VORBEREITEN?

Die Zeitinteressen werden sich voraussichtlich in den nächsten Jahren weiter ausdifferenzieren. Viele Beschäftigte werden Angehörige zu pflegen haben, sodass weitere Flexibilitätserfordernisse entstehen. Soll Weiterbildung selbstverständlicher Baustein im Lebensverlauf werden, müssen hierfür immer wieder Auszeiten eingeräumt werden. Die erwerbslebenslange Vollzeitbeschäftigung ohne jede Unterbrechung wird es weiter geben, jedoch vor allem für Männer und für Frauen ohne Kinder. Zugleich aber werden andere Modelle an Verbreitung und Selbstverständlichkeit gewinnen. Führungskräfte und Betriebsräte sind gefordert, hierfür kreative Lösungen zu finden.

FLEXIBILITÄT BLEIBT WIDERSPRÜCHLICH. Viele Unternehmen überlassen die Arbeitszeitgestaltung den Beschäftigten, sodass viele frühmorgens ihre Arbeit aufnehmen, dann immer wieder unterbrechen, um mitunter noch spätabends die letzten Aufgaben zu erledigen. Der Fortschritt bei den Informations- und Kommunikationstechnologien macht *mobiles Arbeiten* möglich. Diese Flexibilität entspricht vielfach den Vorstellungen der Beschäftigten. Zugleich zeigen Schlaf- und Gesundheitsforschung die negativen Effekte eines nicht klar definierten Arbeitsendes (CRARY 2014). Auch wird bei kurzer Wiederaufnahme der Arbeit die Zeit oft nicht als Arbeitszeit erfasst, sodass es zu einer schleichenden *Expansion der Gesamtarbeitszeit* kommen kann. Bei aller Ambivalenz der Verfahren erlauben digitale Instrumente eine Zeiterfassung. Dass auch Schichtmodelle eine Lösung bieten könnten, kommt bislang zu kurz.[7]

VERLIERT SICH DIE ZEIT ALS MASSSTAB DES ARBEITENS? Schon längst wird die Arbeit für viele Erwerbstätige von den Unternehmen über *Leistungsziele* statt über die Arbeitszeit gesteuert. Diese Tendenz wird im Bereich hoch qualifizierter Beschäftigung, aber auch darüber hinaus weiter

7 Eine zeitliche Begrenzung der Arbeitszeit wäre mit »digitaler Schichtarbeit« möglich, in der sich global vernetzt Arbeitende in Arbeitstandems organisieren (JÜRGENS 2015).

zunehmen. Die Regelungsanforderungen beziehen sich also nicht allein auf die Frage der Arbeitszeit, sondern vor allem auf Leistungserwartungen. Dies wird im Bereich internetbasierter Crowdwork eine besondere Herausforderung. Zugleich aber ist mit den breiten öffentlichen Debatten zu Überforderung und Erschöpfung ein Trend zur »Begrenzung der Entgrenzung« erkennbar: Insbesondere die jüngere Generation (»Generation Z«) ist zwar »always on«, wünscht sich aber trotzdem (oder gerade darum) in der Tendenz eine klare Abgrenzung zwischen Arbeit und Freizeit (SCHOLZ 2014).

ARBEITSZEITPOLITIK MUSS MIT VERÄNDERTEN REALITÄTEN SCHRITT HALTEN. Werden Frauen und Männer gleichermaßen ins Arbeitsleben eingebunden, erhöht sich für Familien der *zeitliche Koordinationsdruck.* Finden sich keine betrieblichen Lösungen für flexible Arbeitszeiten im Sinne dieses Bedarfs, sind negative Effekte für das Familienleben, die Entscheidung zur Familiengründung oder -erweiterung und für die Gesundheit absehbar. Zudem ist bereits erkennbar, dass vorwiegend individualisierte Lösungen wiederum Flexibilisierung in anderen Bereichen befördern: Die Nachfrage nach unterstützenden Dienstleistungen steigt, was dann für die hier Beschäftigten Arbeit an Randzeiten und Wochenenden nach sich zieht. Die Optionen für sozialverträgliche und kollektive Freizeit in der Gesellschaft bleiben also in hohem Maße davon abhängig, inwiefern betriebliche Lösungen für veränderte Zeitbedürfnisse gefunden werden.

EIN REVIVAL FÜR DIE ALLGEMEINE ARBEITSZEITVERKÜRZUNG? Nachdem die lineare Arbeitszeitverkürzung ins Stocken geraten ist, heizen die Szenarien zu den Rationalisierungspotenzialen des digitalen Wandels die Debatte neu an. Der technologische Fortschritt weckt bei manchen die Hoffnung auf neuen Zeitwohlstand. Die Idee einer solidarischen Umverteilung des Arbeitsvolumens zur Verhinderung von Beschäftigungsabbau gewinnt an Zuspruch. Zugleich gerät die bisherige Arbeitszeitdauer durch die veränderte Erwerbseinbindung von Frauen unter Druck. Wie kann Vollzeit so definiert und organisiert werden, dass sie die Familien- und Sorgearbeit als gesellschaftlich notwendige Arbeit anerkennt? Viele der Debatten und Vorschläge rund um die Themen Vereinbarkeit von Beruf und Sorgearbeit, Entzerrung der Rushhour des Lebens und Wandel der Arbeitsteilung in der Familie zielen darauf, materielle Absicherung und Teilhabechancen (z.B. an Qualifizierung) jenseits der Vollzeit zu gewährleisten.

WO KÖNNEN WIR ANSETZEN?

Die arbeitszeitpolitische Debatte berührt die Kernfrage nach der *Gewichtung der Interessen.* Wie kann Flexibilität wirtschaftlichen Bedarfen gerecht werden, zugleich aber sozialverträglich gestaltet werden und Zeitsouveränität für den Einzelnen sicherstellen? Angesichts der drängenden Probleme in der Vereinbarkeit von Beruf und Sorgearbeit und der gesundheitlichen Risiken für die Beschäftigten, die immense Kosten für die Solidargemeinschaft verursachen, ist ein Ausgleich der Interessen unabdingbar. Die Alterung der Gesellschaft, die Zunahme der Erwerbstätigkeit von Frauen und nicht zuletzt der gestiegene Qualifizierungsbedarf machen die Zeitfrage zu einer Schlüsselfrage bei der Bewältigung der Transformation.

DIE NEUE NORMALITÄT IST DIE PLURALITÄT

Im Zuge der Erwerbseinbindung von Frauen, vor allem aber aufgrund der bereits vorhandenen Vielgestaltigkeit der Beschäftigungsformen, wird die Differenzierung in »Normalarbeitszeit« versus »flexible« oder »atypische« Arbeitszeit zunehmend obsolet (→ ERWERBSTÄTIGKEIT). Frauen sind am Arbeitsmarkt stark nachgefragt und benötigen flexible Arbeitszeitmodelle, um Familie und Beruf zu vereinbaren; auch Männer folgen nicht mehr alle der starren Norm einer erwerbslebenslangen Vollzeitarbeit. Trotz der offenkundigen Vielfalt von Arbeitszeitformen wirken jedoch die alten Mechanismen einer »fiktiven« Normalität fort. Alle, die für Familie oder pflegebedürftige Angehörige, für ein Ehrenamt oder eine Qualifizierung, für eine »Zwangspause« wegen Arbeitsüberlastung oder schlicht für Freizeit, ein Hobby oder einen weniger hektischen Alltag ihre Arbeitszeit punktuell, flexibel oder dauerhaft verkürzen, fallen aus der alten Norm – und haben dafür, trotz aller Verbesserungen der letzten Jahre, noch immer mit negativen Folgen zu kämpfen.

→ DENKANSTOSS **DIE ARBEITSZEITWÜNSCHE IM UNTERNEHMEN ERFASSEN**

Zahlreiche repräsentative Erhebungen und branchenbezogene Evaluationen untermauern, wie vielfältig die Arbeitszeitrealitäten und -wünsche sind. Diese Erkenntnisse über die Motive und Erfordernisse für eine flexible Arbeitszeitgestaltung sind auf der betrieblichen Ebene hilfreich, um den Flexibilitätsbedarf aufseiten der Erwerbstätigen im Blick zu behalten. Auskunft über die konkreten Wünsche und ggf. auch zeitliche Notlagen der Beschäftigten geben sie jedoch nicht. Betriebe sollten daher im Abstand von einigen Jahren aufgefordert sein, eine *Erfassung von Arbeitszeitwünschen* vorzunehmen.

Die dadurch gewonnenen Daten lassen sich als Basis für konkrete (betriebs-/abteilungsbezogene und ggf. berufsgruppenspezifische) Konzepte für neue Flexibilitätsmodelle nutzen. Dies kommt nicht nur den Lebenslagen und -bedürfnissen Beschäftigter zugute, sondern auch die Betriebe profitieren: Sie können zum einen unerwünschte Nebenfolgen von Zeitstress wie Demotivation, Erkrankung und Fluktuation umgehen, indem sie Hinweise auf notwendige Modifikationen der Abläufe und Regelungen erhalten; zum anderen können Prozesse effizienter und Arbeitseinsätze passender abgestimmt werden.

→ DENKANSTOSS ARBEITSZEIT ALS GESTALTUNGSINSTRUMENT NUTZEN

Arbeitszeitpolitik hat nicht nur die Aufgabe, auf bestehenden Bedarf zu reagieren und konfligierende Interessen an Verfügbarkeit und Freizeit auszutarieren. Sie muss darüber hinaus die Gestaltung der Arbeitszeit als Möglichkeit verstehen, die Arbeitswelt und ihre zeitliche Taktung (und damit die Gesellschaft) so zu verändern, dass sich auch *zukünftige Herausforderungen* bewältigen lassen.

Flexible Arbeitszeiten stellen die Antwort auf »Pflegekrise« und »Erschöpfung als Volkskrankheit« dar – und auf die nötige Offensive im Bereich der berufsbegleitenden Weiterbildung. Die deutsche Sozialpartnerschaft ist international dafür ausgewiesen, dass sie *innovative Zeitmodelle* entwickelt. Schafft man proaktiv erweiterte Angebote für flexible Arbeitszeiten, ändern sich auch absehbar die Präferenzen und Gestaltungswünsche der Beschäftigten.

Dies hat sich bereits gezeigt beim Ausbau der Kinderbetreuung, wo ein verbessertes Angebot auch zu einer verstärkten Arbeitsnachfrage führte. Auch betriebliche Arbeitszeitverkürzung zur Beschäftigungssicherung löste stets neue Zeitpräferenzen aus: Viele Beschäftigte, deren Arbeitszeiten aus konjunkturellen Gründen verkürzt wurden (so etwa bei der Volkswagen AG oder beim Autozulieferer Bosch in Stuttgart), wollten später bei den kürzeren Zeiten bleiben, weil es neue Akzentsetzungen im Leben gab.

→ DENKANSTOSS ÜBER ZEITOPTIONEN BESSER INFORMIEREN

Ob Arbeitszeitoptionen in Anspruch genommen werden oder nicht, hängt stark damit zusammen, ob sie überhaupt bekannt sind und ob sie von Arbeitnehmerinnen und Arbeitnehmern (unabhängig vom gesetzlichen Anspruch) als »legitim« eingeschätzt werden.

Aus dem Forschungsstand lässt sich schlussfolgern, dass viele Erwerbstätige keine genauen Kenntnisse über die vielfältigen Optionen von Freistellungen oder Unterstützungen haben; insbesondere für die Pflegezeit scheint der Informationsstand dürftig zu sein. Zugleich ist belegt, dass Arbeitszeitwünsche oftmals zurückgestellt werden, wenn im Betrieb Personalmangel herrscht. Es ist daher zu vermuten, dass neue gesetzliche Instrumente, z.B. zur Vereinbarkeit von Beruf und Sorgearbeit, auf der betrieblichen Ebene nur dann Wirkung entfalten, wenn sie entsprechend bekannt gemacht und gefördert werden. Eine Überprüfung der Informationsverbreitung scheint daher geboten. Personalabteilungen und Betriebs-/Personalräte fungieren hierbei als wichtige Multiplikator/innen.

AUSHANDLUNG AUF AUGENHÖHE

So plural die Arbeitszeitrealitäten und -interessen der Erwerbstätigen auch sind, so lassen sich dennoch Kriterien für die Aushandlung der Arbeitszeiten definieren. Zentral ist der Grad an *Mitsprache und Autonomie.* Diese sind jedoch bislang nur eingeschränkt gegeben. Laut DGB-Index Gute Arbeit können fast zwei Drittel der Beschäftigten zwar kurzfristig einen Tag freinehmen, aber 41 Prozent haben kaum Spielräume, über Lage und Dauer der Arbeitszeit mitzuentscheiden. Auch die Unternehmensbefragung von Eurofound zeigt, dass nur 32 Prozent der Unternehmen dem Großteil ihrer Mitarbeitenden anbieten, Arbeitsbeginn und -ende ihren Bedürfnissen anzupassen. Spontan von zu Hause aus können 14 Prozent arbeiten. Kurzfristige Änderungen der Arbeitszeiten durch den Arbeitgeber sind laut DGB-Index keine Seltenheit: Jede/r sechste Beschäftigte gibt an, dass die Arbeitszeiten sehr häufig oder oft kurzfristig durch den Arbeitgeber verändert werden – mehr als zwei Drittel der Änderungen erfolgen dabei kurzfristig: am Vortag oder erst am selben Tag.

⟶ DENKANSTOSS VERFAHRENSREGELN FESTLEGEN

Das Bedürfnis nach Zeit für Sorgearbeit, Erholung und Qualifizierung entspricht dem Interesse der Einzelnen, aber auch dem Interesse von Betrieben und der Gesellschaft insgesamt. Es muss daher gelingen, die Verfügbarkeitserwartungen der Unternehmen und die Wünsche der Beschäftigten nach Zeitsouveränität besser miteinander zu vereinbaren und den Schutz der Gesundheit besser zu gewährleisten.

Die Kommission hält den bisherigen Regulierungsrahmen mit der Abstufung von Gesetz, Tarifverträgen und Betriebsvereinbarungen für erfolgreich; sie hält es zugleich aber für nötig, die Chance auf Arbeitszeitsouveränität der *Breite der Erwerbsbevölkerung* zu eröffnen. Arbeitszeitsouveränität muss auch dort ermöglicht und mit starken Durchsetzungschancen versehen werden, wo weder Tarifbindung noch Personal- oder Betriebsräte anzutreffen sind; sie darf nicht eher zufällig von konkreten Vorgesetzten, der Betriebsgröße oder der Unternehmenskultur abhängen.

Die Kommission schlägt deshalb vor, *Verfahrensregeln* und damit einen *kollektiven Rahmen für individuelle Aushandlung auf Augenhöhe* zu schaffen. Damit die Erwerbstätigen unabhängig von Arbeitsmarktposition und betrieblichem Status Teilhabeoptionen erhalten, sollten »*Haltegriffe*« entlang der *Kette der formalen Rechte* eingebaut werden:

— Im *Teilzeit- und Befristungsgesetz* könnte man einen *Anspruch auf Erörterung* von Arbeitszeit, -ort und -lage festlegen und die *Begründungspflicht* bei Ablehnung von Wünschen dem Betrieb zuweisen. Der Vorschlag zielt nicht darauf, betriebliche Belange zu ignorieren, doch sollten die *Beteiligungsverfahren und Konfliktlösungsmechanismen* so gestaltet werden, dass die Einzelnen auch tatsächliche Optionen für die Realisierung ihrer durchaus auch gesellschaftlich erwünschten Interessen erhalten. Im *Betriebsverfassungsgesetz*, das seit 1981 die Vereinbarkeit von Familie und Erwerbstätigkeit als Betriebsratsaufgabe enthält (§ 80 Abs. 1 Ziff. 2b), ließe sich ein Mitbestimmungsrecht darüber in § 87 aufnehmen. Betriebsräte könnten dann betriebliche und persönliche Zeitwünsche wirksam moderieren.

— *Tarifverträge und Betriebsvereinbarungen* könnten diesen Grundgedanken aufgreifen, Verfahren der Arbeitszeitplanung bzw. Arbeitszeitaushandlung festlegen und so den gesetzlichen Rahmen branchen- und betriebsspezifisch füllen.

Viele Betriebsräte sehen sich in einer schwierigen Situation: Sie können die Überschreitung von gesetzlichen und/oder vereinbarten Arbeitszeiten nicht ignorieren und müssen auf gesundheitliche Risiken hinweisen, sie wollen aber nicht in die Rolle einer »Arbeitszeitpolizei« gedrängt werden. Sie respektieren die Eigenverantwortung der Beschäftigten, müssen aber in ihrer Rolle nicht nur auf die Gefahren durch überlange Arbeitszeiten, sondern auch auf Machtasymmetrien bei der Verhandlung der Arbeitszeit eingehen. Regelungen, die durch partizipative Verfahren festgelegt werden und mit denen sich die Mitarbeiter/innen identifizieren, erhöhen auch die Akzeptanz der Rolle von Betriebsräten bei Arbeitszeitfragen. Unternehmen wiederum profitieren, wenn Arbeitskraft nachhaltig eingesetzt wird, auf diese Weise Kosten für Fluktuation oder Krankheit gesenkt und Fachkräfte an den Betrieb gebunden werden können.

Gleichwohl bleiben *Lernprozesse* auf mehreren Ebenen nötig: Sowohl Betriebsräte als auch Personalverantwortliche müssen sich an die Pluralität der Zeitinteressen von Beschäftigten erst noch gewöhnen und anerkennen, dass ein Arbeitszeitstandard, der für alle gilt, zunehmend infrage gestellt ist. Das Austarieren von Arbeitszeitwünschen im Team kann gelingen, aber nur, wenn dieses dafür auch geschult wird bzw. angemessene Unterstützung für diese Aufgabe durch Führungskräfte erhält. Insbesondere für den Bereich der kleinen und mittleren Unternehmen (KMU) wird es nötig sein, spezielle Beratungsangebote für die Einführung und erfolgreiche Umsetzung solcher Aushandlungsverfahren zur Verfügung zu stellen.

Zentral sind auch *Regeln für einen Personalausgleich* bei Auszeiten und Reduzierung von Arbeitszeit, damit es nicht zu unerwünschten Nebeneffekten wie Arbeitsintensivierung und Überlastung der Kolleg/innen sowie Konflikten innerhalb von Arbeitsteams kommt (→ ARBEITSORGANISATION).

DEBATTE FLEXIBILITÄTSNACHTEILE AUSGLEICHEN

Sosehr der Vorschlag für Verfahrensregeln vom Gedanken getragen ist, Rahmenbedingungen für Flexibilität im Interesse der Erwerbstätigen zu schaffen, so ist doch absehbar, dass in bestimmten Bereichen weniger Optionen für Arbeitszeitsouveränität möglich sind, insbesondere für Beschäftigte, die regelmäßig in Schichtsystemen und in Betrieben mit kontinuierlichem Arbeitsbetrieb (24 Stunden an sieben Tagen in der Woche) arbeiten.

Es sollten daher Lösungen gesucht werden, wie für Arbeitsplätze, an denen Arbeitgeber den Beschäftigten keine Flexibilität von Ort und Lage der Arbeitszeit einräumen, eine *Kompensation* erfolgen könnte. Gerechtfertigt werden kann eine solche Kompensation zum einen mit der höheren gesundheitlichen Belastung, die z.B. mit Schichtarbeit verbunden ist, aber auch unter Gerechtigkeitsaspekten.

Erste tarifpolitische Beispiele zeigen Lösungswege auf: Die Deutsche Telekom Kundenservice GmbH gewährt der Beschäftigtengruppe, die am Wochenende und an Randzeiten arbeitet, eine Kompensation in Form einer Arbeitszeitverkürzung im Folgemonat. Eine Kompensation durch Zeit wäre auch als Ausgleich für nicht gewährte/nicht mögliche Zeitsouveränität vorstellbar. Während große Unternehmen eine solche Kompensation leichter stemmen können, ist das bei kleinen Unternehmen nicht unbedingt der Fall, insbesondere in Branchen, in denen flexibles Arbeiten bei der Mehrheit der Belegschaft nicht möglich ist.

Es wäre daher zu erwägen (hier sind die Bewertungen in der Kommission jedoch kontrovers), dass der Staat hier Unterstützung bereitstellt, z.B. indem er für vorbildliche Zeitgestaltung im Bereich KMU eine (Teil-)Kompensation der Mehrkosten gewährt.

→ DENKANSTOSS ARBEIT AUF ABRUF EINDÄMMEN

Als genaues Gegenteil von Zeitsouveränität ist das Modell der KAPOVAZ (Kapazitätsorientierte variable Arbeitszeit) einzuschätzen. Diese Arbeit »auf Abruf« priorisiert in unzulässiger Weise die betrieblichen Belange. Immerhin 13 Prozent der Betriebe mit mehr als zehn Beschäftigten nutzen laut IAB diese Form der Flexibilität, die das Teilzeit- und Befristungsgesetz zulässt. Auch die Gruppe der formal selbstständigen, über Online-Plattformen vermittelten Dienstleistenden (z.B. Fahrdienste) arbeiten nach diesem Prinzip.

Die Beschäftigten können bei dieser Arbeitsform meist nur geringe Einkommen erzielen, weil der Zeitraum zwischen den Arbeitseinsätzen im Gegensatz zur Rufbereitschaft oder zum Bereitschaftsdienst nicht entlohnt wird. Sie müssen auch erhebliche Einschränkungen bei der Lebensplanung und Freizeitgestaltung in Kauf nehmen. Es gibt zwar eine gesetzlich festgelegte Ankündigungsfrist für den geforderten Arbeitseinsatz (vier Tage), die jedoch in der Praxis stark ausgehöhlt wird. In Österreich gilt eine solch einseitige Festlegung durch die Arbeitgeber als sittenwidrig. In der Schweiz ist zumindest festgelegt, dass die Bereithaltezeiten zu vergüten sind. Man könnte also den §12 TzBfG streichen und damit das Risiko für Schwankungen des Arbeitsanfalls voll beim Arbeitgeber belassen. Eine andere Variante wäre, dem Beispiel Schweiz zu folgen und dafür zu sorgen, dass die Bereithaltezeiten bei Arbeit auf Abruf zu vergüten sind.

Wichtig ist auch, Null-Stunden-Verträgen, wie sie zum Beispiel in Großbritannien existieren, weiterhin eine Absage zu erteilen. Bei diesen Verträgen werden nur die Stunden bezahlt, die die Beschäftigten tatsächlich arbeiten – ohne dass sie Anspruch auf eine (Mindest-)Einsatzzeit hätten.

ARBEITSZEIT BEKOMMT EIN LIMIT

Deutschland gilt in der Eurozone als Überstundenmeister. Überschreiten Vollzeitbeschäftigte dauerhaft ihre vertraglich vereinbarte Arbeitszeit, dann ist das nicht nur für die Gesunderhaltung dieser Menschen nachteilig, es entstehen auch Kosten für Krankheit, Arbeitsunfälle und Frühverrentung. Auch die Frage der Vereinbarkeit von Beruf und Sorgearbeit hat mit Überstunden zu tun: Wer dauerhaft Überstunden leistet, ist kaum in der Lage, selbst Sorgearbeit zu übernehmen bzw. Familienangehörige und Partner/in dabei zu unterstützen.

In der Debatte über eine Eindämmung der Überstunden wird wiederholt das Argument angeführt, dass diese Arbeitsstunden von Beschäftigten geleistet würden, für die keine alternative Arbeitskraft zur Verfügung stünde. Tatsächlich aber belegt die Forschung, dass keineswegs nur die raren Fachkräfte Überstunden leisten. Überstunden finden sich branchen-, status- und qualifikationsübergreifend. In einer Befragung der Bundesanstalt für Arbeitsschutz und Arbeitsmedizin nennen 18 Prozent Spaß an der Arbeit als Grund für Überstunden; 6 Prozent der Überstunden Leistenden geben an, diese Stunden aus privaten Gründen (wie z.B. Zuverdienst) anzustreben. Der Rest der Befragten (76 Prozent) führt betriebliche Vorgaben als ursächlich an (BAUA 2016).

→ DENKANSTOSS RÜCKKEHR ZUR VEREINBARTEN ARBEITSZEIT

Um die Gesundheit der Beschäftigten besser zu schützen und die Beschäftigungsfähigkeit der Arbeitsgesellschaft auf Dauer zu stärken, muss die Devise gelten: »Die zu leistende Arbeitszeit ist die vertragliche Arbeitszeit.« Es sollten Anreize dafür gesetzt werden, überlange Arbeitszeiten und Mehrarbeit zu vermeiden. Aus gesundheitlicher Sicht sollten alle Überschreitungen eine möglichst rasche *Kompensation* in Form von Zeitausgleich erfahren. Um nach diesem Prinzip die realen Arbeitszeiten wieder stärker den vertraglich vereinbarten anzunähern, sind die arbeitspolitischen Akteure herausgefordert. Betriebs- und Personalräte brauchen einen Hebel, um bei einer regelmäßigen Überschreitung der Arbeitszeit Personalausgleich einfordern zu können (→ ARBEITSORGANISATION). Die *Transparenz der Arbeitszeitgestaltung* im Betrieb und *Dialoge über angemessene Arbeitszeiten* sind hierfür wichtige Grundlagen.

DEBATTE KONSEQUENTERE DURCHSETZUNG DER ZEITERFASSUNG?

Wie soll eine Einhaltung der vereinbarten Zeiten gelingen, wenn Arbeitgeber diese Verantwortung ablehnen oder an die Beschäftigten delegieren – und wenn es oft die Beschäftigten selbst sind, die, aus welchen Gründen auch immer, ihre Stunden dann nicht dokumentieren?

Die Kommission diskutierte kontrovers eine gesetzliche *Verpflichtung zur generellen Zeiterfassung.* Befürworter/innen sehen darin eine Möglichkeit, um die schleichende Entwertung von Arbeit einzudämmen. Auch die technischen Optionen für eine Arbeitszeiterfassung seien so gut wie nie zuvor und heute alles andere als eine Bürokratisierung der Arbeit (und damit eine weitere Anforderung an Beschäftigte): Der technologische Wandel biete ausgefeilte Instrumente (z.B. Apps und die Erfassung von Aktivitätszeiten), um die geleistete Arbeitszeit ohne Aufwand zu dokumentieren und so für Unternehmen und die Beschäftigten selbst sichtbar zu machen. Dass dabei Datenschutz- und Mitbestimmungsrechte zu wahren sind, versteht sich von selbst. Datenlöschroutinen könnten hier Abhilfe schaffen; auch sollten branchenweit standardisierte digitale Systeme, die unter Beteiligung der Tarifvertragsparteien entwickelt werden, gefördert werden.

Auf der anderen Seite bestanden Zweifel, dass eine Arbeitszeiterfassung im digitalen Zeitalter im Interesse der Beschäftigten sei. Insbesondere im Bereich hoch qualifizierter Beschäftigung gebe es *starke Einwände gegen die Verpflichtung zur Dokumentation* der Arbeitszeiten. Die Frage der Arbeitszeiterfassung sei zudem die falsche Arena für das berechtigte Anliegen, Arbeitszeit nicht ausufern zu lassen. Stattdessen müsse es um eine gute Zeitkultur im Unternehmen und eine *realistische Personalbemessung* (→ ARBEITSORGANISATION) gehen.

Der digitale Wandel macht die Frage der geleisteten Arbeitsstunden aktueller denn je. Sind mehr Menschen gar nicht mehr nur in einem Betrieb beschäftigt, sondern für mehrere Auftraggeber tätig, dann stellt sich hier die Problematik der Arbeitszeit völlig neu. Zwar betrifft das Thema Mehrfachbeschäftigung im Jahr 2016 laut FUCHS et al. (2016) bislang nur 8 Prozent der Beschäftigten (bei einer erheblichen Dunkelziffer), doch kann deren Arbeitssituation und Arbeitsbelastung nicht außer Acht gelassen werden – denn die entstehenden Kosten trägt die Solidargemeinschaft, wenn Krankheit, Erwerbsunfähigkeit oder der Verzicht auf Familiengründung und -erweiterung die Folge sind.

Der technologische Fortschritt macht *mobiles Arbeiten* in neuer Weise möglich. Für Erwerbstätige ergibt sich damit die Option, auch von zu Hause (Homeoffice) oder gänzlich anderen Orten (mobile Telearbeit) aus zu arbeiten. Homeoffice oder andere Formen digital gestützter mobiler Arbeit bieten – insbesondere für die steigende Zahl der Beschäftigten, die weite Wege zum Arbeitsplatz haben – Möglichkeiten, Wegezeiten zu vermeiden, und können so auch zur besseren Vereinbarkeit von Beruf und Familie beitragen. Auch kann mobiles Arbeiten im Homeoffice für Beschäftigte ein ungestörteres Arbeiten als beispielsweise im Großraumbüro bedeuten.

Zurzeit arbeiten laut dem Deutschen Institut für Wirtschaftsforschung 8 Prozent der abhängig Beschäftigten (überwiegend oder gelegentlich) im *Homeoffice.* Aufgrund der Tätigkeitsprofile haben 58 Prozent der Beschäftigten keine Möglichkeit zu mobilem Arbeiten. Zwar streben 61 Prozent der Beschäftigten, die zurzeit nicht im Homeoffice arbeiten, dies auch künftig nicht an; ein Drittel möchte aber gern – zumindest gelegentlich – im Homeoffice arbeiten. Trotz der anhaltenden Debatte über mobiles Arbeiten ist die Verbreitung von Homeoffice seit 2013 nicht gestiegen. Nur ein Drittel der Betriebe bietet aktuell Arbeit im Homeoffice an (DIW 2016).

Laut »Monitor Mobiles und entgrenztes Arbeiten« des Bundesministeriums für Arbeit und Soziales haben allerdings die *Erreichbarkeitserwartungen* an die Beschäftigten zugenommen (BMAS 2015). Homeoffice ist jedoch nur in 16 Prozent der Fälle vertraglich geregelt. Die Folge ist, dass 56 Prozent der Beschäftigten, die ohne vertragliche Regelung zum Homeoffice arbeiten, außerhalb der regulär vereinbarten Arbeitszeit arbeiten. 73 Prozent bekommen keinen Ausgleich für Überstunden. Beschäftigte im Homeoffice arbeiten mit 43,5 Stunden pro Woche im Durchschnitt länger, als ihr Vertrag vorsieht.

Mobiles Arbeiten bedeutet Zeitersparnis und Freiheitsgewinn, hat allerdings auch Schattenseiten. *Desk-Sharing-Modelle,* die mit Homeoffice verknüpft sind und zum Beispiel darauf ausgelegt sind, Bürokosten (Bau, Energie, Reinigung) zu sparen, und deshalb nicht ausreichend betriebliche Arbeitsmöglichkeiten bereitstellen, können negative Folgen für die Arbeitsqualität haben: Eine künstliche Verknappung von Büroarbeitsplätzen kann nicht nur zu einer Art »Reise nach Jerusalem« um den Arbeitsort bzw. einer »Heimatlosigkeit« im Betrieb führen. Eine bewusste Unterausstattung kann auch ein Gefühl permanenter Unsicherheit um den Arbeitsplatz auslösen.

→ DENKANSTOSS MOBILES ARBEITEN ERMÖGLICHEN

Die bisherigen Erfahrungen zeigen einen Gestaltungsbedarf, damit die Vorteile digitaler mobiler Arbeit realisiert und Risiken gemindert werden können.

— Da mobile Arbeit eine hohe Vertrauenskultur und verantwortungsvolles Handeln von Führungskräften und Beschäftigten erfordert, empfiehlt die Kommission, *Rahmenrichtlinien* für die Gestaltung von Homeoffice (alternierende Telearbeit) und für mobile Telearbeit festzulegen.

— Auch empfiehlt die Kommission, einen (bedingten) rechtlichen Anspruch auf mobiles Arbeiten einzuführen. Grundsätzlich sollten alle Beschäftigten das Recht haben, in Form alternierender oder mobiler Telearbeit zu arbeiten. Die *Begründungspflicht* für eine Ablehnung sollte *beim Arbeitgeber* liegen. Darüber hinaus sollte das Recht auf eine individuelle Bestimmung der Lage der Arbeitszeit gestärkt werden.

— Niemand sollte ins Homeoffice gezwungen werden: Für mobiles Arbeiten, das nicht durch betriebliche Belange vorgegeben ist, sollte daher das Prinzip der *Freiwilligkeit* gelten: Wichtig ist, dass Beschäftigten keine Nachteile entstehen, wenn Möglichkeiten für mobiles Arbeiten nicht gewünscht bzw. genutzt werden.

— Homeoffice erfordert nicht nur Vertrauenskultur, sondern auch *Informationsmanagement.* Die Einbindung von Kolleg/innen im Homeoffice wird zukünftig eine immer wichtigere Führungsaufgabe. Auch ist das »Erwartungsmanagement« wichtig. Es sind klare Regelungen nötig, wer wann im Homeoffice erreichbar ist.

— Mobil geleistete *Arbeitszeit darf nicht verloren gehen.*

— Mobiles Arbeiten wirft *Datenschutzfragen* auf: So ist insbesondere sicherzustellen, dass auch bei mobiler Arbeit Überwachung und maschinelle Verhaltenskontrollen ausgeschlossen sind.

ZEITEN FÜR SORGEARBEIT FÖRDERN

Spätestens seitdem die Zeitbudgeterhebung des Statistischen Bundesamtes den volkswirtschaftlichen Stellenwert der Sorgearbeit untermauert hat, werden überall ihre *gesellschaftliche Bedeutung* und ihr *wirtschaftlicher Nutzen* betont. War es lange Zeit möglich, diese Arbeit nur indirekt über eine traditionelle Arbeitsteilung und Ernährerlöhne zu entlohnen, fällt diese Option zunehmend weg: Der Wandel der Geschlechterrollen, die Änderung des Unterhaltsrechts nach Ehescheidung und die Entwicklung der Einkommen haben diesem Modell seine Basis entzogen. Folgerichtig setzt die Politik seit einigen Jahren auf eine Professionalisierung der Sorgearbeit, den Ausbau der Infrastruktur und Freistellungmöglichkeiten für Erwerbstätige mit Sorgeverpflichtungen.

Die *Aufholjagd* in Richtung einer *emanzipatorischen Familienpolitik* ist insofern gelungen, dass es inzwischen eine Reihe von Instrumenten gibt, mit denen Erwerbstätige in ihren Aufgaben unterstützt werden. Zentral sind das Elterngeld und das ElterngeldPlus, die Pflegezeit oder neuerdings auch der Vorschlag für eine Familienzeit, bei der Paare Anreize erhalten, um beiderseits die Arbeitszeit bei teilweisem Entgeltausgleich zu reduzieren.

Evaluationen zeigen aber, dass noch nicht alle Instrumente in dem gewünschten Maße greifen bzw. nicht alle den Bedarfen entsprechen (JÜRGENS/FEHR 2016). So tendieren z.B. die Erwerbstätigen bei einem Pflegefall dazu, Urlaubstage zu nutzen, statt die gesetzliche Freistellung in Anspruch zu nehmen. Insbesondere in kleinen und mittelständischen Unternehmen scheint das Thema tabuisiert zu sein (REUYSS et al. 2014). Für Männer ist die Übernahme dieser Sorgearbeit noch immer ungewohnt. Folge: Zurzeit übernehmen, so die Reporte der Krankenkassen, Frauen rund zwei Drittel der privat geleisteten Pflegearbeit.

→ DENKANSTOSS EIN FLEXIBLES ZEITBUDGET FÜR PFLEGEZEIT

Mit dem Pflegegeld (für in Vollzeit pflegende Angehörige) und der *Familienpflegezeit* wurden Optionen dafür geschaffen, *Beruf und Pflegearbeit* miteinander zu verbinden. Trotzdem werden die Angebote nur in geringem Umfang in Anspruch genommen; insbesondere Männer bleiben in der Nutzung dieser Instrumente zurückhaltend.

Dies liegt zum einen an der *fehlenden Lohnersatzleistung*, aber auch daran, dass die Pflegezeit noch *zu unflexibel* ist. Pflegende brauchen zumeist keine feste Reduzierung ihrer Arbeitszeit, sondern je nach Betreuungsbedarf eher flexibel abrufbare Stunden. Die Freistellung im Rahmen eines *Zeitbudgets* würde, dies betonen inzwischen viele Gutachten, weit besser zum Bedarf der Pflegenden und Gepflegten passen. So könnte man z.B. ein Budget von 1.000 Arbeitsstunden festlegen, das über einen längeren Zeitraum hinweg verbraucht werden kann. Hier müssen Verfahren gefunden werden, die zwar den Pflegenden möglichst viel Flexibilität, dem Arbeitgeber aber ein gewisses Maß an Planungssicherheit geben. Die Einführung eines flexibel zu nutzenden Pflegezeitbudgets hätte für Arbeitnehmer und Arbeitgeber den Vorteil, dass durch eine solche flexible Gestaltung mitunter eine Reduzierung der Arbeitszeit (und damit Reduktion auch des Einkommens) bzw. der vollständige Berufsausstieg überflüssig wird.

Ob das Modell im Gesetz oder in Tarifverträgen festgeschrieben wird, bleibt den Akteuren überlassen.

Trotz der verschiedenen Instrumente für eine bessere Vereinbarkeit von Beruf und Sorgearbeit ist der Blick auf die Empirie ernüchternd: Viele Erwerbstätige steigen für Sorgearbeit unfreiwillig aus dem Berufsleben aus oder müssen ihre Arbeitszeit erheblich reduzieren (REICHERT 2013). Dies hat gravierende Folgen für die materielle Absicherung und die Entwicklung des Erwerbspersonenpotenzials in Deutschland. Altersarmut und Fachkräftemangel sind schon jetzt die bekannten unerwünschten Nebenfolgen.

Während Forderungen nach einer besseren Infrastruktur, weiteren familienpolitischen Instrumenten und flexiblen Arbeitszeiten bekannt sind, bleibt unterbelichtet, dass auch das *Einkommen* eine markante Hürde darstellt. Viele Paare haben unter den gegenwärtigen Bedingungen kaum eine Alternative zum traditionellen Arbeitsteilungsmuster. Die Einkommen der Männer liegen durchschnittlich über denen der Frauen. Die *Reduzierung* dieses *Gender Pay Gap* ist also die zentrale Voraussetzung für Sorgezeiten und deren gerechtere Verteilung (→ EINKOMMEN).

→ DENKANSTOSS EINE LOHNERSATZLEISTUNG FÜR SORGEZEIT

Um Sorgearbeit leisten zu können, ist für viele Beschäftigte die *Verkürzung der Arbeitszeit* notwendig. Für viele Menschen in den unteren Einkommensgruppen bedeutet jedoch eine Arbeitszeitverkürzung einen harten ökonomischen Einschnitt. Viele Paare haben aus finanziellen Gründen keine Alternative zur traditionellen Arbeitsteilung oder zur doppelten Vollzeit. Die Kommission hält eine solche Situation für nicht zeitgemäß. Sie entspricht weder dem Gedanken der Teilhabe, noch stellt sie einen Wandel hin zu mehr Geschlechtergerechtigkeit her. Eine Offensive zur Entgeltgleichheit (→ EINKOMMEN) ist daher unabdingbar. Zugleich aber ist es eine gesellschaftliche Aufgabe, temporäre Arbeitszeitreduktionen für die Übernahme von Sorgeverpflichtungen (sowohl arbeitszeitlich als auch finanziell) zu fördern. Diese Aufgabe können die Sozialpartner allein nicht lösen.

Die Kommission schlägt daher vor, Erwerbstätigen Phasen von sorgebedingter Arbeitszeitreduktion einzuräumen und dafür eine *Lohnersatzleistung* zu zahlen, die bei niedrigen Einkommen prozentual höher ausfällt. Zu diskutieren ist, ob es eine (prozentual geringere) Lohnersatzleistung auch bei höheren Einkommen geben soll. Dafür spricht, dass es mit Blick auf die Vorbildfunktion wichtig ist, dass auch Menschen mit Führungsverantwortung Arbeitszeit reduzieren, um Sorgearbeit zu übernehmen. Die Erfahrung mit dem Elterngeld hat gezeigt, dass es hier eines finanziellen Anreizes bedarf. Reduzieren auch Männer ihre Arbeitszeit und übernehmen Sorgearbeit, werden

Frauen von Familienarbeit entlastet und können am Arbeitsmarkt teilnehmen. Ab einem bestimmten Einkommen könnte Arbeitszeit allerdings problemlos ohne finanziellen Ausgleich reduziert werden. Mit Blick auf diese Frage ist eine gesellschaftliche Verständigung nötig.

Zu beachten ist, dass es Einkommensgruppen gibt, in denen eine prozentuale Lohnersatzleistung (z.B. 68 Prozent analog Elterngeld) nicht ausreicht, um den Lebensunterhalt zu bestreiten. Hier wird eine höhere Lohnersatzleistung gebraucht, damit familienfreundliche Arbeitszeitmodelle kein Privileg von Besserverdienenden bleiben. Gleiches gilt für Alleinerziehende: Auch hier sollten höhere Lohnersatzleistungen geprüft werden.

ZEIT OHNE VERWERTUNGSPRIMAT

Die Debatte um Arbeitszeiten konzentriert sich zumeist auf Kindererziehung und Pflege, zunehmend auch auf Qualifizierung. Unbeachtet bleibt, dass es Menschen in einem langen Erwerbsleben auch möglich sein muss, die Arbeit einfach einmal für eine längere Pause zu unterbrechen – und zwar ohne jede Begründung. Letztlich kommt eine solche Akzentverschiebung auch den Betrieben zugute: Das Zugeständnis einer solchen Auszeit ist nicht nur eine Form der Wertschätzung von Beschäftigten und der Anerkennung ihrer Leistungen. Als Nebeneffekt werden solche Angebote auch dazu führen, dass Erwerbstätige neue Erfahrungen machen und motiviert in den Beruf zurückkehren. Nicht zuletzt können Auszeiten eine Form der präventiven Gesunderhaltung sein.

→ DENKANSTOSS RECHT AUF EINE BEGRÜNDUNGSFREIE AUSZEIT

Die Kommission empfiehlt, Erwerbstätigen einen Anspruch auf *Auszeiten ohne jede Begründung* einzuräumen, bei Aufrechterhaltung des Beschäftigungsverhältnisses und der Sozialversicherungsansprüche.

Als Anknüpfungspunkt hierfür kann das *Sabbatical* dienen, das den Arbeitnehmer/innen im öffentlichen Dienst offensteht, sofern keine dienstlichen Belange entgegenstehen. Das Arbeitsverhältnis bleibt während der Auszeit bestehen. Wird das Sabbatical auf Basis eines Arbeitszeitmodells (z.B. Zeitwertkonto) verwirklicht, besteht grundsätzlich der Sozialversicherungsschutz weiter. In der Wirtschaft gehören solche Auszeiten bislang nicht zum festen Bestand von Ansprüchen. Doch auch hier gibt es Vorbilder: Beim Flugzeughersteller Airbus regelt die Betriebsvereinbarung »Care for Life«, dass sich die Beschäftigten bis zu einem Jahr von der Arbeit freistellen lassen können. Während der Auszeit erhalten sie 75 Prozent des Entgelts weiter. Nach der Freistellung arbeiten sie für diesen reduzierten Lohn wieder mit ihrem ursprünglichen Stundenvolumen, bis das für die Auszeit eingerichtete Arbeitszeitkonto wieder ausgeglichen ist. Erste Tarifverträge ermöglichen schon Auszeiten von drei bis neun Monaten nach entsprechender Ansparphase (»Demografie-Tarifvertrag« in der chemischen Industrie).

Auch bei diesem Denkanstoß verdienen die *untersten Einkommensgruppen* besondere Aufmerksamkeit. Sollen Auszeiten kein Privileg für Personen mit gutem Auskommen bleiben, könnte über längere Ansparmöglichkeiten oder auch Lohnersatzleistungen für diese Gruppen nachgedacht werden. Für Berufsgruppen, für die nachgewiesenermaßen ein Erreichen des Rentenalters aufgrund der besonderen Belastungen kaum möglich ist, könnten solche Ersatzleistungen gerechtfertigt sein.

FORTSCHRITT IN FREIZEIT UMWANDELN

Stoßen Vorschläge für eine betriebliche Arbeitszeitverkürzung zumeist bei allen Beteiligten und auch in der Politik auf Zustimmung, wenn es um die Sicherung von Beschäftigung geht, sieht dies völlig anders aus, wenn es um die *lineare Verkürzung* der Arbeitszeit für alle geht. Betonen die einen den ohnehin grassierenden Fachkräftemangel aufgrund der demografischen Entwicklung, sehen andere nicht den Verteilungsspielraum für eine Reduzierung bei vollem Lohnausgleich. Zugleich aber werden, auch wenn sich das bislang noch nicht in den Wirtschaftsanalysen abbildet (HORN et al. 2017), angesichts des digitalen Wandels enorme Produktivitätssteigerungen prognostiziert [→ GESELLSCHAFT].

Die Debatte zur kollektiven Arbeitszeitverkürzung ist nicht zuletzt deshalb ins Stocken gekommen, weil sich die Erwerbstätigen selbst nicht mobilisieren ließen, für eine Reduzierung einzutreten. Stattdessen rückt die *Gestaltung der Arbeitszeit,* d.h. die Flexibilität in Alltag und Lebenslauf, in den Mittelpunkt, von der sich viele Erwerbstätige mehr Vorteile erhoffen – zumal Arbeitszeitverkürzung oft auch Arbeitsintensivierung bedeutete. Wenn jedoch Sorgearbeit, Qualifizierung und notwendige Erholung in einer verdichteten und beschleunigten Arbeitswelt absehbar für alle, Männer wie Frauen, Junge wie Alte, erforderlich werden, sollte dann der technologische Fortschritt nicht auch Spielraum für mehr Freizeit eröffnen?

DEBATTE EINEN SCHRITT IN RICHTUNG LINEARE ARBEITSZEITVERKÜRZUNG WAGEN?

Die – in die Zukunft gerichtete – Frage einer *allgemeinen Arbeitszeitverkürzung* wurde in der Kommission kontrovers diskutiert. Kritische Stimmen halten eine solche kollektive Reduzierung für nicht zeitgemäß, weil die Arbeitszeitwünsche heute so unterschiedlich sind. Flexibilität in Lage und Verteilung der Arbeitszeit und ein Mehr an Zeitsouveränität seien die drängenderen Themen. Befürwortende Stimmen betrachten hingegen kollektive Arbeitszeitverkürzung als Zuwachs an Lebensqualität. So bedeutsam eine flexible Arbeitszeitgestaltung auch sei, mache sich Zeitsouveränität doch immer auch am Umfang der Erwerbsarbeit fest. Eine reduzierte Dauer bedeute daher auch einen Ankerpunkt, um ein Limit der Arbeitszeit durchzusetzen und außerberuflichen Interessen Rechnung zu tragen. Eine Reduktion des Vollzeitniveaus sei, so die Argumentation, nicht nur mit Blick auf die Verteilung von Sorgearbeit geboten, sondern ergebe sich auch durch die Automatisierungspotenziale der Digitalisierung.

Die Dienstleistungsgewerkschaft ver.di hat auf ihrem Bundeskongress 2015 als Leitbild die »kurze Vollzeit bei vollem Personal- und Lohnausgleich« festgelegt. Auf dem Weg dorthin dürften noch harte Tarifverhandlungen liegen, doch ist das Leitbild auch als »positive Utopie« gedacht, der man sich mit »durchsetzbaren Zwischenzielen« annähern will. Eine solche Zwischenetappe könnte die 35-Stunden-Woche für alle Vollzeitkräfte sein – wie sie in einigen Branchen bereits realisiert ist. Längst muss eine lineare Arbeitszeitverkürzung nicht mehr als starre Verkürzung gedacht werden: Tarifverträge können, dies hat die Volkswagen AG schon 1994 vorgemacht, »atmende Arbeitszeiten« festlegen, die sich innerhalb eines Korridors bewegen und über Arbeitszeitkonten verwaltet werden. Auf Akzeptanz werden alle Vorschläge jedoch nur stoßen, wenn der *Personalausgleich* geklärt wird, also die Verkürzung nicht mit weiterer Verdichtung einhergeht.

DEBATTE ARBEITSZEITVERKÜRZUNG MIT LOHNAUSGLEICH ZUR GESUNDERHALTUNG

Es ist offensichtlich, dass das Erreichen des Renteneintrittsalters in einigen Berufen kaum gelingt. In der Kommission wurde angeregt, eine *Arbeitszeitverkürzung für besonders verschleißende Berufe* einzuführen. In diesem Zusammenhang lohnt ein Blick nach Schweden. Große mediale Aufmerksamkeit im Zusammenhang mit Arbeitszeitverkürzung hat jüngst ein Pilotprojekt in Göteborg erhalten. Hier arbeiteten Pfleger/innen im Svartedalens-Altersheim zwei Jahre lang nur noch sechs Stunden täglich, bei vollem Lohn. Im Ausgleich zu den zusätzlichen Personalkosten wurde auf eine höhere Arbeits- und Lebenszufriedenheit der Beschäftigten, eine bessere Qualität der Arbeit, Verbesserungen in der Gesunderhaltung, auf einen geringeren Krankenstand und Produktivitätssteigerungen gesetzt. Dabei scheinen erste Evaluationsergebnisse die Hoffnungen durchaus zu bestätigen. So wurden u. a. ein Rückgang des Krankenstandes und eine Verbesserung der Work-Life-Balance verzeichnet.

Ähnlich konzipierte andere Projekte in Göteborg zeigen, dass ein solches Modell es den Arbeitgebern einfacher machen kann, gutes Personal zu finden und zu halten (Toyota-Werk), oder dass sich die Produktivität erhöhen kann: Am Universitätsklinikum Sahlgrenska ist die Zahl der durchgeführten Operationen gestiegen, bei gleichzeitiger Verringerung der Wartezeiten.

Das Pilotprojekt im Altersheim Svartedalens ist bei den schwedischen Gewerkschaften umstritten, da sie bei der Konzeption nicht einbezogen waren und kein Tarifvertrag abgeschlossen wurde, der den Ansatz dauerhaft verankert hätte. Die Kommission steht vergleichbaren Modellen aufgeschlossen gegenüber, wenn die Gewerkschaften einbezogen werden.

ARBEITSORGANISATION

IM MITTELPUNKT: DER MENSCH

KRÄFTE DOSIEREN, KREATIVITÄT ENTFALTEN

WO STEHEN WIR?

Die organisatorische Gestaltung der Arbeit und die Arbeitsinhalte erlangen neuerdings einen erhöhten Stellenwert. Unternehmen schöpfen aus der Motivation und der *Kreativität der Beschäftigten* genau jenes Potenzial, das für *innovative Prozesse und eine hohe Arbeitsproduktivität* im Zuge der Digitalisierung immer wichtiger wird. Die Beschäftigten wiederum reklamieren, als »Bürger/innen am Arbeitsplatz« (MÜCKENBERGER 2015) anerkannt und mit ihren Entfaltungsbedürfnissen berücksichtigt zu werden.

PRODUKTIVITÄT IST VORAUSSETZUNGSVOLL. Der wirtschaftliche Erfolg eines Landes hängt maßgeblich von der *Leistungsstärke und Kreativität* seiner Erwerbsbevölkerung ab. Deutschland ist international ausgewiesen durch eine *hohe Arbeitsproduktivität*, die mit einer markanten Intensivierung und Beschleunigung von Arbeitsprozessen im Verlauf der letzten Jahrzehnte einhergeht.[1] Die arbeitspolitischen Akteure liegen in der positiven Bewertung der Arbeitsproduktivität oder der Flexibilität der betrieblichen Arbeitsstrukturen in Deutschland oft näher beieinander als gemeinhin vermutet. Aus Sicht der Arbeitsforschung ist die in der hohen Produktivität dokumentierte Leistungsfähigkeit der Erwerbsbevölkerung jedoch an Voraussetzungen gebunden, zu denen vor allem die *Motivation, Qualifikation und die Gesunderhaltung der Erwerbsbevölkerung* zählen, die nur zu gewährleisten sind, wenn die Arbeit am Menschen ausgerichtet ist.

1 Jede/r Erwerbstätige arbeitete im Jahr 2015 im Durchschnitt 1372 Stunden, 0,4 Prozent mehr als im Vorjahr. Die gesamtwirtschaftliche Arbeitsproduktivität stieg 2015 um 0,9 Prozent. Je Erwerbstätigenstunde ergibt sich eine Erhöhung der Arbeitsproduktivität um 0,5 Prozent (STATISTISCHES BUNDESAMT 2016a).

ARBEIT IST POTENZIELL VERSCHLEISSEND. Zu *physischen Beschwerden* liegen zahlreiche Studien vor. So ließen sich zwar viele Gefährdungen durch Gefahrenstoffe oder ungünstige Arbeitsbedingungen reduzieren, andere sind jedoch angestiegen.[2]

2 Rückenleiden dominieren die Liste der Beschwerden: 64 Prozent aller erwerbstätigen Frauen und 40 Prozent der Männer klagen über schmerzenden Nacken/Rücken, hervorgerufen zumeist durch ungünstige Körperhaltung (BAUA 2015).

Der Wandel hin zu einer Informationen und Daten verarbeitenden Arbeitswelt bringt nicht weniger, sondern nur andere Formen der Beanspruchung mit sich.

Besondere Aufmerksamkeit erhalten seit der Jahrtausendwende die Krankschreibungen aufgrund *psychischer Erschöpfung.* Die Kosten für Arbeitsausfall und Rehabilitation wurden von der Deutschen Angestelltenkrankenkasse bereits für 2011 auf 16 Milliarden Euro beziffert. Die Bundesanstalt für Arbeitsschutz und Arbeitsmedizin geht für 2030 von Kosten in doppelter Höhe aus. Seit Beginn der Debatte wird immer wieder Skepsis geäußert, ob sich psychische Beschwerden ursächlich auf die Arbeitswelt zurückführen lassen, doch belegen inzwischen auch international vergleichende Studien einen Zusammenhang: Anhaltender Zeit-, Leistungs- und Wettbewerbsdruck, eine zu dünne Personaldecke, unerreichbare Zielvorgaben, fehlende Gestaltungsspielräume und ausbleibende Anerkennung im Arbeitsprozess[3] gelten demnach als primäre Ursachen von Überforderung (VAN DER WEL et al. 2015; DRAGANO et al. 2016).

3 Eine berufliche Gratifikationskrise kann entstehen, wenn sich Erwerbstätige permanent stark verausgaben, ohne hierfür eine Anerkennung (Wertschätzung, Gehalt) zu erfahren. Folge sind intensive Stressreaktionen (SIEGRIST 2005).

Hinzu kommen Unterbrechungen und Störungen (auch) durch die neuen Kommunikationsmedien, höhere Verfügbarkeitserwartungen und Probleme in der technischen Infrastruktur. Negativ wirken zudem eine unsichere Beschäftigungsperspektive und der Mangel an Aufstiegschancen. Der Anstieg an psychisch Erkrankten sollte jedoch nicht den Blick darauf verstellen, dass die Gesamtzahl der Fehlstunden durch körperliche Erkrankungen noch immer deutlich höher ist als die durch psychische Erkrankungen[4] – wobei eine klare Abgrenzung nicht immer möglich ist, denn psychische Erkrankungen können ihrerseits wiederum gravierende Auswirkungen auf die physische Gesundheit haben.

4 Laut BKK Gesundheitsreport 2015 ist der Anteil von psychischen Erkrankungen in den vergangenen 40 Jahren von 2 Prozent auf 15 Prozent gestiegen (KNIEPS/PFAFF 2015).

Überlastung kann alle treffen. Erwerbstätigen stehen je unterschiedliche Optionen zur Verfügung, für sich zufriedenstellende Arbeitsbedingungen zu erreichen: Wer über eine exklusive bzw. knapp vorhandene Qualifikation verfügt, hat unabhängig von Alter, Geschlecht oder ethnischer Herkunft neben dem höheren Einkommen auch gute Chancen, Arbeitsstandards individuell durchzusetzen – und verfügt vielfach über die für diese Aushandlung erforderlichen Kompetenzen (MARMOT et al. 1991; HEAD et al. 2002). Die Forschung problematisiert daher eine *soziale Spaltung auch jenseits der Einkommensfrage:* Je höher die Position im Betrieb und je besser die Qualifikation, desto eher arbeitet eine Person unter Bedingungen, die die Gesunderhaltung berücksichtigen, Anerkennung liefern und Gestaltungsspielräume eröffnen. Doch auch Beschäftigte in formal abgesicherten Positionen erleben ihre Lage oft als belastend, wenn sie unter hohem *Leistungs- und Konkurrenzdruck* stehen. Gestaltungsspielräume können zur Überlastung werden, wenn die Ressourcen hierfür unseriös kalkuliert sind.

Bei un- oder angelernten Arbeitskräften, die für Unternehmen leichter ersetzbar sind, treffen hingegen gleich mehrere negative Faktoren aufeinander, wie z.B. Beschäftigungsunsicherheit, niedriges Entgelt, hoher Leistungsdruck, fehlende Partizipation, fehlende Anerkennung. Betriebsräte, die die Einhaltung von Standards einfordern könnten, sind in derart gestalteten Segmenten des Arbeitsmarktes selten vorhanden. Solche problematischen Bedingungen können als Dauerzustand eine *Verringerung der Leistungsfähigkeit* bis hin zur Frühverrentung provozieren. Im Jahr 2015 gingen 16 Prozent der Renteneintritte auf gesundheitliche Einschränkungen zurück; jede zweite dieser Frühverrentungen ist psychisch bedingt (DEUTSCHE RENTENVERSICHERUNG 2016). Unerwünschte *Lähmungseffekte* sind eine mögliche Folge: Nehmen Menschen nicht nur die Arbeitswelt, sondern ihre eigene Existenz als unkalkulierbar und fragil wahr, erwarten sie von der Zukunft meist nichts Gutes, zeigen sich skeptisch gegenüber Wandel und Unbekanntem – und gehen auf Distanz zu Interessenvertretungen, Politik und Staat.

DIE GESUNDHEITSFÖRDERLICHE WIRKUNG DER ARBEIT WIRD UNTERSCHÄTZT. Erst in den vergangenen Jahren erhalten Studien mehr Aufmerksamkeit, die auf das *Potenzial von Arbeitsgestaltung* hinweisen – und das, obwohl es in Deutschland mit dem Forschungsprogramm zur »Humanisierung des Arbeitslebens« (1974–1989) und seinen Nachfolgern eine reiche Geschichte einer solchen Perspektive gibt. Seit Langem ist bekannt, dass Arbeit mehr ist als Existenzsicherung und Statuserwerb: Sie stiftet Identität und soziale Zugehörigkeit. Menschen sind daher in der Lage, auch solche Arbeiten als sinnstiftend zu erleben und engagiert auszuüben, die anderen als monoton oder sinnlos erscheinen. Die Sozialforschung belegt in repräsentativen Studien einen großen Einfluss der Arbeitsinhalte und -bedingungen auf die *Zufriedenheit* der Menschen. Insbesondere die junge Generation verbindet Erwerbstätigkeit mit dem Ziel der Selbstverwirklichung: Sie will »Spaß an der Arbeit« haben.[5] Insgesamt gehört Arbeit für die Mehrheit der Deutschen zu einem erfüllten Leben (DIE ZEIT et al. 2016). Mit dem technologischen Fortschritt verknüpfen Menschen gleichzeitig die Erwartung, von unliebsamen Tätigkeiten entlastet zu werden – und neue Möglichkeiten zur Entfaltung zu erhalten.

5 Unter den Jugendlichen rangiert bei der Zufriedenheit mit der beruflichen Tätigkeit zwar die »Sicherheit des Arbeitsplatzes« an der ersten Stelle, es folgt aber unmittelbar die Möglichkeit, eigene Ideen mit einzubringen (ALBERT et al. 2015).

GESUNDERHALTUNG NICHT DEM ZUFALL ÜBERLASSEN. Nicht nur die Erwerbstätigen, sondern auch die Unternehmen und die Gesellschaft müssten angesichts der Alterung der Gesellschaft ein Interesse daran haben, Arbeit so zu gestalten, dass Verschleiß reduziert wird, Arbeitsfähigkeit erhalten bleibt und der Personaleinsatz nachhaltig erfolgt. Viele Betriebe, die auf spezielle Qualifikationen angewiesen sind, bemühen sich daher, die Gesundheit der Beschäftigten dauerhaft zu erhalten und Arbeit attraktiv zu gestalten. Die *Leistungsanforderungen* am Arbeitsplatz, das *Vorgesetztenverhalten*, eine *realistische Planung der Personalkapazitäten* und ein *Kreativität förderndes Arbeitsumfeld* gelten hier als wichtigste Parameter für die Gesundheitsförderung.

Diese Parameter werden jedoch nur bedingt überprüft und in Regeln fixiert. Folge ist eine *Zufälligkeit der Gesunderhaltung*, die dann direkt zwischen Beschäftigten und Vorgesetzen entschieden wird (HEIDEN/JÜRGENS 2013). Zwar ist der Rahmen über Gesetze zum Arbeits- und Gesundheitsschutz, zur Arbeitszeit oder zum Arbeitsrecht fest abgesteckt, doch werden diese in vielen Betrieben bislang nicht oder nur teilweise eingehalten (AHLERS 2016).

KREATIVITÄT BRAUCHT GUTE ARBEITSBEDINGUNGEN. Gesundheit und Leistungsfähigkeit, Sinnstiftung und Freude an der Aufgabe beeinflussen die Motivation und die Kreativität der Menschen – und damit auch den Unternehmenserfolg (BADURA/STEINKE 2011; BRYSON et al. 2015). Die meisten Beschäftigten sind punktuell überaus anpassungsfähig und auch unter widrigen Bedingungen motiviert. Dauerhaft verlässliche Leistungsfähigkeit und Kreativität sind hingegen an bestimmte Prinzipien des Arbeitseinsatzes gebunden: die Vermeidung von anhaltender Überforderung, eine realistische Arbeitsplanung, die Anerkennung der Person, den Schutz vor Diskriminierung und Überwachung, die Teilhabe an Qualifizierung und Optionen für beruflichen Aufstieg. Positive Effekte werden vor allem einem ganzheitlichen Aufgabenzuschnitt und der Transparenz in betrieblichen Entscheidungsprozessen attestiert.

WORAUF SOLLTEN WIR UNS VORBEREITEN?

Die *Digitalisierung* wirft die Frage auf, welche Art der Arbeitsorganisation dafür sorgen könnte, dass Unternehmen und Beschäftigte gleichermaßen von den Neuerungen profitieren. Es besteht weitgehend Einigkeit, dass die Komplexität der Aufgaben zunimmt und neue Kooperationsformen erforderlich und durch die Digitalisierung auch erst möglich werden. Bisherige Hierarchien stehen zur Disposition; Spielräume für arbeitsbezogene Selbstbestimmung von Individuen und Gruppen tun sich auf, wenn Unternehmen größere Flexibilität erreichen und *innovationsfähig* bleiben oder werden wollen.

Agile Strukturen nehmen zu, je mehr Unternehmen sich hiervon Wettbewerbsvorteile versprechen.[6] Solche Strukturen werden auch von Beschäftigten eingefordert, die sich mehr einbringen wollen – und Forderungen stellen können, wenn ihnen aufgrund ihrer besonderen Qualifikation alternative Arbeitgeber zur Verfügung stehen. Hier liegt ein großes emanzipatorisches Potenzial für die Beschäftigten; ob sich hier jedoch bereits das realisiert, was als »neues Führungsverständnis« und »demokratisches Unternehmen«[7] postuliert wird, ist umstritten. Kritische Positionen bemängeln eine Preisgabe nur solcher Entscheidungsbefugnisse, die zur Leistungssteigerung dienen, und vermissen eine verbriefte Beteiligung. Der Demokratiebegriff sei daher, so der Einwand, irreführend.

DIE TECHNOLOGISCHE ENTWICKLUNG KANN ENTLASTEN UND ARBEIT AUFWERTEN. Die neuen Mensch-Maschine-Interaktionen und komplexere Aufgabenzuschnitte machen es möglich, Arbeit

6 Bei »agilen« Unternehmen handelt es sich um Unternehmen, die eine möglichst hohe Beweglichkeit anstreben, um schnell auf Veränderungen von Gesellschaft, Technik und Kundennachfrage reagieren zu können. Dafür gilt die Überführung von hierarchischen Strukturen in bedarfsorientierte, selbstorganisierte Projekt- und Netzwerkstrukturen als zentrale Voraussetzung (ARMUTAT et al. 2016).

7 Die Berücksichtigung von Diversität und eine neue Mündigkeit des »Unternehmensbürgers« sind Kerngedanken dieses Ansatzes (SATTELBERGER et al. 2015).

qualitativ anzureichern. Im besten Fall wird Lernen durch den technologischen Wandel integrativer Bestandteil des Arbeitens und berufliche Weiterqualifizierung zu einer wichtigen Ressource für größere Entfaltungsmöglichkeiten. Physisch anstrengende Arbeiten und monotone Tätigkeiten können reduziert werden. Entlastung lässt mehr Freiräume für Ideenaustausch entstehen; vermehrte Angebote zum mobilen Arbeiten lassen Pendelzeiten wegfallen (MASCHKE et al. 2014). Klassischen Problemen der Vereinbarkeit von Beruf und Familie lässt sich offensiv begegnen, wenn digitale Technologien im Familienalltag die Koordination, etwa für haushaltsbezogene Dienstleistungen, unterstützen.

DIE DIGITALISIERUNG KANN AUCH BELASTUNGEN BEDEUTEN. Die Mensch-Maschine-Interaktion kann an die Stelle vorheriger Mensch-Mensch-Zusammenarbeit treten, was insbesondere in der Dienstleistungsarbeit das Berufsethos der Beschäftigten herausfordern dürfte. Bisherige Kooperationen oder »peer learning« können durch Automatisierung und Standardisierung verschwinden. Es kann zu einer neuen psychischen Belastung durch technologisch ermöglichte De-Qualifizierung und damit zur Entwertung von Kompetenzen und zur Verringerung des menschlichen Handlungsspielraums kommen (PFEIFFER 2016). Insgesamt werden Arbeitsprozesse verdichtet und beschleunigt werden. Leistung lässt sich umfassender kontrollieren, personenbezogene Daten lassen sich systematisch auswerten und Arbeitstätigkeiten bis in die kleinsten Handlungen vorgeben. Auch für das mobile Arbeiten ist noch zu konkretisieren, wie der Arbeitsschutz greifen kann und wie Betriebsvereinbarungen die Einhaltung gesundheitsschützender Standards sicherstellen sollen, wenn der Betrieb nicht mehr als ein räumlicher, sondern nur noch als funktional-organisatorischer Referenzpunkt gegeben ist. Für die Gruppe der digitalen Selbstständigen (Crowdworker/innen) steht die Debatte noch am Anfang.

Die unklaren Rationalisierungspotenziale der Digitalisierung erzeugen Ängste vor dem Verlust des Arbeitsplatzes. Je mehr die eigene Arbeitskraft als ersetzbar eingeschätzt wird, desto eher kommt es zu Verausgabung und Vernachlässigung von Ruhezeiten, was wiederum die Gesunderhaltung beeinträchtigt (SIEGRIST 2015). Bereits heute wird die Bewältigung der sich verändernden Arbeitsanforderungen und -bedingungen zu sehr dem Einzelnen überantwortet.

NICHT TECHNIK, SONDERN ARBEITSORGANISATION ENTSCHEIDET ÜBER DIE EFFEKTE. Bei allen Hinweisen auf die Chancen und Risiken des technologischen Fortschritts müssen wir uns stets vergegenwärtigen, dass es nicht die Technik selbst ist, sondern ihr Einsatz durch den Menschen, der zu bestimmten Effekten führt. Es ist also entscheidend, welche Ziele mit dem Fortschritt verfolgt werden und welche Autonomie den Beschäftigten bei der Umsetzung der Ziele eingeräumt wird. Mit diesen Fragen sind bekanntlich durchaus kontroverse Interessen verbunden. Bislang fällt zudem auf, dass viele der Optionen mangels Verbreitung digitaler Technologien noch gar nicht nutzbar sind. Internet, E-Mails und Smartphones sind omnipräsent, doch der Einsatz smarter digitaler Technologien in Privathaushalten und in Betrieben steht teilweise noch am Anfang. Der Prozess kann also noch gestaltet werden.

DEUTSCHE BESONDERHEITEN. Eine deutsche Besonderheit ist der hohe Fachkräfteanteil. Er erleichtert eine dezentrale Arbeitsorganisation, im Gegensatz etwa zu den angelsächsischen Produktionssystemen mit einer Polarisierung zwischen Angelernten und Hochqualifizierten. Deutschland ist gleichzeitig noch mit zwei Phänomenen konfrontiert, die sich sehr unmittelbar auf die Arbeitsorganisation auswirken: der erheblichen *Alterung der Erwerbsbevölkerung* und einer noch nicht flächendeckend gelösten *Vereinbarkeitsproblematik.* Die Alterung der Bevölkerung wird dazu führen, dass die Zahl der Arbeitsunfähigkeitstage in absehbarer Zeit zunehmen wird. Ältere Erwerbstätige werden zwar nicht häufiger krank, aber benötigen eine längere Regenerationszeit, bis sie wieder an den Arbeitsplatz zurückkehren.[8]

8 Laut AOK-Fehlzeiten-Report 2016 entfallen 45 Prozent aller Fehltage auf Langzeiterkrankungen, d.h. Fehlzeiten mit mehr als 42 Tagen. Die Dauer der Arbeitsunfähigkeit steigt mit dem Alter deutlich an (BADURA et al. 2016)

WO KÖNNEN WIR ANSETZEN?

In einer Ökonomie, die auf Innovation und eine hohe Produktivität setzt, werden die Anforderungen an die betriebliche Arbeitsorganisation zunehmend höher. Es müssen Lösungen gefunden werden, um sich für dynamische globalisierte Märkte, eine zunehmend komplex vernetzte Wirtschaft und veränderte Konsumgewohnheiten zu präparieren. Der technologische Fortschritt beschleunigt die Arbeitsprozesse zusätzlich. In dieser Konstellation sind die Organisation und ihre Mitglieder jeden Tag von Neuem herausgefordert. Sie müssen angemessen flexible Arbeitsstrukturen entwerfen, können dabei aber die Leistungsfähigkeit und Voraussetzungen für kreatives Arbeiten nicht außer Acht lassen. Arbeitsbedingungen, die nicht nur körperlichen Verschleiß und psychische Erschöpfung vermeiden, sondern auch Gestaltungsspielräume und Erfahrung von Selbstwirksamkeit eröffnen, sind inzwischen als Bedingung für wirtschaftlichen Erfolg und Innovationsstärke erkannt – daraus gilt es nun, die richtigen Konsequenzen zu ziehen.

REALISTISCHE KALKULATION DER PERSONALRESSOURCEN

In direktem Zusammenhang mit Phänomenen wie Überlastung und gesundheitsgefährdendem Arbeitsdruck steht die *Personalbemessung*. Die Arbeitsforschung bemängelt seit Langem einen zu hohen Zeit- und Leistungsdruck und führt diesen darauf zurück, dass Personalkapazitäten oft »auf Kante genäht« sind. Schon ein normaler Krankenstand führt oftmals zu Überstunden und Intensivierung in den Belegschaften. Wollen dann Einzelne oder gar mehrere ihre Arbeitszeit verkürzen, Überstunden abbauen oder eine Auszeit nehmen, sind Konflikte vorprogrammiert. Vielfach wird in solchen Situationen das eigentlich strukturelle Problem einer zu knappen Personalplanung als Problem der Beschäftigten gedeutet – durch Vorgesetzte, in Teams oder auch durch die Betroffenen selbst. Wichtige Anliegen wie Vereinbarkeit von Beruf und Sorgearbeit, Qualifizierung oder Gesunderhaltung werden damit konterkariert. Personalplanung gerät so in Widerspruch zu Zielen, die auch für den Betrieb zuträglich sind: die Erhaltung der Leistungsfähigkeit, hohe Arbeitsmotivation und ein niedriges Konfliktniveau in Arbeitsteams.

Betriebsräte sehen eine an den tatsächlichen Arbeitsbedarf angepasste *Personalbemessung* als das drängendste Thema ihrer Arbeit (74 Prozent), gefolgt von der Begrenzung der Arbeitsintensität (70 Prozent) (AHLERS 2016b). Gleichzeitig besteht eine große Diskrepanz zwischen der Bedeutung des Themas und der Rolle, die es in betrieblichen Aushandlungsprozessen spielt.

→ DENKANSTOSS TARIFVERTRÄGE ZUR PERSONALBEMESSUNG

Die *Personalbemessung* sollte verstärkt zum *Gegenstand von Tarifvereinbarungen* werden. Gemeint ist hier nicht eine exakte Bemessung von Zeiteinheiten für Handlungsabläufe, sondern die Festlegung von *Ansprüchen auf Prozesse der (vorausschauenden) Personalplanung.* Darüber hinaus sollten Mechanismen festgelegt werden, wie im Falle von Personalüberlastung und Personalmangel vorzugehen ist.

Als Vorbild kann der *Tarifvertrag »Gesundheitsschutz und Demografie«* dienen, der im April 2016 von der Gewerkschaft ver.di und dem Vorstand der Charité abgeschlossen wurde. Vorausgegangen war diesem Abschluss zunächst eine juristische Klärung: In welchem Verhältnis steht die unternehmerische Freiheit des Arbeitgebers zur *Gesundheit der Beschäftigten als zu schützendem Gut?* Dass das Gericht zugunsten der Gesundheit der Beschäftigten entschied, ist aus Sicht der Kommission wegweisend.

Der Tarifvertrag definiert Überlastungsindizien wie die problematische Altersstruktur einer Abteilung, mangelnde Qualität der Abteilungs-, Bereichs- bzw. Stationssteuerung, die Zahl der Überstunden oder die Zahl der Gefährdungsanzeigen und Beschwerden. Für den Bereich des Pflege- und Funktionsdienstes wurden *Mindestbesetzungsvorgaben* konkret festgeschrieben, die mit *Verfahrensregeln* verknüpft wurden. Sie beschreiben, wie bei Abweichung von den Mindestbesetzungsvorgaben vorzugehen ist, z.B. mit dem Einsatz von zusätzlichem Personal, Leistungseinschränkungen oder Bettensperrungen. Zur Überwachung des Tarifvertrags wurde ein paritätisch besetzter *Gesundheitsausschuss* eingesetzt, der – ebenso wie die Beschäftigten – alle notwendigen Informationen zur Bewertung erhält. Um möglichen Blockaden im Gesundheitsausschuss vorzubeugen, wurde eine interne Schlichtungsstelle unter Vorsitz eines unparteiischen Dritten (»Ombudsperson«) verabredet. Zur Finanzierung des zusätzlichen Personals wurde ein *Gesundheitsfonds* eingerichtet.

Erste Erfahrungen zeigen, dass sich durch den Tarifvertrag die *Transparenz* der Personalplanung erhöht hat. Die Diskrepanz zwischen den vereinbarten Vorgaben und dem Status quo wurde sichtbar. Neueinstellungen können seitdem besser begründet und durchgesetzt werden. Zugleich aber zeichnet sich die Notwendigkeit der Weiterentwicklung des Tarifvertrags ab, um tatsächlich wirksam gegen akute Überlastung zu greifen. Bislang, so die erste Bilanz von ver.di, wurde der Tarifvertrag teilweise »ausgesessen« (NEHRLICH 2017).

NACHHALTIG MIT ARBEITSKRAFT UMGEHEN

Der Arbeits- und Gesundheitsschutz steht von zwei Seiten unter Druck: Zum einen bedeuten gesetzlich und tariflich vereinbarte Regeln zum Arbeitseinsatz nicht, dass diese in der Praxis auch zur Anwendung kommen; zum anderen haben sich viele Formen des Arbeitens so verändert (z.B. durch *ergebnisorientierte Leistungssteuerung*), dass der Arbeits- und Gesundheitsschutz oft nicht mehr greift.

In den letzten Jahren hat sich ein breiter Markt etabliert, der den Einzelnen dazu verhilft, die Gesunderhaltung nicht aus dem Blick zu verlieren und zugleich auf hohem Niveau leistungsfähig zu bleiben.

Ratgeberliteratur, Trainings und Weiterbildungen können durchaus mehr *Achtsamkeit für sich selbst* vermitteln (→ QUALIFIZIERUNG). Bleibt die Gesunderhaltung jedoch den Einzelnen überlassen, ist der Erfolg kaum garantiert. Ohne *Rechte, Ansprüche und planbare Bedingungen* des Arbeitens läuft auch die beste Selbststeuerungskompetenz ins Leere.

Immer dringlicher stellt sich also die Frage, wie Beschäftigte in die Lage versetzt werden können, sich aktiv um die eigene Gesundheit zu kümmern. Mindestens genauso wichtig ist die Frage, wie sich *Arbeitgeber* dazu motivieren lassen, verantwortungsvoll und nachhaltig mit Arbeitskraft umzugehen. Gesunderhaltung erweist sich als eine gemeinsame Aufgabe von Arbeitgebern und Arbeitnehmer/innen.

Das Gesetz und die betriebliche Ebene kennen bereits Instrumente zur Gesunderhaltung. Eine besondere Rolle nimmt hier die *Gefährdungsbeurteilung* ein. Sie ist gesetzlich vorgeschrieben und soll dazu verhelfen, Gefährdungen zu ermitteln und zu beurteilen und das Ergebnis von Arbeitsschutzmaßnahmen zu dokumentieren. Der Arbeitgeber kann diese Gefährdungsbeurteilung selbst durchführen oder delegieren, er bleibt aber verantwortlich. Bislang kommt dieses Instrument, das die Einhaltung von Standards garantieren soll, allerdings nur in der Hälfte aller Unternehmen zur Anwendung. Und wiederum nur die Hälfte dieser Unternehmen berücksichtigt dabei auch psychische Arbeitsbelastungen, die in den vergangenen Jahren stark zugenommen haben.

Das *betriebliche Gesundheitsmanagement* soll als umfassendes Konzept die Gesunderhaltung und Leistungsfähigkeit der Beschäftigten sicherstellen, es wird als zentraler Faktor für hohe Produktivität und Innovationsfähigkeit bewertet. Bislang ist es jedoch nicht flächendeckend umgesetzt. In den mittleren und größeren Unternehmen ist die Gesundheitsförderung für die Stammbelegschaft zum Standard geworden; ausgeschlossen sind Beschäftigte jenseits der Kernbelegschaften und viele Mitarbeiter/innen von kleinen und mittleren Betrieben, die in hartem Wettbewerb stehen und betriebliches Gesundheitsmanagement oft als »Luxusthema« betrachten.

→ DENKANSTOSS GEFÄHRDUNGS-BEURTEILUNGEN WIRKSAM MACHEN

Gefährdungsbeurteilungen haben den Zweck, gesundheitsgefährdende Arbeitsbelastungen über einen partizipativen und prozessualen Ansatz zu minimieren. Sie haben die Funktion eines *Belastungsmonitors* und betrieblichen *Frühwarnsystems.* In den letzten Jahrzehnten ist jedoch kein grundlegender Fortschritt in der Weiterentwicklung dieses so wichtigen Instruments erzielt worden. Gerade mit Blick auf die Digitalisierung der Arbeitswelt werden solche Gefährdungsbeurteilungen noch wichtiger, wenn auch komplexer. Die Kommission schlägt Folgendes vor:

- *Kontrollen verstärken:* Die Umsetzung der gesetzlich vorgeschriebenen Gefährdungsbeurteilungen ist bislang unbefriedigend. Solange hier keine höheren Realisierungsquoten erreicht sind, sollten Kontrollen verstärkt werden. Das hilft allerdings nur, wenn kleine und mittelständische Unternehmen mehr Unterstützung erhalten und wenn Betriebe, die ihrer Pflicht dauerhaft nicht nachkommen, sanktioniert werden.
- *Konkretisierung von Standards und Modellentwicklung:* Da Belastungsformen vielfältig, situationsabhängig und nicht einheitlich zu beschreiben und zu quantifizieren sind, sind Standards *branchen- bzw. tätigkeitsspezifisch* zu konkretisieren. Im Sinne einer »Risikolandkarte« ließen sich passgenaue Modelle entwickeln. Vorbilder hierfür bieten branchenspezifische Modelle in Dänemark, in denen psychosoziale Belastungen erfasst werden, oder auch die vorbereitenden Systematisierungen, wie sie hierzulande in der Diskussion um eine *Anti-Stress-Verordnung* entwickelt wurden.
- *Partizipation sicherstellen:* Gute Gefährdungsbeurteilungen zeichnen sich durch die *direkte Beteiligung der Beschäftigten* aus. Damit die Beteiligung der Beschäftigten nachhaltig zu mehr Gesundheit führt, sind nicht nur differenzierte Befragungen der Belegschaft nötig, sondern auch eine gute Aufbereitung der Ergebnisse. Führungskräfte und Betriebsräte sollten hierfür sensibilisiert und darin geschult werden, entsprechende Prozesse zu moderieren. Die Beschäftigten sollten zudem am Arbeitsplatz Zugang zu Beratung bekommen, um sich mit arbeitsmedizinischen Expert/innen auszutauschen und den Ursachen von Beschwerden auf die Spur zu kommen.

— *Inner- und außerbetriebliche Allianzen:* Um Gefährdungsbeurteilungen weiterzuentwickeln, kann auf die bereits institutionalisierten Kooperationen im Bereich des Gesundheitsschutzes zurückgegriffen werden (Nationale Arbeitsschutzkonferenz, Nationale Präventionskonferenz). Diese sollten sich auf eine branchenadäquate Anpassung des Instruments »Gefährdungsbeurteilung« verständigen, die der digitalisierten Arbeitswelt und den neuen Belastungsformen Rechnung trägt.

— *Beratung ausweiten:* Viele betriebliche Expert/innen fühlen sich in Bezug auf die Identifikation und Vermeidung psychosozialer Risiken unzureichend geschult und geben dies als Hauptgrund für die Nichtberücksichtigung von psychischer Belastungen in Gefährdungsbeurteilungen an. Zwar liegen seitens der zuständigen Behörden und der Gewerkschaften umfangreiche Leitfäden vor (Projekt »Psychische Gesundheit in der Arbeitswelt« der Initiative Neue Qualität der Arbeit und Bundesanstalt für Arbeitsschutz und Arbeitsmedizin), doch sollten ergänzend die *Beratungsangebote* für betriebliche Experten verstärkt werden. Vorstellbar wäre zudem die Einrichtung einer Plattform, über die auch kurzfristig Hilfestellung gegeben werden könnte.

— *Gefährdungsbeurteilung mit Folgen:* Oftmals werden gesundheitliche Gefährdungen im Arbeitsschutz nur benannt, ziehen aber keine Veränderungen in der Arbeitsorganisation nach sich – oder Maßnahmen, deren Wirksamkeit nicht weiter geprüft wird. Für die Beschäftigten sind derartige Gefährdungsbeurteilungen desillusionierend und verstärken das Gefühl, dass ihre Überlastungssituation missachtet wird. Um das Instrument in den Augen der Belegschaften nicht zu delegitimieren, müssen aus den Gefährdungsbeurteilungen konkrete Maßnahmen im Arbeitsalltag folgen. Hier ist beispielsweise ein Monitoring mit Überprüfung nach einem festgelegten Zeitraum hilfreich.

— *Bonus- oder Malus-System:* Die Kommission spricht sich darüber hinaus dafür aus, dass mehr *Anreize für Arbeitgeber* gesetzt werden, Gefährdungsbeurteilungen durchzuführen. Ob hier Bonuszahlungen der Krankenversicherungen oder Reduktionen bei den Krankenversicherungsbeiträgen eine Lösung bieten, sollte weiter geprüft werden. Dabei sollte die Gefahr von Mitnahmeeffekten bedacht werden. Statt eines Bonus ist auch ein »Malus« vorstellbar; anzusetzen wäre beispielsweise bei der Entgeltfortzahlung im Krankheitsfall. Betriebe müssen im Krankheitsfall sechs Wochen das Gehalt weiterzahlen, ab dann übernimmt die Krankenkasse. Vorstellbar wäre, die sechs Wochen für diejenigen Betriebe zu verlängern, die keine Gefährdungsbeurteilungen nachweisen.

— *Wahl von Gesundheitsbeauftragten:* Darüber hinaus könnte ein positiver Impuls darin bestehen, dass die Beschäftigten in den Betrieben einen *Gesundheitsbeauftragten* wählen. Diese Idee knüpft an die Institution der »health and safety representatives« (z.B. in Australien und Neuseeland) an. In Deutschland übernehmen in der Regel Betriebsräte eine solche Funktion. Existiert jedoch kein Betriebsrat, könnten Betriebe aufgefordert werden, ihre Beschäftigten Gesundheitsbeauftragte wählen zu lassen, die mit angemessenen Rechten und Ressourcen auszustatten sind. So könnte die Partizipation der Beschäftigten erhöht werden – und die Motivation der Unternehmensleitung bzw. der Personalverantwortlichen, nach Gefährdungsbeurteilungen auch die notwendigen Maßnahmen zu ergreifen. Die Wahl von Gesundheitsbeauftragten könnte auch eine Keimzelle für spätere Betriebsratsgründungen sein. Die Frage ist, wie Unternehmen dazu motiviert werden können, ihre Belegschaften Gesundheitsbeauftragte wählen zu lassen – hier könnte eine gesetzliche Lösung geprüft werden.

Als dringend klärungsbedürftig scheint der Kommission die Frage, wie Erwerbstätige jenseits der Kernbelegschaften (Werkvertragsnehmende, Plattformarbeitende) in die Gesunderhaltung einbezogen werden. Ein Lösungsweg auch für diese Frage bietet sich mit der vorgeschlagenen Ausweitung des Arbeitnehmerbegriffs auf Gruppen, die nicht unmittelbar im Unternehmen angestellt sind, aber von ihm abhängen (→ ERWERBSTÄTIGKEIT).

Erwerbsarbeit bedeutet für die Menschen mehr als materielle Existenzsicherung. Mit Blick auf den zeitlichen Umfang und die integrative Wirkung von Arbeit ist sie stets auch Medium für Selbstverwirklichung – die Arbeitenden speisen ihre *Identität* (auch) aus ihrem Beruf, ihrer Aufgabe und dem Ergebnis ihrer Tätigkeit. Während manche Arbeitsplätze hierfür eine Reihe von Realisierungschancen anbieten, sind diese andernorts sehr begrenzt. Zugleich sind die Ambitionen und Bedürfnisse der Menschen vielfältig: Während sich die einen großen Gestaltungsfreiraum und Verantwortung für das Arbeitsergebnis in einem selbstgesteuerten Prozess wünschen, verlangen andere eher nach durch Vorgesetzte geregelten Strukturen und klar definierten und begrenzten Zuständigkeiten. Toleranz für diese Vielfalt ist nicht nur geboten, um den unterschiedlichen Bedürfnissen und Fähigkeiten der Menschen Rechnung zu tragen: Das Erwerbssystem lebt aufgrund der Breite der zu vergebenden Aufgaben von unterschiedlichen Erwartungen an Arbeit und von unterschiedlichen Wünschen ihrer Gestaltung.

Die Vermeidung von Unter- und Überforderung wird durch ein *gutes Passungsverhältnis von Person und Aufgabe* erreicht. Dieses lässt sich durch gut geschulte Führungskräfte, eine professionelle Personalentwicklung, Qualifizierungssysteme und Personalauswahlinstrumente erreichen. Auch *Teilhabe* ist wichtig: Indem Beschäftigte in die Planung und Gestaltung aktueller und zukünftiger Aufgaben einbezogen werden, stellen Betriebe sicher, dass Kompetenzen, arbeitsbezogene Bedürfnisse und erwünschte Leistung in einem konstruktiven Verhältnis stehen.

→ DENKANSTOSS DIE ARBEITSAUFGABE NICHT VERGESSEN

So notwendig umfassende Maßnahmen zur Gesunderhaltung sind, dürfen jedoch neben den Arbeitsbedingungen nicht die *Arbeitsinhalte* aus dem Blick geraten. Die Passfähigkeit von Arbeitsaufgabe und Person ist keine banale Angelegenheit – aber sie wäre genau das Ziel einer Humanisierung der Arbeit. Im Arbeitsalltag muss es auch unter widrigen Bedingungen und in einem langen Erwerbsverlauf den Arbeitenden immer wieder gelingen, ihre Arbeit als für sich (in irgendeiner Hinsicht) sinnstiftend zu interpretieren. Diese Fähigkeit wird in der Bewertung von Arbeitsleistung zumeist zu wenig beachtet; sie ist aber für das Abrufen kontinuierlicher Leistung unabdingbar.

Arbeitsaufgaben sollten daher abwechslungsreich und lernförderlich sein – dies war bereits ein zentraler Ansatz des ersten Programms zur Humanisierung der Arbeitswelt. Hierfür liegen bereits diverse Expertisen aus Arbeits- und Gesundheitsforschung vor, die branchen- und berufsbezogen Kriterien für Arbeitsprofile definieren, die menschlichen Bedürfnisse besonders entgegenkommen. Chancen zur Verbesserung ergeben sich durch den digitalen Wandel, weil monotone und entfremdende Arbeiten reduziert werden können; zugleich entstehen neue Risiken, wenn Algorithmen und Maschinen auch solche Tätigkeitsanteile übernehmen, die von den Arbeitenden als sinnstiftend erlebt werden, ohne dass andere Aufgaben an ihre Stelle rücken. Die Herausforderung besteht also darin, *neue Aufgabenprofile gemeinsam mit den Arbeitenden zu entwickeln.*

Seit 2004 sind Arbeitgeber verpflichtet, allen Beschäftigten, die innerhalb eines Jahres länger als sechs Wochen ununterbrochen oder wiederholt arbeitsunfähig sind, ein Betriebliches Eingliederungsmanagement (BEM) anzubieten. Das bedeutet, dass der Arbeitgeber unter Beteiligung des Betriebs- bzw. Personalrats klären muss, wie die Arbeitsunfähigkeit möglichst überwunden und mit welchen Leistungen oder Hilfen erneuter Arbeitsunfähigkeit vorgebeugt und der Arbeitsplatz erhalten werden kann. Dieses Instrument dürfte angesichts der Alterung der Belegschaften, absehbarer Engpässe bei Fachkräften und neuer, digitalisierungsbedingter Belastungen immer wichtiger werden. Bislang wird es hauptsächlich bei der Eingliederung nach allgemeinen Erkrankungen eingesetzt, doch gewinnt die Einbindung von gesundheitlich dauerhaft eingeschränkten Menschen an Bedeutung. Auch steigt die Zahl derjenigen, die aufgrund besonderer beruflicher Belastungen längere Auszeiten aufweisen und über das BEM wieder in den Beruf eingegliedert werden.

In das BEM sind neben den Betroffenen *viele Akteure* mit jeweils spezifischem Wissen und spezifischen Zuständigkeiten eingebunden: Personalverantwortliche und direkte Vorgesetzte, Betriebs- bzw. Werksärzt/innen, Schwerbehindertenvertretungen, Betriebs- und Personalräte und die unmittelbaren Kolleg/innen. Hinzu kommen Akteure des sozialen Sicherungssystems wie Berufsgenossenschaften, Krankenkassen, die Rentenversicherung oder auch Integrationsämter.

Aus großen Unternehmen gibt es Beispiele von vorbildlichem Schnittstellenmanagement. Kleinere Betriebe dagegen haben aber offenbar oft ein Informations- und Qualifikationsdefizit. Bislang führen insgesamt nur 50 Prozent der Betriebe ein BEM durch (RICHTER/GELS 2017).

→ DENKANSTOSS BETRIEBLICHE WIEDEREINGLIEDERUNG AUSBAUEN

Die betriebliche Wiedereingliederung nach Krankheit und die Einbindung leistungseingeschränkter Menschen sind nicht nur mit Blick auf Lücken im Arbeitsangebot angeraten, sondern entsprechen dem *Grundverständnis einer Gesellschaft*, die Existenzsicherung, Teilhabe und soziale Einbindung über Erwerbsarbeit herstellt. Dieses Instrument sollte weiter verbreitet werden, und insbesondere kleine und mittelständische Betriebe sollten bei der Umsetzung Beratung erhalten.

Stolpersteine für gelingende Wiedereingliederung scheinen gegenwärtig noch an zwei Stellen zu bestehen: Zum einen sind Ärzt/innen nur ansatzweise in der Lage, genau einzuschätzen, mit welchen Belastungen Patient/innen beim Wiedereintritt ins Erwerbsleben konfrontiert sind, weil ihnen Kenntnisse über den Arbeitsplatz und die Arbeitssituation fehlen. Die Kommission empfiehlt daher eine bessere Verzahnung des medizinischen Fachwissens mit den Ergebnissen der Arbeitsforschung. Zum anderen mangelt es offenkundig noch an Standards und Verbindlichkeit für den Ablauf von Betrieblichem Eingliederungsmanagement (BEM); Zuständigkeiten und Prozesse sind nicht klar festgelegt, sondern den Betrieben überlassen. Die Kommission hält es für nötig, Standardverfahren zu entwickeln, beispielsweise nach niederländischem Vorbild, wo es klare Ablaufpläne für Wiedereingliederung mit festen »Meilensteinen« gibt.

Eine offene Frage sind Betriebe ohne Kündigungsschutz (d.h. mit weniger als zehn Mitarbeiter/innen). Hier besteht die Gefahr, dass Arbeitgeber kranke bzw. leistungsgeminderte Beschäftigte entlassen, um das BEM zu umgehen. Hier könnte die Idee geprüft werden, dass bei länger erkrankten Mitarbeitern Kündigungen unwirksam sind, wenn ihnen kein Verfahren des BEM vorausgegangen ist.

Eine angemessene Infrastruktur von festen und leicht zu erreichenden Ansprechpartnern für das BEM würde das Verschleppen von Prozessen und Aktivitäten vermeiden helfen. Die Träger des sozialen Sicherungssystems sind zwar fachlich hoch spezialisiert, folgen jedoch oft einer Verwaltungs- statt einer Arbeits- und Betroffenenlogik. Die Kommission empfiehlt daher die Stärkung von *Allianzen zur Erhaltung der Beschäftigungsfähigkeit,* die umso tragfähiger sein werden, je enger gesetzliche, tarifliche und betriebliche Vereinbarungen aufeinander bezogen sind.

DIE DATEN DER ARBEITENDEN SCHÜTZEN

Vor dem Hintergrund der immer stärkeren digitalen Vernetzung von Menschen, Maschinen und Dingen ergeben sich vielfältige Möglichkeiten, personenbezogene Daten nicht nur zu erfassen, sondern sie auch zu verwenden, zu verwerten und hierauf Geschäftsmodelle aufzubauen. Es sind also viele Punkte zu klären. Sie reichen von der Ermittlung der aktuellen Bedeutung des *»informationellen Selbstbestimmungsrechts«* (BUNDESVERFASSUNGSGERICHT 1983) bis hin zu den Fragen, wer welche Daten verwerten darf und wann Persönlichkeitsrechte verletzt werden. *Leistungs- und Verhaltenskontrollen* werden durch die Digitalisierung erheblich erleichtert. Cloud-Technologien und internes Crowdsourcing eröffnen neue Möglichkeiten der Vergleichbarkeit, Auswertung und Skalierbarkeit von Arbeit; interne und externe Rankings (Stichwort »digitale Reputation«) erhöhen den Konkurrenz- und Leistungsdruck.

Inzwischen hat sich ein wahrer *Optimierungsmarkt* entwickelt, der Unternehmen neue Möglichkeiten bietet, um die Beschäftigten algorithmisch zu kontrollieren, zu steuern oder auch zu rekrutieren. Die Angebote gelangen nicht selten im Gewand der Gesundheitsförderung in die betriebliche Wirklichkeit. In welcher Weise aber beispielsweise das Tracking von Vitaldaten der Beschäftigten durch Wearables genutzt wird, bleibt zumeist im Dunkeln. Der Effekt: Wer weiß, dass er beobachtet und vermessen wird, passt sein Verhalten – oft unbewusst – schon den antizipierten Erwartungen des Arbeitgebers an (TURKLE 2015).

Generell ergeben sich durch neue Mensch-Maschine-Interaktion erhebliche Datenschutzfragen, wenn *personenbezogene Daten* der Beschäftigten als »Nebenprodukt« anfallen oder – nicht zuletzt zur Humanisierung der Arbeitsbedingungen – gebraucht werden. So erzeugen auch Assistenzsysteme wie Head-Mounted Displays oder Sensor-Handschuhe Daten von Beschäftigten. In der Logistik werden zum Beispiel Transportwege durch GPS-Tracking optimiert. Im Hintergrund der analytischen Datennutzung steht eine *Effizienzsteigerung der Planungs-, Produktions- und Verwertungsprozesse.* Dazu gibt es bereits Berichte über Unternehmen, die auch die Beschäftigten mit RFID-Chips ausstatten, um ihre Aktivitäten zu kontrollieren und Fehlverhalten zu sanktionieren. Insgesamt deuten sich *Zielkonflikte* zwischen digital gestützter Steuerung auf der einen Seite und Datenschutzanliegen der Beschäftigten auf der anderen Seite an. Bei manchen Erwerbstätigen stellt sich bereits ein Gefühl des Ausgeliefert-Seins ein (DGB 2016b). Auch sind längst nicht alle Beschäftigten auf den Umgang mit den eigenen Daten vorbereitet.

→ DENKANSTOSS STÄRKUNG DES BESCHÄFTIGTEN-DATENSCHUTZES

Informationelle Selbstbestimmung, Datenschutz und Datensicherheit sind elementare Voraussetzungen für eine erfolgreiche digitale Transformation der Arbeitswelt. Sind diese nicht gewährleistet, wird es bei den Beschäftigten kaum eine Akzeptanz des Wandels und eine Offenheit für neue Technologien geben. Die Kommission empfiehlt daher, den Beschäftigten-Datenschutz zu stärken. Die Abhängigkeit von Arbeitnehmer/innen in einem strukturellen Ungleichgewicht von Beschäftigungsverhältnissen erfordert spezielle Regelungen zum Schutz der Beschäftigten bei der Verarbeitung personenbezogener Beschäftigtendaten. Ein Ansatzpunkt hierfür ist, die *europäische Datenschutzgrundverordnung* rasch durch ein *eigenständiges Beschäftigten-Datenschutzgesetz* in Deutschland umzusetzen.

Bislang existieren für Betriebsräte beim Datenschutz nur abgeleitete Rechte, die sich aus dem bestehenden Mitbestimmungsrecht bei der Einführung und Anwendung technischer Überwachungseinrichtungen (nach §87 Abs. 1 Ziff. 6 BetrVG) ergeben. Sind hier auch Datenschutzfragen berührt, ist der Betriebsrat zuständig. Darüber hinaus hat er keine Möglichkeit, sich für die informationelle Selbstbestimmung und den Schutz der personenbezogenen Daten der Belegschaften einzusetzen. Dies wird aber angesichts der zunehmenden Digitalisierung von Arbeitsabläufen immer relevanter. Ein Grundproblem besteht darin, dass die Beschäftigten ein gesetzeskonformes Verhalten ihres Arbeitgebers im Umgang mit ihren personenbezogenen Daten im Konfliktfall individualrechtlich selbst einfordern und durchsetzen müssen. Kommt ein Arbeitgeber etwa seinen gesetzlichen Pflichten zur Datenlöschung nicht nach, bleibt Arbeitnehmer/innen zur Durchsetzung ihrer Löschungsrechte neben der Einschaltung des betrieblichen Datenschutzbeauftragten oder der zuständigen staatlichen Aufsichtsbehörde nur der Gang zum Arbeitsgericht. Die Kommission empfiehlt daher, ein explizites *Mitbestimmungsrecht zum Datenschutz für Betriebs- und Personalräte* zu prüfen.

ARBEITSORGANISATION GEMEINSAM AGIL GESTALTEN

Die Digitalisierung der Arbeitswelt und der Geschäftsprozesse bringt eine *Beschleunigung* der Arbeits-, Beschaffungs- und Verkaufsprozesse sowie eine weitgehende Integration der Prozesse entlang der betrieblichen Wertschöpfungskette mit sich. Sie erfordert darüber hinaus aber in vielen Bereichen auch eine grundlegende *Veränderung der Organisationsstrukturen.* Ein zentrales Schlagwort in diesem Zusammenhang ist das »agile Unternehmen«. Der Begriff verweist darauf, dass sich Unternehmen (oder Teile des Unternehmens) in einem beschleunigten Wandel befinden und sich Arbeitsaufgaben, Zuständigkeiten, Hierarchien und Kommunikationsstrukturen verändern oder völlig neu geschaffen werden.

In einem radikalen Strukturwandel droht jedoch allen Beteiligten der Überblick verloren zu gehen, wenn Arbeitsinhalte für immer kürzere Dauer festgelegt, Organigramme flüssiger und Strukturen der Zusammenarbeit komplexer werden. Je weniger es sich um Prozesse mit klarem Ziel und Ausgang handelt, desto bedeutsamer werden *gemeinsame Lernprozesse* aller im Betrieb, von den Geschäftsführungen und Vorständen über Abteilungsleitungen und Betriebsräte bis hin zu den Arbeitnehmer/innen. Diese gemeinsamen Lernprozesse sind Voraussetzung für die viel beschworene »Agilität«. Sollen sie erfolgreich sein, müssen sie auf Vertrauen, Kooperation und Beteiligung basieren. Erfolgreicher organisationaler Wandel kann nicht »top down« verordnet werden, sondern muss das Erfahrungswissen der Beschäftigten einbeziehen. Transparenz, offene Kommunikation und Mitbestimmung sind dafür maßgeblich – und die Basis einer *demokratischen Arbeitswelt.*

→ DENKANSTOSS TRANSPARENZ UND KOOPERATION IM ORGANISATIONALEN WANDEL

Aus Sicht der Kommission schließen sich *Mitbestimmung und »agile« Unternehmensorganisation* nicht aus, sondern sind – im Gegenteil – in ihrem Zusammenspiel ein Erfolgsgarant. Betriebsräte können, wenn sie Ressourcen und Rechte haben, einen großen Beitrag für einen nachhaltigen Umbau von Organisationsstrukturen leisten. Sie können mit ihrer Arbeit eine Basis dafür legen, dass im Wandel ein hohes Engagement der Belegschaft gesichert bleibt; auch bringen sie Expertenwissen aus der Belegschaft in den Prozess ein.

Mitbestimmung in Fragen der Arbeitsorganisation wurde bereits bei der Novellierung des Betriebsverfassungsgesetzes 1972 gefordert, aber nur in Teilbereichen (Überwachung, Ergonomie) eingelöst. Die digitale Revolution und die aktuelle Debatte über das »demokratische Unternehmen« geben dieser Forderung heute wieder ein neues Gewicht. Es ist zu diskutieren, wie *Mitbestimmungsrechte* (Informationsrechte, Initiativrechte und Mitentscheidungsrechte) mit Blick auf Arbeitsorganisation im digitalen Zeitalter aussehen sollen. Ein solches Mitbestimmungsrecht muss – um dem Bedürfnis nach Teilhabe zu entsprechen – so ausgestaltet werden, dass es nicht an die Stelle der Selbstbestimmungsrechte von Beschäftigten und Gruppen tritt, sondern diese unterstützt, bündelt und koordiniert.

Ansätze dafür bestehen bereits: Im Jahr 2002 wurde mit der Novellierung des Betriebsverfassungsgesetzes eine Regelung eingeführt (§ 28a BetrVG), die dem Betriebsrat die Möglichkeit bietet, bestimmte arbeitsorganisatorische Angelegenheiten durch Arbeitsgruppen selbst regeln zu lassen. Diese Möglichkeit wird in der Praxis oft nicht ausgeschöpft und sollte in den Betrieben mit mehr Leben gefüllt werden.

Je grundlegender der Organisationsumbau ausfällt, desto wahrscheinlicher ist, dass bislang geltende Standards erst auf die neuen Strukturen übertragen werden müssen. Konflikte zwischen den Arbeitsparteien bzw. zwischen Vorgesetzten und Beschäftigten, die auch *arbeitsrechtliche Fragen* berühren, sind daher absehbar. Akzeptanz und die Nachhaltigkeit des Organisationswandels werden ganz maßgeblich davon abhängen, inwiefern in diesem Prozess beide Seiten mit ihren Interessen zur Geltung kommen.

Das *Laboratorium »Arbeit der Zukunft«* der Bosch GmbH ist ein Beispiel dafür, wie sich der Spagat zwischen (technischer und organisatorischer) Disruption und sozialer Stabilität meistern lässt. Das Laboratorium funktioniert wie ein internes, mitbestimmtes »Start-up«. Hier werden vernetzte und »agile« Formen der Organisation von Wissensarbeit entwickelt. Das Laboratorium schafft einen sozialpartnerschaftlich gestalteten, ergebnisoffenen Experimentierraum – verstanden als gemeinsamer Lernprozess. Die Kommission regt an, solche Laboratorien breiter einzuführen und die daraus gewonnenen Erkenntnisse Tarifparteien und Betrieben zugänglich zu machen.

GUTE FÜHRUNG ZUM STANDARD MACHEN

Arbeitgeber bewegen sich zwischen zwei Prinzipien: Unternehmen nach den Maßstäben der Betriebswirtschaft erfolgreich zu machen (durch einen kostengünstigen und flexibel an den Markt angepassten Ressourceneinsatz) und einem nachhaltigen Umgang mit Arbeitskraft, der Arbeits- und Gesundheitsschutz, Selbstwirksamkeitsansprüche und Zeitwünsche der Beschäftigten berücksichtigt. Diese Ziele lassen sich durchaus vereinbaren, doch ist dafür Engagement bei der Arbeitsgestaltung erforderlich.

Eine zentrale Rolle fällt hierbei den *Führungskräften* zu. Es sind maßgeblich das Verständnis und das Verhalten und Handeln der Führungskräfte, die über die Umsetzung und damit auch die Wirkungen unternehmerischer Ziele entscheiden. Die »Sandwich-Position« der mittleren Führungskräfte ist nicht einfach. Sie bewegen sich zwischen den Zielen des Top-Managements und den Interessen der Beschäftigten, und sie müssen mit veränderten Fremd- und Selbsterwartungen an ihre Rolle umgehen. Zugleich sind in den letzten Jahren auf die Führungskräfte, dies gilt auch für Betriebs- und Personalräte, viele *neue Aufgaben* zugekommen. Sie ergeben sich nicht nur aus globalisierten Wirtschaftsbeziehungen und der digitalisierten und vernetzten Arbeits- und Lebenswelt, sondern auch aus dem demografischen Wandel und der Zunahme von psychischen Beschwerden von Beschäftigten. Die neuen Aufgaben kommen zu den vorhandenen Aufgaben hinzu, oft ohne Entlastung an anderer Stelle. Es ist nicht verwunderlich, dass bei Führungskräften die Burnout-Zahlen und die Verwendung leistungssteigernder Mittel höher ausfallen als bei ihren Mitarbeitenden (BADURA et al. 2011).

→ DENKANSTOSS ANREIZSYSTEME FÜR GUTE PERSONALENTWICKLUNG

Nur Arbeitgeber, die Personalentwicklung in ihrem Stellenwert für die Bewältigung des Strukturwandels erkennen, werden sich dauerhaft am Markt behaupten können. Hier kommt den mittleren *Führungskräften* eine zentrale Rolle zu. Die Kommission schlägt vor, hier von zwei Seiten aus anzusetzen:

— Zum einen müssen die Führungskräfte *selbst befähigt werden*, mit den aktuellen Herausforderungen umzugehen. Dazu brauchen sie Informationen und Transparenz über die betrieblichen Entwicklungen und Zielsetzungen des Top-Managements. Sie benötigen aber auch neue Kompetenzen: Bauen sich Unternehmen organisational um, um auf den Wandel zu reagieren, verändert sich auch die Rolle der Führungskräfte: vom konkreten Aufgabenfeld bis hin zum Führungsverständnis. Personalentwicklung kann sich daher nicht auf die Mitarbeiter/innen reduzieren, sondern sie muss bei den Führungskräften ansetzen. Diese brauchen Trainings- und Coaching-Angebote sowie Reflexionsräume für kollegialen Austausch (BORGGRÄFE 2017). Das bedeutet auch: Sie brauchen Zeit.

— Zum anderen sollten den Führungskräften *klare Anreize* gesetzt werden, sich um die Entwicklung der Mitarbeitenden zu kümmern. In *Zielvereinbarungen* für Führungskräfte sollten messbare Kriterien mit Blick auf Personalentwicklung festgelegt werden. Zum Beispiel könnten Führungskräfte dazu verpflichtet werden, für jeden Mitarbeiter und jede Mitarbeiterin einen konkreten Entwicklungsplan zu formulieren, der dann von der Personalabteilung geprüft wird.

Auch kann über die regelmäßige Bewertung der Vorgesetzten durch Mitarbeitende und die Einführung von Leistungsbewertungssystemen für Führungskräfte nachgedacht werden, die auch die Gesunderhaltung der Belegschaften in die Bewertung mit einbezieht. Gleichwohl gilt es bei allen Vorschlägen zu beachten, dass die mittleren Führungskräfte nicht zwischen diesen zusätzlichen Anforderungen und den vom Top-Management vorgegebenen unerfüllbaren Leistungs- bzw. Renditezielen aufgerieben werden.

DEBATTE MESSKRITERIEN FÜR »GUTE FÜHRUNG«

Diskutiert wurde in der Kommission auch die Frage, wie gute Führung »messbar« gemacht werden kann. Einen ersten Ansatzpunkt könnte die Entwicklung eines *Index »Gute Führung«* bieten. In diesem Index ließen sich Forschungen zum Führungsverhalten auswerten und auch selbst Daten erheben. Mit Blick auf den reichen Kenntnisstand der Arbeitsforschung liegen bereits viele Hinweise für die Erstellung eines solchen Index vor. In der Kriteriendefinition bleibt wichtig, den *Unterschieden in den Betrieben* Rechnung zu tragen: Während große Unternehmen oft problemlos einen Prozess zur Erstellung eines Führungsleitbilds anstoßen oder regelmäßige Mitarbeiterbefragungen zu Führung durchführen können, ist dies in kleinen und mittelständischen Unternehmen mangels entsprechender Personalressourcen oft weit schwieriger umzusetzen – und würde nur in einer weiteren Arbeitsverdichtung für die Führungskräfte münden.

Die Kommission diskutierte kontrovers über die Frage, ob es gesetzliche Anreize bzw. Verpflichtungen zu guter Führung geben müsse. Beispielsweise könne man im Hinblick auf die Aufsichtsorgane eine *Rechtspflicht* festschreiben, »gute Führung« zu überwachen. Dadurch wären Unternehmen gezwungen, sich aktiv mit dem Thema auseinanderzusetzen, weil die Berichterstattung darüber dann z.B. in *Jahresberichten* – die auch nach außen hin veröffentlicht werden – aufgenommen werden müsste.

MIGRATION

BEKENNTNIS ZUR DIVERSITÄT

DISKRIMINIERUNG BEENDEN, EINSTIEGE ERLEICHTERN

WO STEHEN WIR?

Für Deutschland ist Migration *nichts Unbekanntes.* Deutsche wandern schon immer in andere Länder aus. Seit Beginn der 2000er Jahre ist die Tendenz steigend, 2015 verzeichnete das Statistische Bundesamt fast eine Million Fortzüge. Zugleich hat das Land stets Menschen aus anderen Regionen aufgenommen. Die Zuwanderung erreichte nach dem Zweiten Weltkrieg einen Höhepunkt mit der Aufnahme von Millionen von Heimatvertriebenen und dann wieder 1992, als (vor allem durch den Krieg im ehemaligen Jugoslawien) rund 1,5 Millionen Menschen kamen. Nach der Verschärfung der Asylregeln führte erst der Krieg in Syrien wieder zu einer vergleichbaren Migration nach Deutschland.

Menschen kommen aus unterschiedlichsten Regionen und Kulturen ins Land – und aus unterschiedlichen Gründen. Nicht politisches Asyl, sondern Arbeitsmigration macht in Deutschland – abgesehen von dem Höhepunkt der Fluchtbewegung aus Syrien in den Jahren 2015 und 2016 (BAMF 2015, 2016a) – den Schwerpunkt der Migration nach Deutschland aus. Diese ist zu einem Gutteil durch die Lage auf dem deutschen Arbeitsmarkt angeregt. Als der noch jungen Bundesrepublik Arbeitskräfte fehlten, wurden sie aktiv in den Mittelmeerländern angeworben. Auch heute sind viele Wirtschaftsbereiche ohne Arbeitsmigration kaum aufrechtzuhalten. Diese Situation wird sich durch die Alterung der Bevölkerung weiter verschärfen.

ZUWANDERUNG IRRITIERT DIE GESELLSCHAFT. Derzeit leben hier über 17 Millionen Menschen mit Migrationshintergrund[1] – das sind 21 Prozent der Bevölkerung. Drei Viertel der 11,5 Millionen Migrant/innen der ersten Generation leben schon länger als zehn Jahre in Deutschland. 5,6 Millionen Menschen sind in Deutschland als Kinder von Einwanderern geboren. Multikulturalität prägt also die deutsche

1 Laut STATISTISCHEM BUNDESAMT (2017a) hat eine »Person […] einen Migrationshintergrund, wenn sie selbst oder mindestens ein Elternteil die deutsche Staatsangehörigkeit nicht durch Geburt besitzt«.

Gesellschaft schon lange. Seit jedoch ab Herbst 2015 die Zahl der in Deutschland ankommenden Flüchtlinge, insbesondere aus den syrischen Kriegsgebieten, massiv anstieg,[2] hat sich die Diskussion um Migration und Zuwanderung deutlich verschärft. Sie liefert den Stoff für einen Schlagabtausch zwischen den politischen Parteien, in Familien, Stadtvierteln und Belegschaften von Betrieben.

2 Weltweit sind nach Angaben des Flüchtlingskommissariats der Vereinten Nationen rund 65 Millionen Menschen infolge von Krieg, Vertreibung und Verfolgung auf der Flucht.

Der Krieg in Syrien stellt Deutschland vor große Herausforderungen.[3] Während die Hilfsbereitschaft in Deutschland groß war und ist, bleibt umstritten, wie generell mit Geflüchteten umzugehen ist und welche Aufnahmekapazitäten bestehen. Befürwortende Positionen betonen die humanitäre Verantwortung und heben den positiven Effekt für den Arbeitsmarkt oder die Stabilisierung des Rentensystems durch eine Verjüngung der Bevölkerung hervor. Kritische Stimmen sehen hingegen die Grenzen der Integrationsfähigkeit der Gesellschaft erreicht. Zur Debatte steht die Frage, welches Maß an Heterogenität die Solidarität bedroht, die mit Blick auf die zunehmende Ungleichheit ohnehin labil scheint.

3 Ende 2016 verzeichnete die Statistik rund 400.000 anerkannte Asylberechtigte im erwerbsfähigen Alter. Für 2017 wird mit weiteren 180.000 gerechnet (BA 2017c).

Die aktuellen Auseinandersetzungen beziehen sich nicht allein auf den Umgang mit Geflüchteten. Längst sind Zuwanderung überhaupt und vor allem der (gewünschte) Grad an Multikulturalität die zentralen Themen. Im Zuge dieser Debatte sehen sich auch Migrant/innen der zweiten und dritten Generationen plötzlich mit vermehrter Stigmatisierung und Ausgrenzung konfrontiert. Auch das ist Ausdruck der heftigen Identitätsdebatte: Was bedeutet »Deutschsein« heute? Diese Frage lässt sich nur in einem (kontroversen) Verständigungsprozess beantworten.

HOHE HÜRDEN FÜR DEN ZUGANG ZU AUSBILDUNG UND ARBEIT. Im Streit um die Größenordnung der Migration wird wiederholt die *Aufnahmekapazität des Arbeitsmarktes* als Entscheidungsmaßstab herangezogen und – komplementär dazu – die Frage nach der Arbeitsmarktkompatibilität der Ankommenden. Hierzu liegen inzwischen Daten vor: Während Kinder durch den Schulalltag zumeist recht schnell die deutsche Sprache lernen und so gute Startbedingungen für eine Ausbildung erwerben, sind die Kompetenzen der geflüchteten Jugendlichen und Erwachsenen ausgesprochen heterogen.[4]

Für Personen mit geringen Sprachkenntnissen und/oder ohne formale Qualifikation stehen in Deutschland aktuell rund 150.000 Arbeitsplätze zur Verfügung.[5] Ausbildung ist also der Schlüssel für die Arbeitsmarktintegration. In den Herkunftsländern existieren keine dem deutschen Ausbildungssystem vergleichbaren Strukturen, sodass es nicht verwundern kann, dass nur ein kleiner Anteil über zertifizierte Berufsqualifikationen verfügt, doch sind die allgemeinen Bildungsaspirationen hoch. Weil Sprache über soziale Kontakte erworben wird, wäre die Arbeitswelt ein idealer Lernort, doch bringen die Geflüchteten oft nicht die dafür nötigen sprachlichen Grundlagen mit. Trotz viel guten Willens aufseiten der Betriebe bleibt so der Zugang oft versperrt. Damit ergibt sich ein *Teufelskreis* aus fehlender Sprachkompetenz und fehlender Ausbildung, der die Integration in den Arbeitsmarkt blockiert.

Die Migrationsforschung bemängelt, dass viele Förderinstrumente zu sehr der *Maßnahmenlogik* folgen, statt eine langfristige, umfassende Unterstützungsstruktur anzubieten und, etwa durch Coaches, über die Vielzahl der möglichen Ausbildungs- und Berufswege zu informieren. Eine berufliche Ausbildung zögen oft weder die Beratenden noch die Betroffenen selbst in Betracht, weil diese nicht unmittelbar Einkommen erbringt. Auch sei vielen Geflüchteten gar nicht bewusst, dass in Deutschland ein duales Ausbildungssystem existiert und welche Möglichkeiten es bietet. So würden Potenziale verschenkt.

UNGEMACHTE HAUSAUFGABEN. Angesichts der erhitzten Debatte über die Aufnahme der Geflüchteten scheinen diejenigen aus dem Blick geraten zu sein, die schon länger bzw. schon in der zweiten und dritten Generation in Deutschland leben. Zwar wurde 2005 mit dem Zuwanderungsgesetz ausländischen Fachkräften der Weg nach Deutschland erleichtert, und Integrationsförderung wurde erstmals als gesetzliche Aufgabe durch den Bund verankert. 2006 wurde der »Erste Nationale Integrationsplan der Bundesregierung« verabschiedet; qualifizierten Migrant/innen wird eine erfolgreiche Erwerbsintegration auch durch das seit 2012 geltende Anerkennungsgesetz

4 Die IAB-BAMF-SOEP-Befragung erfasst die Kompetenzen von Geflüchteten und gibt Auskunft über Verteilungen und Potenziale (BRÜCKER et al. 2016).

5 Auf diese Arbeitsplätze drängen nicht nur die Zugewanderten mit schlechten Sprachkenntnissen, sondern auch viele Deutsche ohne Schulabschluss (WEBER 2016).

erleichtert.[6] Dennoch sind Personen mit Migrationshintergrund nach wie vor deutlich schlechter in den deutschen Arbeitsmarkt integriert als Personen ohne Migrationshintergrund: Sie sind häufiger in prekärer Beschäftigung tätig, und auch von der Verbesserung der Arbeitsmarktlage in den vergangenen Jahren haben sie nicht im selben Maße profitiert wie Menschen ohne Migrationshintergrund (HÖHNE/SCHULZE-BUSCHOFF 2015).

6 Das Gesetz zielt auf eine Verbesserung der Feststellung und Anerkennung im Ausland erworbener Berufsqualifikationen.

MANGELNDE CHANCENGLEICHHEIT IN DER SCHULBILDUNG. Deutschland gehört nach wie vor zu den Staaten, in denen die Leistungsunterschiede zwischen Schülern mit Migrationshintergrund und den einheimischen Schülern am stärksten ausgeprägt sind. Der Abstand zwischen diesen beiden Gruppen hat in Deutschland zwischen 2006 und 2015 nicht nennenswert abgenommen. Der Einfluss des sozioökonomischen Hintergrundes – also des Bildungsstandes und des beruflichen Status der Eltern – auf die Schulleistungen der Kinder mit Migrationshintergrund hat sich etwas verringert, besteht aber weiter fort (LOKHANDE/NIESELT 2016; AUTORENGRUPPE BILDUNGSBERICHTERSTATTUNG 2016).

Defizite in der Sprachbeherrschung und fehlende Ressourcen der Eltern (Vertrautheit mit dem deutschen Schulsystem, Unterstützung bei den Hausaufgaben, Mittel für Nachhilfeunterricht, Sport und Musik) werden von staatlicher Seite noch immer nicht ausgeglichen. Die Beantragung finanzieller Unterstützung ist gerade für zugewanderte Eltern oft schwer zu durchschauen und auch sprachlich schlecht zu bewältigen. Benachteiligung in der Schule, etwa bei Notenvergabe und Schulempfehlungen, Vorurteile und das Unterschätzen der Potenziale von Kindern bestimmter Herkunftsgruppen sind nach wie vor nicht ausgeräumt. Im Ergebnis ist der Anteil von jungen Erwachsenen ohne Schulabschluss bei der zweiten Generation unter den 18- bis 35-Jährigen mit 4 Prozent doppelt so hoch wie in der gleichaltrigen Bevölkerung ohne Migrationshintergrund; der Anteil der Hauptschulabsolvent/innen liegt gleichfalls deutlich höher (23 Prozent vs. 15 Prozent) (STATISTISCHES BUNDESAMT 2017a).

DAS POTENZIAL VON FRAUEN MIT MIGRATIONSHINTERGRUND WIRD NICHT AUSGESCHÖPFT. Die Erwerbsbeteiligung der Frauen mit Migrationshintergrund lag 2011 bei 60 Prozent und damit 13 Prozentpunkte unter der von Frauen ohne Migrationshintergrund (BAMF

2011). Besonders niedrig ist sie bei Frauen aus Nicht-EU-Ländern. Grund dafür sind u.a. kulturelle Faktoren (traditionelle Rollenbilder), fehlende Netzwerke für die Kinderbetreuung und Vorurteile bei den Arbeitgebern (ANTIDISKRIMINIERUNGSSTELLE DES BUNDES 2013). Viele Migrantinnen sind schon in ihren Herkunftsländern beim Zugang zu schulischer Bildung erheblich benachteiligt, auch daraus erklärt sich der hohe Anteil Geringqualifizierter unter ihnen.

GRENZÜBERSCHREITENDE ARBEITSMIGRATION NIMMT ZU. Die Globalisierung der Wirtschaft, die wachsende Diskrepanz der Lebensbedingungen innerhalb und außerhalb der Europäischen Union und die Freizügigkeitsregeln des europäischen Binnenmarktes sind der Grund für eine weitere Migrationsform: die *zirkuläre Migration.* Hierunter wird eine Mehrfachwanderung verstanden, bei der sich eine Person wiederholt zwischen Herkunfts- und Aufnahmeland bewegt. Über zehn Prozent der in Deutschland lebenden Ausländer/innen aus Staaten, die nicht der EU angehören, können als zirkuläre Migrant/innen betrachtet werden (BAMF 2011).

Die Lebenswelt dieser transnationalen Migranten/innen spannt sich zwischen zwei Staaten auf. Diese *transnationale Arbeitsmobilität* folgt, das wird bei der Betrachtung meist vernachlässigt, hauptsächlich der Nachfrage in den aufnehmenden Ländern. In Deutschland werden vor allem durch Betriebe der Landwirtschaft, Gastronomie, Fleischverarbeitung und Pflege Menschen aus dem Ausland angeworben.[7] Der Großteil dieser Migration in den Arbeitsmarkt erfolgt nicht individuell, sondern durch »*Entsendungen*«. Viele dieser Migrant/innen verfügen über deutlich höhere Qualifikationen, als in den Tätigkeitsfeldern abgefragt wird; sie erzielen gleichwohl Einkommen, die über denen in ihren Herkunftsländern liegen (WAGNER 2015). Im Vergleich zu den Einheimischen sind sie dennoch schlechter gestellt: Für die Entlohnung gilt zwar das »Standort-Prinzip«, aber die Sozialversicherung orientiert sich am Land des entsendenden Unternehmens.

7 Die Bundesregierung wirbt Pflegekräfte an, erkennt aber deren Qualifikationen nur bedingt an, sodass diese Personen bei der Eingruppierung zumeist schlechter gestellt sind und (ungewollt) zur kostengünstigen Konkurrenz werden.

WORAUF SOLLTEN WIR UNS VORBEREITEN?

Getrieben von rechtspopulistischen Tendenzen werden sich die Regierungen und Parteien ebenso wie die Sozialpartner eindeutiger positionieren und festlegen müssen, wie sie zu Migration und Zuwanderung stehen. Während die einen betonen, dass das Argument vom Fachkräftemangel überstrapaziert werde und in vielen Bereichen kein Bedarf an Arbeitskräfteanwerbung bestehe, verweisen die anderen auf den demografischen Wandel und die Lücke, die die Verrentung der geburtenstarken Jahrgänge (1955 bis 1969) mittelfristig reißen wird.

Derlei Richtungsstreitigkeiten stehen bislang einer proaktiven Migrationspolitik im Weg, die Zuwanderung gezielt steuert, über schnelle Verfahren der Kompetenzprüfung verfügt, Rechtssicherheit in der Beschäftigungsperspektive schafft, institutionelle Zuständigkeiten vernetzt und auch die bereits vorhandenen »ethnic communities« in die Konzeption und Durchführung integrativer Projekte einbezieht. Angesichts des niedrigen Volumens (hoch) qualifizierter Zuwanderung scheinen zudem Ansätze an Bedeutung zu gewinnen, die die Auswahl systematischer anlegen und Integrationswege jenseits des Asyls aufzeigen.[8]

WAS FÜR EINE EINWANDERUNG WILL DEUTSCHLAND? Wie soll die Einwanderung der Zukunft gestaltet werden? Es fehlt ein politischer Konsens für ein neues *Einwanderungsgesetz*, das die Arbeitsmigration aus Drittstaaten umfassend steuert. Ohne ein solches Einwanderungsgesetz kann es keine konsistente und wirksame Integrationspolitik geben.[9] Sie ist aber zwingend notwendig in einem Land, in dem im Jahr 2030 schon 25 Prozent der Menschen einen Migrationshintergrund haben werden.

8 Mit einem professionelleren Profiling ließen sich sehr gut qualifizierte Flüchtlinge identifizieren; man könnte ihnen dann, im Falle einer Asylablehnung, andere Zuwanderungsoptionen aufzeigen (HINTE et al. 2015).

9 Das 2016 verabschiedete Integrationsgesetz beschränkt sich weitgehend auf Regelungen und Reglementierungen für Asylbewerber und Flüchtlinge.

INTEGRATION ENTSCHEIDET SICH IM BETRIEB. Der *Arbeitswelt* wird für das Ziel des Zusammenhalts unisono eine besondere Bedeutung beigemessen. Hier kommen Zugewanderte nicht nur – anders als sonst durch die Abgrenzung der Wohnorte – mit Einheimischen in direkten Kontakt. In den 50er bis 70er Jahren gingen Zuwanderer und Zuwanderinnen vor allem in die Industrie, wo Gewerkschaften und Betriebsräte großen Anteil daran hatten, dass die Zugewanderten zu gleichen Bedingungen arbeiteten und überhaupt in Gremien Chancen auf Teilhabe erhielten. Heute sieht die Lage anders aus: Neu Zugewanderte sind zunehmend in Bereichen des Arbeitsmarktes tätig, die durch schlechte Bezahlung, mangelhafte Sozialstandards und das Fehlen von Betriebsräten gekennzeichnet sind. In diesen Teilen des Arbeitsmarktes sind Zugewanderte unter den Beschäftigten überrepräsentiert.
ES GILT, DEN SOZIALEN SPRENGSATZ ZU ENTSCHÄRFEN. Die Zuwanderung gewinnt an sozialer Brisanz, weil sich die *Verteilungskonflikte* in der Gesellschaft insgesamt verschärft haben (→ ERWERBSTÄTIGKEIT). Im Zuge der *Digitalisierung* kann diese Entwicklung noch an Tempo zulegen: Sollte es zu Verwerfungen am Arbeitsmarkt kommen, wird sich auch der Ton in der Zuwanderungsfrage verschärfen. Zugleich werden Toleranz und Solidarität herausgefordert: Sollte der Strukturwandel, wie in einigen Szenarien vorhergesagt, im Bereich der Geringqualifizierten besonders gravierend sein, würde das Personen mit Migrationshintergrund besonders treffen, da sie häufig nur zu solchen Stellen Zugang haben – und es würde die Konkurrenz um diese Stellen verschärfen. Eine große Herausforderung wird folglich darin bestehen, in der Transformation dafür zu sorgen, dass hieraus keine Spaltungslinien erwachsen.

Die Aufgabe wird daher darin bestehen, Beschäftigung als Integrationsfaktor abzusichern, darüber hinaus aber auch solche Ansätze zu stärken, die die Solidarität in der Gesellschaft in neuer Weise beleben. In der Forschung werden hierzu verschiedene Ansätze diskutiert: Das Konzept der »*Superdiversität*« (MEISSNER/VERTOVEC 2015) wird als Antwort auf eine gesteigerte Vielfalt in Gesellschaften betrachtet, die mit einer großen Bandbreite von Herkunftsländern, Migrationspfaden, rechtlichen Voraussetzungen, sozialen Lagen, Alters- und Geschlechtsstrukturen und Qualifikationen der Migrant/innen umgehen müssen. Diese Diversität zu gestalten wird immer wichtiger.

Darüber hinaus wird die Bedeutung von »*Orten der Begegnung*« betont, damit interkultureller Austausch besser gelingt – und deutlich wird, dass nicht nur Unterschiede, sondern auch *Gemeinsamkeiten in der Wertorientierung* bestehen. Wertorientierungen sind ohnehin nicht starr: Je jünger die Migrant/innen zukünftig sind, desto wahrscheinlicher ist eine starke Annäherung an die Werte der aufnehmenden Gesellschaft (BAMF 2016b).

WO KÖNNEN WIR ANSETZEN?

Die Welt ist nicht nur »kleiner« geworden, weil wir über die Medien mit Bildern von Flucht und Vertreibung konfrontiert und über die Ursachen detailliert aufgeklärt werden, sondern auch, weil ganz konkret Menschen bei uns Zuflucht suchen. Zugleich sind Arbeitsmärkte global strukturiert: Deutsche Unternehmen sind weltweit vernetzt und profitieren von international zugänglichen Absatzmärkten; die Wirtschaft fragt Arbeitskräfte aus dem Ausland gezielt nach. Es ist eine für den sozialen Zusammenhalt zentrale Frage, wie hier die Balance zwischen Offenheit und Schutz gelingen kann. Verständigung ist nötig über das richtige Maß an Zuwanderung und gelingende Integration.

ARBEITSMARKTZUGÄNGE FÜR GEFLÜCHTETE

Sollen die Geflüchteten die Chance erhalten, ihre Existenz selbstständig zu sichern, sind alle Anstrengungen auf eine gelingende Vermittlung hin auszurichten. In vergleichsweise kurzer Zeit ist es in Deutschland gelungen, vielfältige Initiativen in dieser Richtung zu starten. Es wäre verfrüht und auch vermessen, an dieser Stelle über die Bemühungen zu urteilen. Es sind aber Hinweise darauf möglich, wo sich der Einstieg in die Arbeitswelt noch erleichtern ließe.

→ DENKANSTOSS TRAUMATISIERUNG NICHT IGNORIEREN

Geflüchtete haben oft eine Leidensgeschichte vor und auf dem Weg nach Deutschland hinter sich. So berechtigt und notwendig jede Initiative zur schnellen Integration der Menschen ist, darf nicht in Vergessenheit geraten, dass die Betroffenen im Unterschied zu anderen Migrant/innen nicht immer ein gleiches Leistungsniveau erbringen können und die *Verarbeitung von Flucht und Vertreibung* Zeit braucht. Die Kriegs- und Fluchterfahrungen haben bei vielen Geflüchteten traumatische Spuren hinterlassen.

Maßnahmen zur Integration tragen deswegen vor allem, wenn sie die Traumatisierung nicht ignorieren, sondern sie thematisieren und Lösungswege zur Bewältigung aufzeigen. Bei dieser Aufgabe stoßen Betriebe und Unternehmen oftmals an die Grenze des Leistbaren. Nötig scheinen daher Informationen und Beratungen für beide Seiten: für die Geflüchteten ebenso wie für die Arbeitgeber. Auch die Kolleg/innen im Arbeitsumfeld sollten für Traumatisierung sensibilisiert werden.

Erkenntnisse über die Spätfolgen nicht behandelter Traumatisierung bei Einwanderer/innen früherer Generationen liegen zunehmend vor, sie machen sowohl die individuelle als auch die volkswirtschaftliche Bedeutung klar. Die Defizite im Bereich der Traumabehandlung sind bereits jetzt ein Problem, das sich angesichts der vielen kriegstraumatisierten Geflüchteten noch verschärfen dürfte. Es muss forciert angegangen werden.

→ DENKANSTOSS FÖRDERUNG DES SPRACHERWERBS IM BETRIEB

Unternehmen bieten vielfach Praktika für Geflüchtete an. Diese sind als Beitrag zur Integration von hohem Wert, doch münden viele dieser Praktika nicht in einer Berufsausbildung, da sie zu kurz sind, um die deutsche Sprache zu lernen. Die Sprache erweist sich somit als eine große Hürde, sie ist aber der Schlüssel für den Zugang zu existenzsichernder Arbeit. Die Kommission empfiehlt daher, für Menschen, die formal einen Asylantrag gestellt haben, aber auch für andere Eingewanderte mit geringen Deutschkenntnissen, ein *einjähriges Sprach-Praxisjahr* einzuführen. Das einjährige Sprach-Praxisjahr sollte der dualen Struktur von Arbeit im Betrieb und Schulunterweisung folgen.

Ein Ansatzpunkt wäre auch der Ausbau des betrieblichen Integrationsjahrs, das Arbeit, Spracherwerb und Qualifizierung betriebsnah miteinander verbindet. Die beiden Modellprojekte der Bundesagentur für Arbeit »step by step« und »Kommit« sind für alle Branchen anwendbar und bieten ein guten Einstieg bzw. Anschluss an das deutsche Modell der dualen Ausbildung. Gleichzeitig muss verhindert werden, dass Geflüchtete als kostengünstige Arbeitskräfte ausgenutzt werden.

Geflüchtete benötigen darüber hinaus in besonderer Weise Orientierungshilfen auf dem Arbeitsmarkt. Viele konnten sich nicht über das deutsche Erwerbssystem und die unterschiedlichen Möglichkeiten für den Einstieg in dieses System informieren, bevor sie nach Deutschland kamen. Nötig scheint eine niedrigschwellige, *umfassende und zuständigkeitsübergreifende Beratung* (zu Schule, dualem System, Studium). Die Kommission schlägt daher die Idee von »Integrations-Coaches« vor.

Viele Migrantinnen und Migranten bringen Erfahrungen und Zertifikate aus anderen Bildungssystemen, Ausbildungsformen und -schwerpunkten mit, die sich nicht unmittelbar oder nur unvollständig in das deutsche System übersetzen lassen. Gerade Abschlüsse im mittleren Bereich, z.B. von berufsqualifizierenden Fachschulen, sind nicht mit Abschlüssen des dualen Systems vergleichbar (BRÜCKNER 2013). Schon mit dem 2012 in Kraft getretenen *Berufsqualifikationsfeststellungsgesetz* reagierte der Gesetzgeber auf solche Schwierigkeiten. Für alle Eingewanderten sollen demnach die formalen, im Ausland erworbenen Abschlüsse innerhalb von drei Monaten festgestellt und ggf. anerkannt werden. Hierzu gehört eine *Qualifikationsanalyse* für Menschen ohne oder mit nur unzureichenden Dokumenten, die auch die Erfassung und Anerkennung nonformal und informell erworbener Kompetenzen beinhaltet.

Erste Studien zur Wirkung des Gesetzes zeigen positive Ergebnisse in der Anerkennung, aber auch verbleibende Schwachstellen: Zum einen wurden im Gesetz nur Berufe geregelt, die in der Kompetenz des Bundes liegen. Berufe, die unter die Regelungshoheit der Länder fallen, wie z.B. Lehrer/innen und viele Ingenieurberufe, gehören also nicht dazu. Zum anderen bringt das Verfahren, vor allem die Übersetzung in Referenzberufe und Teilanerkennungen, bisweilen eine Abwertung gegenüber den bisherigen Erfahrungen mit sich, die möglicherweise auch Weiterqualifizierungen nötig machen (BRUSSIG et al. 2013). Dies führt dazu, dass viele Migrant/innen noch immer weit unterhalb ihres eigentlichen Ausbildungsniveaus eingesetzt werden und oftmals überqualifiziert für die ihnen zugedachten Aufgaben sind. *Dequalifizierung* ist die Folge.

DEBATTE BRÜCKEN INS DEUTSCHE AUSBILDUNGSSYSTEM BAUEN

Regelungsbedarf im *Berufsqualifikationsfeststellungsgesetz* (BQFG) gibt es bei der Frage von Anpassungs- und Nachqualifizierungsmöglichkeiten für nicht reglementierte Berufe. Hier sind insbesondere die Finanzierungsmöglichkeiten uneinheitlich, das Bildungsangebot ist, da es sich um individuelle Nachqualifizierungsbedarfe handelt, schwierig zu realisieren. Für den Bereich der Anpassungs- und Ausgleichsmaßnahmen muss es künftig auch Förderung geben. Diese wird voraussichtlich nicht in einem Einwanderungsgesetz, sondern im Anerkennungsgesetz selbst bzw. in einer Richtlinie zu regeln sein.

Aus Sicht der Kommission fehlt es insbesondere an Brücken, die von der Qualifikation im Herkunftsland zum deutschen Ausbildungssystem führen. Kontrovers wurde allerdings die Frage diskutiert, wie eine solche Brücke aussehen kann bzw. ob und wieweit das bewährte System der dualen Berufsausbildung dadurch entwertet würde (→ QUALIFIZIERUNG). Die Kommission sieht hier die Notwendigkeit einer Debatte unter Einschluss insbesondere der Sozialpartner, Kammern und aller weiteren relevanten Akteure.

Die Suche nach Wegen der Integration von Geflüchteten in das Ausbildungssystem berührt zentrale Prinzipien des Ausbildungssystems. So dringlich die schnelle Integration scheint, so muss aber auch geklärt werden, wie Arbeitsmarktzugänge für Einwanderer erleichtert werden können, ohne das System der Ausbildung und Beruflichkeit zu verwässern, zu entwerten und zu unterwandern. Die Kommission hat hierzu verschiedene Argumente abgewogen.

Ein Vorschlag lautete, das für Deutschland typische, insbesondere durch das duale Ausbildungssystem geprägte Beruflichkeitsdenken zu kombinieren mit der angelsächsischen Tradition der Kompetenzorientierung. Dadurch ließen sich die Geflüchteten situationsnah einordnen, auch indem man den Europäischen Qualifikationsrahmen stärker als bisher nutze.

Kritische Stimmen sehen in einer solchen Vorgehensweise die Gefahr der Abwertung der Leistungen derjenigen, die hierzulande Berufsabschlüsse erworben haben (Gefahr der »Billigberufe«) bzw. die Gefahr der Inflation von Abschlüssen (»Anerkennungsflut von Zertifikaten«). Zugleich sei das deutsche Ausbildungssystem auf andere

Ziele angelegt, insbesondere auf die Vermittlung einer ganzheitlichen Kompetenz in einem Beruf statt auf viele Einzelkompetenzen. Auch seien Anerkennungen nicht so einfach umsetzbar, vor allem wenn es um sicherheitsrelevante Fähigkeiten gehe (man denke an das Gesundheitswesen oder den Umgang mit heiklen Stoffen).

Ein Kompromissvorschlag lautete, die Schaffung modularer Komponenten im System der beruflichen Weiterbildung der Bundesagentur für Arbeit zu implementieren. Beispiel: Ein Metallfacharbeiter hat im Herkunftsland eine Ausbildung absolviert, die in ihrer Struktur zwei Drittel der deutschen Ausbildung umfasst. Hier könnte man im Rahmen des Weiterbildungssystems Anschlusskurse für externe Prüfungen anbieten. Hier ließe sich an bestehende Strukturen andocken: In Deutschland werden schon jetzt jährlich 50.000 externe Prüfungen im dualen System abgelegt.

Die Kommission war sich einig: Gesetzgeber und Gewerkschaften sind aufgefordert, konzeptionelle Vorschläge zu machen, um das berufliche Bildungssystem durchlässiger für Neuzugänge mit Vorerfahrung zu machen.

PLURALITÄT ANERKENNEN, DISKRIMINIERUNG ABBAUEN

In der Debatte sind vielfältige Ansätze und Konzepte für ein möglichst respektvolles und konfliktarmes Miteinander, die allesamt auf die *Anerkennung der Vielfalt* und den *Schutz* und die *(Selbst-)Ermächtigung des Einzelnen* zielen.

Weil internationale Verflechtungen zunehmen, länderübergreifend produziert wird und Belegschaften heterogener geworden sind, hat insbesondere in der Arbeitswelt der Gedanke der *Diversity* an Bedeutung gewonnen: Kund/innen, Verhandlungspartner/innen und Mitarbeiter/innen sollen respektiert und anerkannt werden – unabhängig von ihren persönlichen Merkmalen, den sogenannten »Big Eight«: Religion, Ethnie bzw. Hautfarbe, Geschlecht, Staatsangehörigkeit, Klasse, Alter, sexuelle Orientierung sowie Behinderung und

Gesundheit. Unterschiede sollen nicht als Defizite, sondern als produktive Ressource erkannt werden. Unternehmen nutzen *Diversity Management* als Baustein einer motivierenden Arbeitskultur und zur Imagebildung. Ziel ist auch, ökonomische Nachteile zu vermeiden, die durch Ressentiments und Vorurteile oder gar Diskriminierung entstehen.

Das *Allgemeine Gleichbehandlungsgesetz* (AGG) legt den Schutz vor Diskriminierung fest und liefert Konzepten zur Diversität so eine rechtliche Grundlage. Das Gesetz zielt darauf, »Benachteiligungen aus Gründen der Rasse oder wegen der ethnischen Herkunft, des Geschlechts, der Religion oder Weltanschauung, einer Behinderung, des Alters oder der sexuellen Identität zu verhindern oder zu beseitigen«.

Nicht nur direkte, sondern auch indirekte Formen von Diskriminierung sind unzulässig. Indirekte Diskriminierung liegt beispielsweise dann vor, wenn der Arbeitgeber allen unbefristeten Arbeitnehmer/innen eine Umsatzprämie bezahlt, allen befristeten aber nicht – und dies damit begründet, dass Letztere das Unternehmen sowieso bald wieder verlassen würden. Bei Ersteren handelt es sich mehrheitlich um Männer, bei Letzteren mehrheitlich um Frauen. Da der vom Arbeitgeber genannte Differenzierungsgrund kein rechtmäßiges Ziel für die vorgenommene Unterscheidung nennt, kann dies als indirekte geschlechtsbezogene Entgeltdiskriminierung gelten. Diskriminierung kann also nicht nur hinsichtlich individueller Handlungen geahndet werden, sondern auch bei Regelungen, die vom Ergebnis her nicht neutral sind. Damit haben auch Aspekte der strukturellen und institutionellen Diskriminierung politische Bedeutung erlangt.

Die Antidiskriminierungsstelle des Bundes hat das Antidiskriminierungsgesetz einer Evaluation unterzogen und kommt zu dem Ergebnis, dass positive Maßnahmen, mit denen bestehende Nachteile ausgeglichen werden, im Gesetz zwar erlaubt sind, aber in der Praxis nicht ausreichend zur Anwendung kommen. Hierzu zählen z.B. gezielte Rekrutierungsmethoden und Stipendien für benachteiligte Personengruppen, Diversity-Trainings, Betriebsvereinbarungen zur Förderung der Vielfalt in der Belegschaft, Zielvereinbarungen zum Erreichen bestimmter Quoten. So könnte z.B. laut Gutachten mithilfe von Betriebsvereinbarungen und Gleichstellungsplänen ein verbindlicherer Rahmen geschaffen werden, um diskriminierende Strukturen zu überwinden.

Auch bestehe beim arbeitsrechtlichen Diskriminierungsschutz Änderungsbedarf: Neben einer Erweiterung der Pflicht zur diskriminierungsfreien Ausschreibung sei eine europarechtliche Klarstellung geboten, sodass auch Kündigungen vom Gesetz erfasst würden. Zudem solle der Gesetzgeber klarer formulieren, welche Pflichten Arbeitgeber haben, um ihre Beschäftigten vor Diskriminierungen zu schützen – auch vor Diskriminierung im Kollegenkreis und durch Kund/innen oder Geschäftspartner/innen.

→ DENKANSTOSS **DISKRIMINIERUNGSFREIE BEWERBUNGSVERFAHREN**

Mehrere Studien haben nachgewiesen, dass in Bewerbungsverfahren Diskriminierung nach Geschlecht, Namen und Herkunft der Bewerber/innen stattfindet (z.B. SCHNEIDER et al. 2014). Zuletzt hat eine beim Institut zur Zukunft der Arbeit erschienene Studie gezeigt, dass allein die Angabe eines türkischen Namens ausreicht, die Chance auf ein Vorstellungsgespräch um 14 Prozent zu senken, in kleineren Unternehmen sogar um 24 Prozent (WEICHSELBAUMER 2016). Die Kommission spricht sich dafür aus, diskriminierungsfreie Bewerbungsverfahren (also solche, in der weder Geschlecht noch Name noch Anschrift ausgewiesen werden) breiter anzuwenden.

Bei anonymisierten Bewerbungen wird zunächst auf ein Foto der sich bewerbenden Person, den Namen, die Adresse, das Geburtsdatum, den Familienstand und Angaben zur Herkunft verzichtet. In Ländern wie den USA oder Kanada sind anonymisierte Bewerbungen inzwischen gang und gäbe. Die unabhängige Antidiskriminierungsstelle des Bundes hat im November 2010 ein deutschlandweites Modellprojekt gestartet, in dem Unternehmen, Behörden und Kommunen anonymisierte Bewerbungsverfahren getestet haben. Zwar ergab das Modellprojekt, dass anonymisierte Bewerbungsverfahren technisch leicht umsetzbar sind und vor allem Frauen und Menschen mit Migrationshintergrund bessere Chancen auf eine Einladung zum Bewerbungsgespräch bringen können. Studien und Pilotprojekte in anderen Ländern kommen jedoch zu kritischeren Einschätzungen. Hier ist also weitere Forschung nötig.

Die Arbeitsmarktintegration von Zugewanderten findet maßgeblich auf der Betriebsebene statt. Seit den 60er Jahren, als »Gastarbeiter« in die Industrie zuwanderten, haben Gewerkschaften und Betriebsräte das Thema »Vielfalt« aufgegriffen und unterschiedliche Initiativen gegen Diskriminierung und Rassismus entwickelt. Exemplarisch sei der gewerkschaftsübergreifende Verein »Mach' meinen Kumpel nicht an! – für Gleichbehandlung, gegen Fremdenfeindlichkeit und Rassismus« genannt. Inzwischen werden offensiv ältere Konzepte der gewerkschaftlichen Stadtteilarbeit wieder aufgegriffen, Zugewanderte werden in ihrem Niederlassungsprozess begleitet.

Es bleibt aber ein Dilemma (PENNINX/ROOSBLAD 2000): Einerseits sind die Gewerkschaften für eine offene Gesellschaft, andererseits wollen sie ihre Mitglieder vor Konkurrenz schützen. Dieses Dilemma ist alles andere als einfach aufzulösen, geht es doch um die Frage, wie sich Solidarität mit Zuwandernden und Absicherung der schon hier Beschäftigten vereinen lassen.

Die integrative Funktion von Mitbestimmungsrechten und -gremien innerhalb der migrantischen und nicht migrantischen Belegschaft ist inzwischen belegt: Obwohl heute in der Regel keine Ausländerausschüsse mehr existieren, die früher speziell die Rechte der migrantischen Arbeiter/innen vertraten, werden Betriebsräte von Arbeitnehmer/innen mit Migrationshintergrund sogar besser bewertet als von Beschäftigten ohne Migrationshintergrund. Insbesondere diejenigen, die schlecht Deutsch sprechen und älter sind, kommen zu einem positiven Urteil, weil Betriebsräte in konkreten Konflikten unterstützend moderieren (SCHMIDT/MÜLLER 2013). Konzepte zum Diversity Management haben insofern große Schnittstellen zu gewerkschaftlichen Positionen (etwa zum Ansatz »Guter Arbeit«). Vieles, was heute unter dem Label »Diversity Management« läuft, findet sich in den in der Gewerkschaftsbewegung verwurzelten Gleichbehandlungsbestrebungen.

→ DENKANSTOSS VIELFALT ALS NEUES ALTES HANDLUNGSFELD DER MITBESTIMMUNG

Diversity Management wird oft »top down« eingeführt, was dem Grundgedanken von *Beteiligung* widerspricht. Betriebsräte sind jedoch Spezialist/innen für eine auf Gleichbehandlung, Respekt und Wertschätzung von Vielfalt orientierte Unternehmenskultur. Ein starkes Engagement bei Diversity Management ist daher nur naheliegend. Bei solchen Konzepten werden zuweilen jedoch ökonomische Aspekte sowie Macht- und Interessensungleichheiten vernachlässigt; zudem können sie Stereotypisierungen verstärken, statt sie aufzulösen. Schon bei der Erstellung und Formulierung von Konzepten sollten sich daher die Akteure der Mitbestimmung offensiv einbringen.

Schließlich bleibt auch die Frage, wie sich Gewerkschaften und Betriebsräte selbst mit Vielfalt auseinandersetzen. Im Bereich der IG Metall beispielsweise ist dies offenbar gelungen: Im Verhältnis zur Belegschaft haben hier überdurchschnittlich viele Betriebsräte und gewerkschaftliche Vertrauensleute einen Migrationshintergrund (FOROUTAN et al. 2016). Um Beschäftigteninteressen gut zu repräsentieren, muss es Diversity auch in Gremien geben.

DEN EUROPÄISCHEN BINNENMARKT ARBEITSPOLITISCH EINBETTEN

Ein zentrales Element der Europäischen Union ist der gemeinsame Markt mit der *Freizügigkeit* von Gütern, Personen, Dienstleistungen und Kapital. Die Arbeitnehmerfreizügigkeit hat in Kombination mit einem erheblichen Wohlstandsgefälle die *zirkuläre Migration* innerhalb der Europäischen Union erheblich befördert. Zirkuläre Migrant/innen arbeiten z.B. als Erntehelfer/innen in der Landwirtschaft, auf dem Bau, in der fleischverarbeitenden Industrie oder in der Pflege.

Zwar gilt auch für Beschäftigte in Subunternehmen der Mindestlohn, aber nur in neun Branchen finden laut Arbeitnehmer-Entsendegesetz Tarifverträge für entsandte Arbeitnehmer/innen Anwendung.

Obwohl insgesamt die Zahl der entsandten Arbeiter/innen nicht zu ermitteln ist, beziffern Umfragen von Gewerkschaften den Anteil in einigen Branchen auf 50 Prozent, teilweise auf bis zu 90 Prozent, vor allem in der Fleischindustrie (NGG 2012). Für den deutschen Bausektor wurde außerdem beobachtet, dass Entsendungen gegenüber individueller Migration überwiegen; entsandte Arbeitnehmer/innen arbeiten oftmals im Bereich prekärer oder informeller Tätigkeiten (WAGNER 2015). Ursprünglich dafür vorgesehen, kurzfristig spezialisierte Dienstleistungen in einem anderen Land anbieten zu können, wird der weit überwiegende Teil der europäischen Entsendungen offenbar zur kompetitiven *Kostensenkung* eingesetzt, die sich das Macht- und Wohlstandsgefälle transnationaler Arbeitsmärkte in Europa zunutze macht (LILLIE/WAGNER 2015). Qualitative Studien zeigen, dass es zur *Umgehung von Regelungen* kommt, vor allem durch verspätete oder vorenthaltene Lohnzahlungen, durch Manipulation von Arbeitszeiten (und damit ein Überschreiten zulässiger Arbeitsstunden und ein Unterschreiten des Mindestlohns), durch Nichteinhaltung von Arbeitsschutzbestimmungen und durch inadäquate Unterbringung (FAUSER 2016).

→ DENKANSTOSS **EIN REGULIERUNGSRAHMEN GEGEN LOHNDUMPING**

Die Kommission sieht ein Kernproblem von zirkulärer Migration im europäischen Binnenmarkt bei der Umgehung von Tarifverträgen und Arbeitsrechten, die im Aufnahmestaat gelten. Hierdurch wird ein *Unterbietungswettbewerb* gefördert. Dieser führt zu einer geringeren Reichweite von Tarifen, zur Umgehung von Mindestarbeitsbedingungen, zu Schwarzarbeit und organisiertem Betrug durch Arbeitgeber bei der Abführung von Sozialversicherungsabgaben. Lohndumping zerstört aber das Vertrauen in die europäische Integration und fördert Feindlichkeit gegenüber Zugewanderten und Arbeitsmigrant/innen. Die effektive Durchsetzung des Prinzips »Gleicher Lohn für gleiche Arbeit am gleichen Ort« und die wirksame Durchsetzung der im Aufnahmestaat geltenden Arbeitsbedingungen werden daher immer wichtiger. Die Kommission schlägt daher Folgendes vor:

— Auf europäischer und nationalstaatlicher Ebene sollte ein *besserer Schutz für zirkuläre Migrant/innen* etabliert werden. Hierfür ist ein Regulierungsrahmen notwendig, der dem Prinzip »Gleicher Lohn für gleiche Arbeit am gleichen Ort« folgt.

— Die *Rechtsdurchsetzung* ist zu *verbessern.* Dazu ist mehr Personal bei den Kontrollbehörden nötig, vor allem bei der Finanzkontrolle Schwarzarbeit. Vorgeschlagen wird, Instrumente wie ein elektronisches europäisches Sozialversicherungsregister einzuführen, mit dessen Hilfe die Abführung von Sozialversicherungsabgaben in Echtzeit überprüft werden kann.

— Die Kommission empfiehlt, die *Auftraggeberhaftung* zu stärken, zum Beispiel, indem auch staatliche Institutionen von ihr erfasst werden. Darüber hinaus schlägt sie vor, die Begrenzung der Subunternehmerketten zu prüfen, z. B. auf drei Glieder pro Gewerk.

— Ebenfalls schlägt sie vor, das *Arbeitnehmer-Entsendegesetz,* das derzeit die Geltung von tariflichen Bindungen nur für neun Branchen vorsieht, auf alle Branchen *auszuweiten.*

Auf europäischer Ebene verhandeln die Gesetzgeber derzeit mehrere Gesetzesinitiativen, die Auswirkungen auf die Arbeitsbedingungen von zirkulären Migrant/innen im Binnenmarkt haben werden. Hierbei ist darauf zu achten, dass das *Arbeitsortprinzip* gestärkt wird und es keine Einführung des Herkunftslandprinzips gibt.

Die Pläne, eine »Elektronische Europäische Dienstleistungskarte« einzuführen, um die Bürokratie bei grenzüberschreitenden Tätigkeiten zu reduzieren, werden als problematisch beurteilt. Hier könnten neue Einfallstore für Scheinselbstständigkeit und Schwarzarbeit entstehen, die bestehende Kontrollrechte in Deutschland unterlaufen.

Die derzeit laufende *Revision der Entsenderichtlinie* sollte vielmehr genutzt werden, um durchzusetzen, dass Tarifverträge auf entsandte Beschäftigte Anwendung finden.

Die Einrichtung einer *schwarzen Liste* von Unternehmen, die gegen europäische arbeits- und sozialrechtliche Vorschriften verstoßen haben, wird begrüßt, da sie verhindert, dass Briefkastenfirmen und betrügerische Unternehmen öffentliche Aufträge erhalten.

Zirkuläre Migrant/innen sind auf dem Arbeitsmarkt besonders schutzlos und daher umso mehr auf eine effektive Interessenvertretung angewiesen (PRIES/SHINOZAKI 2015). Allerdings sind sie gerade in den Sektoren besonders präsent, die insgesamt ohnehin geringer gewerkschaftlich organisiert sind. Gleichzeitig fordert transnationale Arbeitsmobilität die gewohnten Strukturen der Vertretung von (Mitglieder-) Interessen heraus.

Auch wenn die Vertretung von »Zirkulären« noch kein Schwerpunkt von Gewerkschaften ist, gibt es bereits Organizing-Strategien, die dies aufgreifen; auch Kampagnen zu »Living Wage« (also zu existenzsichernden Löhnen) und »Decent Work« (dem Leitbild der Internationalen Arbeitsorganisation ILO) thematisieren Arbeitsmigration. Darüber hinaus existieren auch neue Formen der Unterstützung und Beratung.

In Deutschland sind hier besonders drei Initiativen zu erwähnen: Das *Projekt »Faire Mobilität«* des DGB (2011–2017) will die Situation vor allem osteuropäischer Arbeiter/innen auf dem deutschen Arbeitsmarkt verbessern und der oftmals temporären und zirkulären Natur dieser Mobilität und der prekären Beschäftigungssituation Rechnung tragen. Zu den Charakteristika von »Faire Mobilität« gehört neben der lokalen Beratung auch die transnationale Kooperation mit Gewerkschaften aus den Herkunftsländern. Die *Beratungsstelle MigrAr* widmet sich vor allem zirkulären Migrant/innen und ihren arbeitsrechtlichen Problemen. Das Pilotprojekt der Gewerkschaft ver.di in Hamburg hat mittlerweile Nachahmer in anderen Städten. Auf die problematischen Arbeitsbedingungen von Wanderarbeiter/innen reagierte die Industriegewerkschaft Bauen-Agrar-Umwelt mit der Gründung des *Europäischen Vereins für Wanderarbeiterfragen* (EVW). Er arbeitet in Form drittmittelfinanzierter Projekte mit muttersprachlichen Berater/innen, die häufig als Mittler zwischen den Arbeiter/innen, den Gewerkschaften, der Finanzkontrolle Schwarzarbeit und Staatsanwaltschaften fungieren.

Zentrale Erfahrung der IG BAU mit dem EVW sind: Der recht hohe Aufwand zur Betreuung und Organisierung lässt sich kurz- und mittelfristig kaum kostendeckend realisieren, aus Mitgliedsbeiträgen erst recht nicht. Gewerkschaften bewegen sich hier in einem Dilemma, da sie derlei Initiativen über Mitgliedsbeiträge finanzieren müssen und sich ihre Angebote insbesondere an Mitglieder richten müssen, die »Zirkulären« aber selten Gewerkschaftsmitglieder sind. Organisationserfolge sind aufgrund der besonderen Situation dieser Menschen, die länderübergreifend und pendelnd leben und arbeiten, gering. Und: »Klassische« arbeitsrechtliche Instrumente sind häufig bei der Durchsetzung der Interessen der Wanderarbeiter/innen nur schwer einsetzbar – zu undurchsichtig sind die Verflechtungen auf Arbeitgeberseite, zu schwach ist die Position der Wanderarbeiter/innen. Wichtige Elemente sind daher die Herstellung von Öffentlichkeit und die Ansprache der heimischen Auftraggeber, insbesondere dann, wenn es um kriminelle Praktiken von Unternehmen geht.

→ DENKANSTOSS INTERESSENVERTRETUNG DER »ZIRKULÄREN« FÖRDERN

Die Kommission empfiehlt eine Verstärkung und einen Ausbau der Angebote für zirkuläre Migrant/innen. Ihre Unterstützung stellt eine besondere Herausforderung dar, weil der Aufwand für eine angemessene Betreuung und Organisation immens ist, sich aber aus den Mitteln der Gewerkschaften kaum tragen lässt. Projekte sind daher in hohem Maße auf *Drittmittelfinanzierung* angewiesen. Eine langfristige öffentliche Förderung ist nötig, um diese Projekte dauerhaft zu finanzieren und finanziell besser auszustatten.

GESELLSCHAFT

DIE ZUKUNFT GESTALTEN

INNOVATIONEN FÖRDERN, ZUSAMMENHALT STÄRKEN

WO STEHEN WIR?

Deutschland steht international für das Modell einer sozialen Marktwirtschaft, in der das Marktgeschehen nicht sich selbst überlassen bleibt, sondern auch im Sinne der gesellschaftlichen Wohlfahrt gestaltet wird. Hierzu zählen auch das Prinzip einer gerechten Verteilung des gemeinsam Erwirtschafteten und die wirtschaftliche und soziale Absicherung der einzelnen Arbeitenden. Instrumente hierfür sind ein ausgefeiltes Arbeitsrecht, eine Sozialpolitik, die das Leben von Einzelnen und Familien gegen die großen Lebensrisiken absichert, eine Gesellschaftspolitik, die den sozialen, kulturellen und politischen Anliegen der Menschen Gehör verschafft, und die Sozialpartnerschaft, die institutionalisierte Abstimmungsprozesse und Mitbestimmung gewährleisten soll.

Deutschland ist in vielen Wirtschaftszweigen führend und wird als anpassungsfähige Volkswirtschaft gesehen. Hintergrund dafür ist neben einer relativ niedrigen Arbeitslosenquote die gute Bewältigung der Wirtschafts- und Finanzkrise 2008/2009. Das Erfolgsmodell hat jedoch Schattenseiten. Der Spagat zwischen wirtschaftlichem Wohlstand und sozialem Ausgleich scheint nicht zu gelingen. **DAS ENDE DER SOZIALEN MARKTWIRTSCHAFT?** Deutliche *Risse* im Bild von Deutschland als sozialer Marktwirtschaft sind spätestens seit den 80er Jahren zu erkennen. Um auf die Krise am Arbeitsmarkt zu reagieren, wurde der Kündigungsschutz gelockert und geringfügige Beschäftigung befördert (→ ERWERBSTÄTIGKEIT). Unternehmen sollten Arbeitskraft flexibler nutzen können; Absicherungen für Erwerbstätige wurden zurückgeschraubt. Mit den »Hartz«-Gesetzen wurden auch denen, die über Jahrzehnte hinweg in die sozialen Sicherungssysteme eingezahlt hatten, harte Einschnitte zugemutet. Arbeitssuchende wurden Gegenstand einer »aktivierenden« Arbeitsmarktpolitik, mit der auch eine Beschäftigung unterhalb des Qualifikationsniveaus als zumutbar gilt.

Der Sozialstaat wurde als zu kostspielig und als Wettbewerbsnachteil interpretiert. Folge waren einschneidende Reformen; bisherige Standards wurden sukzessive abgesenkt (LESSENICH 2008). Das Aufbrauchen von Ersparnissen oder die Kündigung von Lebensversicherungen, die die Familie schützen sollten, wurde ebenso als zumutbar bewertet wie der Auszug aus der Wohnung und dem vertrauten Lebensumfeld. Auch Notlagen, in die Menschen unverschuldet gerieten, wurden nicht mehr durch den Staat aufgefangen (z.B. Berufsunfähigkeit).

SOZIALE UNGLEICHHEIT ALS NEUE REALITÄT. Auch wenn Deutschland im internationalen Vergleich noch immer ein hohes Niveau an sozialer Absicherung aufweist, hat für viele Menschen im Land die *soziale Ungleichheit* ein zu hohes Ausmaß erreicht (BMAS 2016a; MAU/HEUER 2016). Hierbei handelt es sich keineswegs nur um eine »gefühlte« Schieflage. Zu Beginn der 2000er Jahre waren die Einkommen in Deutschland deutlich gleichmäßiger verteilt (BUNDESREGIERUNG 2017).

Während lange Zeit davon ausgegangen wurde, dass Ungleichheit gut für das *Wirtschaftswachstum* sei, verbreitet sich inzwischen auch in der Ökonomie die Auffassung, dass sich Ungleichheit ab einem bestimmten Maß negativ auf die Wirtschaft auswirkt (OECD 2015; PALLEY 2016; BEHRINGER et al. 2016). Eine Berechnung im Auftrag der Friedrich-Ebert-Stiftung zeigt, dass der Anstieg der Ungleichheit in Deutschland zwischen 1991 und 2015 die wirtschaftliche Entwicklung merklich gedämpft hat: Wäre die Einkommensungleichheit auf dem Niveau von 1991 geblieben, hätte das deutsche Bruttoinlandsprodukt im Jahr 2015 um 40 Milliarden Euro höher gelegen (ALBIG et al. 2016).

DIE WIRTSCHAFT MELDET ERFOLGE. Den Einschnitten im Sozialsystem steht inzwischen eine wirtschaftliche *Erfolgsbilanz am Arbeitsmarkt* gegenüber. Vor allem die Industrie gilt als Wachstumsmotor: Im Gegensatz zur ausgeprägten De-Industrialisierung in vielen anderen Ländern weist Deutschland einen *stabilen industriellen Kern* auf. Trotz des hohen und weiter steigenden Anteils an Dienstleistungsarbeit (70 Prozent) bleibt die Industrie in absoluten Zahlen stabil. Was noch vor zehn Jahren vielerorts als Auslaufmodell galt, wird inzwischen (international) wieder als Stärke betrachtet. Deutschland wird das Potenzial attestiert, einen eigenen, *starken Wachstumspfad* entwickeln zu können (BORGER 2016; PROGNOS AG 2016; IFO 2017).

EIN ERFOLG MIT ABHÄNGIGKEITEN. Dennoch ist an die *hohe Exportabhängigkeit* des Erfolgs zu erinnern. Die Außenhandelsüberschüsse sind hoch; die Binnennachfrage ist vergleichsweise schwach, wenngleich Letztere in den vergangenen Jahren (auch infolge der Einführung des Mindestlohns und Lohnsteigerungen bei Tarifabschlüssen) etwas gestiegen ist. Der deutsche Leistungsbilanzüberschuss überschreitet schon seit Jahren den für die Feststellung eines makroökonomischen Ungleichgewichts nach EU-Regeln maßgeblichen Schwellenwert von sechs Prozent des Bruttoinlandsprodukts und lag im Jahr 2016 bei fast neun Prozent.

Gleichwohl trifft für Deutschland zu, was für die meisten hoch entwickelten Volkswirtschaften gilt: Das Wachstum ist niedrig. Auch die Bruttowertschöpfung je Erwerbstätigenstunde steigt sehr langsam. Während sie im Zeitraum von 1995 bis 2005 noch um durchschnittlich 1,9 Prozent jährlich zunahm, betrug der Anstieg für die Jahre 2005 bis 2014 nur noch 0,8 Prozent. Es gibt unterschiedliche Erklärungen für die niedrigen Wachstumszahlen, wie z.B. die Integration von mehr Beschäftigten in den Arbeitsmarkt, bereits vollzogene Outsourcing-Wellen, eine Verlangsamung der Innovationen im Bereich der Informations- und Kommunikationstechnologien (IKT) oder die Expansion des Dienstleistungssektors.

NIEDRIGE STAATLICHE INVESTITIONSTÄTIGKEIT. Mit weniger als zwei Prozent des Bruttoinlandsprodukts (2016) ist die Investitionsquote in Deutschland niedrig. Vor allem die öffentliche *Infrastruktur* wurde jahrzehntelang vernachlässigt und gilt noch immer als unterfinanziert[1] (BMWI 2016). Dies betrifft das Verkehrsnetz ebenso wie die Kinderbetreuung in Westdeutschland und die Angebote für Pflegebedürftige. Die OECD hat Deutschland wiederholt empfohlen, mehr in die (soziale) Infrastruktur, insbesondere in Bildung, zu investieren. Im internationalen Vergleich ist der öffentliche Dienst schwach ausgeprägt,[2] die staatlichen Ausgaben für Bildung sind unterdurchschnittlich (→ QUALIFIZIERUNG). Wenn trotz hoher Steuereinnahmen das Schulwesen und die Universitäten unterfinanziert sind, wird es schwierig mit der digitalen Transformation.

1 Relativ zur Wirtschaftsleistung sind die *Bruttoanlageinvestitionen* des Staates im Trend schon seit Jahrzehnten rückläufig. Die staatliche Investitionsquote betrug 1970 noch 4,7 Prozent, 2013 waren es nur noch 1,6 Prozent (RIETZLER 2014). Den höchsten – und weiterhin wachsenden – Investitionsbedarf haben die Kommunen (KFW RESEARCH 2016).

2 2004 arbeiteten in Deutschland 11 Prozent der Beschäftigten im öffentlichen Dienst. Von allen OECD-Ländern ist nur in Japan der Anteil an den Gesamtbeschäftigten niedriger (STATISTA ohne Jahr).

DEUTSCHLAND DRIFTET AUSEINANDER. Die Teilhabe am wirtschaftlichen Erfolg streut nach Region. Während es Regionen mit Vollbeschäftigung gibt, ist die Arbeitslosigkeit in anderen Gebieten anhaltend hoch. Die regionale Ungleichheit verfestigt sich bzw. nimmt teilweise sogar noch zu. Einzelne Regionen befinden sich in einem Teufelskreis aus Verschuldung, Arbeitslosigkeit und Abwanderung (ALBRECH et al. 2016). Im internationalen Vergleich sind die regionalen Differenzen zwar (noch) nicht extrem ausgeprägt, dennoch zeigen sich problematische Tendenzen. Zwischen Ost und West, Nord und Süd, aber auch zwischen einzelnen Kommunen wachsen die sozialen und wirtschaftlichen Unterschiede. Aufgrund der höheren Lebenshaltungskosten sind in den deutschen Großstädten gut 21 Prozent der Einwohner kaufkraftarm, während es auf dem Land weniger als 14 Prozent sind (RÖHL 2016). Die Schaffung *gleichwertiger Lebensverhältnisse* in ganz Deutschland ist jedoch vom Grundgesetz vorgegeben und stellt eine wichtige Voraussetzung für den gesellschaftlichen Zusammenhalt dar.

SOZIALPARTNERSCHAFT IN DER BEWÄHRUNGSPROBE. Die Sozialpartnerschaft steht, da sie Interessengegensätze zu überwinden versucht, seit jeher unter Rechtfertigungsdruck (→ ERWERBSTÄTIGKEIT). Ihre Bewertung ist dabei Konjunkturen unterworfen: Waren die Gewerkschaften hierzulande zeitweise als »Wachstumsbremse« verschrien, wenn nach einem Schuldigen für eine angespannte Wirtschaftslage und wachsende Arbeitslosigkeit gesucht wurde, so gilt Mitbestimmung in der internationalen Forschung seit Langem als Standortvorteil, weil das deutsche System sehr flexibel passfähige Lösungen auf Branchen-, Unternehmens- und Betriebsebene ermöglicht (z.B. GOLDSCHMIDT 2016). Die Notwendigkeit einer Revitalisierung der Sozialpartnerschaft wird daher breit diskutiert – und findet bereits Eingang in Reformvorschläge zur Arbeitswelt (BMAS 2016b; JIRJAHN 2011).

2014 arbeiteten 46 Prozent der westdeutschen und 39 Prozent der ostdeutschen Beschäftigten in tarifgebundenen Betrieben und Unternehmen. Während der gewerkschaftliche Organisationsgrad und die Tarifbindung in der Industrie trotz eines sinkenden Trends noch immer stark ausgeprägt sind, fallen beide in Handwerks- und Dienstleistungsbranchen schwächer aus. Gerade diese Branchen erbringen aber im Rahmen von Outsourcing-Prozessen immer größere Anteile der industriellen Produktion. Neben dem Ost-West-Gefälle ist bei der Tarifbindung auch ein Gefälle nach Betriebsgröße erkennbar (→ ERWERBSTÄTIGKEIT).

Da Ausgleich in der sozialen Marktwirtschaft maßgeblich durch die Sozialpartnerschaft erzielt wird, ist die abnehmende Tarifbindung problematisch. Sozialpartnerschaftliche Lösungen bieten nicht nur den Unternehmen, sondern auch für Erwerbtätige eine Langfristorientierung. Die Abnahme der Tarifbindung wird in der Forschung als bedeutender Faktor für die Ungleichheit im Land interpretiert (MAU 2015b; BOSCH/KALINA 2015).

WORAUF SOLLTEN WIR UNS VORBEREITEN?

In Deutschland schauen viele mit Faszination und Sorge zugleich auf das Silicon Valley, das weltweit zur Chiffre für Innovation, Wachstum und »Disruption«[3] geworden ist. Einen Gegenentwurf stellt das chinesische Modell dar: Statt Wagniskapital tritt hier der Staat auf den Plan. Dieses Modell zeichnet sich durch ein nicht minder dynamisches Wachstum aus. Unternehmen wie der Telekommunikationsausrüster ZTE und der Telekommunikationsanbieter Huawei haben sich innerhalb kurzer Zeit von reinen Produktionsstätten zu weltweit tätigen Hightech-Konzernen entwickelt (BAUMS/SCOTT 2013).

3 Disruption meint hier eine durch technologische Entwicklungen ausgelöste »bruchartige« Transformation traditioneller Geschäftsmodelle und Wertschöpfungsketten (CHRISTENSEN 1997).

WIE BEHAUPTET SICH DIE DEUTSCHE WIRTSCHAFT? Während manche befürchten, dass Deutschland Gefahr laufe, in der digitalen Transformation zur »verlängerten Werkbank« des Silicon Valley, also zum Zulieferer zu werden, weil die Innovationen von anderen ausgingen (u.a. KEESE 2016), prognostizieren andere eine Fortsetzung des wirtschaftlichen Erfolgs. Sie begründen das mit den Vorteilen des deutschen Produktionsmodells: der soliden, forschungsintensiven industriellen Basis, einem produktiven Dienstleistungssektor, flexibler Qualitätsproduktion, einer Vielzahl von mittelständischen, international agierenden Betrieben, dem dualen Berufsausbildungssystem und der engen Zusammenarbeit zwischen anwendungsorientierter Forschung und industrieller Fertigung (LANG et al. 2016; HBS 2016).

Deutschlands Innovationskraft scheint ungebrochen. Laut dem Global Innovation Index ist Deutschland inzwischen unter den Top Ten (CORNELL UNIVERSITY et al. 2016). Deutschland gehört zu den führenden Staaten beim Roboterbau und bei der Sensorik, ebenso wie bei der Steuerungs- und Anlagetechnik (BEISE/SCHÄFER 2016).

TRANSFORMATION DER SOZIALPARTNERSCHAFT. Der technologische Fortschritt bringt nicht nur neue Geschäftsmodelle und Organisationsmodelle hervor, sondern provoziert auch die Infragestellung bisheriger Rechte und Vereinbarungen. Der Strukturwandel, so einige Arbeitgeber, erfordere eine Überprüfung bisheriger Standards; dies zeigt sich beispielsweise in der Debatte um das Arbeitszeitgesetz (BDA et al. 2016; BDA 2017). Gewerkschaften wiederum verteidigen das Erreichte und sehen Bedarf, das dreistufige *System der Schutzrechte* – gesetzliche Mindeststandards, Tarifverträge und Betriebsvereinbarungen – in die neue Arbeitswelt zu überführen. Zur abnehmenden Tarifbindung kommt hinzu, dass es in vielen kleinen und mittleren Unternehmen keine Betriebsräte gibt, die die Tarifverträge mit Leben füllen könnten (ELLGUTH/TRINCZEK 2016). Vor diesem Hintergrund gewinnen Ansätze zur Stärkung der Sozialpartnerschaft, der Tarifbindung und Mitbestimmung an Resonanz, auch in der Bundesregierung.[4]

4 Der Entwurf für das Weißbuch »Arbeiten 4.0« des BMAS setzt in seinen Reformvorschlägen auf Anreize für den Beitritt in Arbeitgeberverbände und Gewerkschaften (BMAS 2016b).

Die deutsche Unternehmensmitbestimmung wird vor allem durch die zunehmend grenzüberschreitende Unternehmensorganisation herausgefordert. Die Entscheidungszentren der Unternehmen befinden sich dabei immer häufiger außerhalb Deutschlands. Das europäische (Gesellschafts-)Recht, etwa mit der Rechtsform der Societas Europea (SE), und Lücken in den deutschen Mitbestimmungsgesetzen beschleunigen Flucht vor und Umgehung von Mitbestimmung.

DIE SUCHE NACH DER DIGITALEN DIVIDENDE. Die Forschung führt 0,37 Prozentpunkte des jährlichen Wirtschaftswachstums in den Industrienationen zwischen 1993 bis 2007 auf den Einsatz von Robotern zurück (GRAETZ/MICHAELS 2015); Unternehmensberater prognostizieren Billionen-Zuwächse an industrieller Wertschöpfung für Europa (ROLAND BERGER 2015). Dennoch hat sich die Digitalisierung noch nicht als der erhoffte Motor für Wachstum und Produktivität erwiesen. In Deutschland wuchs die Wirtschaft 2009 und 2010 nach dem krisenbedingten Konjunktureinbruch zwar deutlich, danach flachte das Wachstum jedoch wieder ab und erreichte 2016 1,9 Prozent (2017 voraussichtlich: 1,5 Prozent, PROJEKTGRUPPE GEMEINSCHAFTSDIAGNOSE 2017).

Digitale Investitionen lassen sich schwieriger in Gewinnsteigerungen umsetzen als erhofft (WORLD BANK GROUP 2016). Auch das Produktivitätswachstum zeigt nicht die exponenziellen Sprünge, die erwartet wurden. Im Gegenteil hat sich das Produktivitätswachstum in vielen hoch entwickelten Industrieländern seit den 90er Jahren (BDI 2016) deutlich abgeschwächt.[5] Die Debatte über die Gründe ist noch im Fluss; die Deutungen variieren: Sind für die einen die Erträge der Digitalisierung schon mehr oder weniger ausgeschöpft bzw. für die Zukunft überschätzt (HORN et al. 2017), vermuten andere, dass es noch dauert, bis die Effekte der technologischen Innovationen »durchsickern«, bzw. dass diese zwar vorhanden sind, sich aber (bislang) nicht messen lassen (WEBER et al. 2017).

5 Dieses »Produktivitätsrätsel« beschäftigte schon in den 1930er Jahren den Ökonomen Alvin Hansel (BMAS 2016b). Heute sind der Wirtschaftsnobelpreisträger Paul Krugman sowie der Harvard-Ökonom und ehemalige US-Finanzminister Lawrence Summer prominente Vertreter der These der »säkularen Stagnation« (RÜRUP 2015).

DIE RESSOURCEN DES STAATES. Der Staat sorgt über sein System an Transferleistungen nicht nur für einen fairen Ausgleich in der Gesellschaft, er stellt auch die *Basis für ökonomische Aktivitäten* zur Verfügung – über Investitionen in die Infrastruktur: in das Verkehrsnetz, das Bildungssystem, in Kinderbetreuung und Schulen, das Gesundheitswesen und öffentliche Verwaltung. Darüber hinaus investiert er in Forschung und Entwicklung, die sich Gründer/innen und etablierte Unternehmen zu eigen machen, um darauf Geschäftsmodelle aufzubauen und weitere Innovationen hervorzubringen.

Alle diese Investitionen wollen solide finanziert sein. Es ist also wichtig, die Einnahmen des Staates in den Blick zu nehmen. Angesichts von Globalisierung und Digitalisierung stellt sich dabei auch die Frage, wie der Staat am besten Zugriff auf Unternehmensgewinne erlangen kann. Die Vorschläge reichen von einer *Maschinen- und Robotersteuer* (vertreten etwa vom Chef der Deutschen Post, Frank Appel) über eine Wertschöpfungsabgabe[6] (so z.B. die österreichischen Sozialdemokraten) bis hin zu Überlegungen zu einer *Datensteuer.* Im Detail stoßen jedoch alle Vorschläge auf Hürden. Eine Maschinensteuer beispielsweise würde Unternehmen der klassischen Industrie gegenüber der Digitalwirtschaft benachteiligen.

6 Als Wertschöpfungsabgabe wird die Umstellung der Bemessungsgrundlage für die Abgaben zur Sozialversicherung von der Lohnsumme der Unternehmen auf die Wertschöpfung der Unternehmen verstanden.

Da aber noch nicht absehbar ist, welche Effekte die Digitalisierung auf die Zahl der Arbeitsplätze, das Steueraufkommen, die Sozialversicherungen und die Verteilung der Einkommen in Deutschland und weltweit haben wird, wird die Debatte um den Zugriff auf die Digitalisierungsgewinne weiter zu führen sein.

WO KÖNNEN WIR ANSETZEN?

Eine leistungsstarke Volkswirtschaft ist auf den Beitrag der arbeitenden Menschen angewiesen, denen die Erwerbstätigkeit materielle Sicherheit, sozialen Wohlstand und eine sichere Perspektive liefern soll. Der *Staat* hat dabei eine *bedeutende Rolle* zu spielen: Er sichert gute Bedingungen für wirtschaftliche Aktivitäten und Innovationen, garantiert aber auch einen Ausgleich der Interessen, indem er die Einzelnen nicht den Kräften des Marktes überlässt und für *soziale Wohlfahrt* sorgt.

Wenn die Empfindung zunimmt, dass diese Beschreibung mehr einer normativen Zielvorstellung als der gelebten Realität entspricht, besteht *Handlungsbedarf*. Zwei Optionen sind denkbar: In der ersten verabschiedet man sich gleich ganz vom Leitbild der sozialen Marktwirtschaft, denn nichts erzeugt mehr Politikverdruss als die Beschwörung von Leerformeln. Die zweite Option verlangt nach einer grundlegenden *Wiederbelebung der sozialen Marktwirtschaft*, die diesem Namen auch gerecht wird. Bislang ist der Zuspruch zur zweiten Option über die politischen Lager hinweg ungebrochen groß – aber eine konkrete Umsetzung ist noch nicht erkennbar.

Der Strukturwandel, der sich durch die technologischen Innovationen vollzieht, bietet hier eine Chance. Er wirft viele an Arbeit geknüpfte Fragen neu auf, die von Rechten und kollektiven Regelungen bis hin zum Verständnis von Wohlstand und Produktivität reichen. Auch steht mit dem Strukturwandel das Verhältnis von Staat, Wirtschaft, Sozialpartnerschaft und Zivilgesellschaft zur Debatte: Wer soll nicht nur angehört, sondern auch wirklich beteiligt werden? Die digitale Transformation eröffnet eine erneute historische Chance: Der Staat kann sich als Akteur ihrer Gestaltung begreifen und so die soziale Marktwirtschaft zukunftsfähig machen. Dies gelingt durch ein tatsächliches Zusammenspiel von wirtschaftlicher Prosperität, ökologischer Nachhaltigkeit und sozialer Wohlfahrt.

DER STAAT WIRD AKTIV

Dem Staat kommt in jeder Demokratie und insbesondere in einer sozialen Marktwirtschaft eine Schlüsselrolle bei der Gestaltung von Wandel zu. Er bündelt die Bedürfnisse und Wünsche, moderiert den Ausgleich zwischen den Interessen und bezieht zentrale gesellschaftliche Akteure wie Sozialpartner und NGOs in die Entscheidungsfindung ein. In diesem Verständnis ist der Staat nicht als »Nationalstaat« gedacht, sondern als *Repräsentant pluraler Interessen,* der auf den unterschiedlichsten Ebenen des Politischen (international bis kommunal) Lebensbedingungen gestaltet. Dieses Staatsverständnis gilt es zu verteidigen in einer Situation, in der sich Kräfte von rechts (AfD, Pegida) zu Sprachrohren des »wahren Volkswillens« und zu Fürsprechern »direkter Demokratie« erklären.

In einer sich rasant verändernden Welt kann der Staat kaum einen Masterplan für die Zukunft vorgeben. Er kann und muss stattdessen über die demokratischen Wege der Beteiligung einen Prozess initiieren und moderieren, in dem Interessen und Bedürfnisse gehört werden und eine gemeinsame *Verständigung über die Ziele der Transformation* erfolgt. Im Themenfeld Arbeit kann er mit Sozialpartnern und Arbeitsforschung ein Sensorium dafür entwickeln, wie sich wirtschaftliche Aktivitäten verändern werden und wie sich technologische Innovationen in der Arbeitsorganisation und -gestaltung nutzen lassen. Er muss dabei, folgt er dem Grundgedanken der sozialen Marktwirtschaft, den Ausgleich zwischen wirtschaftlichen und gesellschaftlichen Interessen im Blick behalten.

→ DENKANSTOSS DER STAAT ALS GESTALTER DER TRANSFORMATION

Zur Digitalisierung der Arbeitswelt existieren zahlreiche, zumeist tripartistisch organisierte Initiativen (z.B. »Plattform Industrie 4.0«, »Dialogprozess Arbeiten 4.0« des BMAS und die »Hightech-Strategie« der Bundesregierung). Auch einzelne Bundesländer haben als Impulsgeber für diese Fragen Kommissionen, Beraterkreise und Räte einberufen. Die Kommission empfiehlt, diese Aktivitäten stärker miteinander zu verzahnen und unter Einbeziehung der Sozialpartner und der Zivilgesellschaft eine *Innovationsstrategie* zu entwickeln.

In ihr sollten die *Ziele und Leitprinzipien* für die Transformation der Arbeitswelt entwickelt werden. Hierbei sollten technologische und soziale Innovationen zusammengedacht werden. Das bedeutet unter anderem, die Transformation der Arbeit umfassend, vor allem in ihren gesellschaftlichen Effekten und Möglichkeiten, auszuleuchten. Die Innovationsstrategie sollte nicht zu eng entlang von Branchen definiert werden, sondern die neu entstehenden Zusammenhänge und Abhängigkeiten von Wertschöpfungsprozessen über Branchengrenzen hinweg berücksichtigen. Auch wurde bislang in den diversen Plattform-Aktivitäten zu wenig Augenmerk auf die Dienstleistungen gerichtet; dies gilt in besonderem Maße für die sozialen Dienstleistungen. Sie sollten als integrativer Teil einer ganzheitlichen Innovationsstrategie definiert werden.

→ DENKANSTOSS EIN WEITES INNOVATIONSVERSTÄNDNIS

Die Kommission schlägt einen breiten Innovationsbegriff vor, der *technologische und wirtschaftliche Innovationen* im Zusammenhang mit *ökologischen und sozialen Innovationen* begreift.

Wenn es gelingt, technische Innovationen dazu zu nutzen, gesellschaftlichen Herausforderungen zu begegnen, werden sie zu sozialen Innovationen, die beispielsweise der Erhaltung der Umwelt, der Fortbewegung, der Bekämpfung von Krankheiten, der Kommunikation dienen. Zum anderen sind Innovationen – und dies gerät angesichts der Fokussierung in der öffentlichen bzw. medialen Debatte auf »Industrie 4.0« oft aus dem Blick – nicht zwingend technischer Natur; es kann sich auch um reine »soziale« Innovationen handeln.

Daniel Buhr definiert den Begriff soziale Innovationen als »Neuerungen, die einerseits zur Verbreitung und Diffusion technischer Entwicklungen auf der gesellschaftlichen Ebene beitragen und andererseits Praktiken darstellen, die von betroffenen Personen, Gruppen und Organisationen entwickelt und genutzt werden und zur Bewältigung gesellschaftlicher Herausforderungen dienen« (BUHR 2015). Danach war die Einführung der betrieblichen Mitbestimmung im Jahr 1952 eine soziale Innovation. Soziale Innovationen sind nicht minder relevant für wirtschaftlichen Erfolg als technische Innovationen. Eine Innovation, die zugleich technisch, ökologisch und sozial war: die Maßnahmen gegen die Luftverschmutzung in den 70er Jahren (»Blauer Himmel über der Ruhr«).

Technologische Innovationen haben das Potenzial, Wirtschaftsaktivitäten anzuregen. Sie sind damit Wegbereiter für Produktivitätssteigerung und *materiellen Wohlstand,* bergen aber auch die Gefahr, dass Technik nicht im Interesse der Bürger/innen angewandt wird. Es ist diese *Ambivalenz des technologischen Fortschritts,* die den Begriff der *Innovation* voraussetzungsvoll macht – und nach einer Vergewisserung über sein Verständnis verlangt.

Nötig scheint eine *Abwägung zwischen dem Möglichen und dem gesellschaftlich Gewollten.* Welche neuen Technologien halten wir für eine Verbesserung der Lebensqualität und eine Innovation im ganzheitlichen Sinne? Welche Neuerungen hingegen haben zerstörerisches Potenzial oder verletzen Rechte, die bislang als Basis des Zusammenlebens galten? Helfen könnte hier die Rückbesinnung auf ein bewährtes Instrument: die *Technikfolgenabschätzung*. Dieses Forschungsgebiet und Politikfeld reflektiert den Einsatz von Technik und Technologie und bezieht dabei ihre Effekte systematisch ein, d.h. betrachtet sie im Zusammenhang mit Umwelt und Gesellschaft. Die Bundesregierung fördert die Technikfolgenabschätzung durch Grundlagenfinanzierung, Zuschüsse und Forschungsprogramme.

→ DENKANSTOSS TECHNIKFOLGENABSCHÄTZUNG NEU AUSRICHTEN

Das Verständnis von Technikfolgenabschätzung bedarf aus Sicht der Kommission einer Perspektiverweiterung: Es kann nicht stehen bleiben bei einer reinen Betrachtung von Technikeinsatz, sondern muss grundlegend die *Veränderung von Wirtschaft und Gesellschaft* im Blick haben. Ein wichtiges Feld ist etwa die Veränderung von Entscheidungsprozessen, wenn diese algorithmisiert werden. Es gilt, die *Auswirkungen* von Innovationen und neuen Technologien *auf Arbeitsplätze und die Arbeitsbedingungen* einzufangen und zu bewerten.

Darüber hinaus sollte die Abschätzung nicht erst bei den Folgen ansetzen, sondern bereits den *Entstehungsprozess* in den Blick nehmen: Welches sind die Beteiligungsverfahren an Innovationen und Entwicklungen? Es ist nicht nur aus Gründen der demokratischen Teilhabe, sondern auch ökonomisch plausibel, diese Perspektive aufzunehmen.

Die Kommission schlägt damit vor, die Technikfolgenabschätzung stärker als bisher auch auf Folgen der Digitalisierung auszuweiten und hierbei die Auswirkungen auf Kommunikation, soziale Beziehungen und Organisationen zu berücksichtigen. Der Staat sollte klare Anreize setzen, dass eine solche Perspektiverweiterung stattfindet, und Kriterien für entsprechende Forschung und Initiativen festlegen.

Eine umfassende *Institutionalisierung einer Innovationspolitik,* die neben technischen auch soziale Innovationen vorantreibt, findet sich in Finnland und Schweden. Beide Länder sind Vorreiter in diesem Bereich. Zu den Institutionen der Innovationspolitik gehören in Finnland Koordinationsplattformen wie das »Innovationskabinett« und Agenturen wie Tekes, die Forschung, Entwicklung und Innovationen finanziert, außerdem in Schweden und Finnland ein innovationsorientiertes öffentliches Beschaffungswesen. Es wird in beiden Ländern als Instrument genutzt, um angesichts der hohen Nachfrage im öffentlichen Sektor nach IKT-Anlagen, Software, Datenbanken und Dienstleistungen innovativen Produkten zum Marktdurchbruch zu verhelfen (ANDERSSON et al. 2016).

→ DENKANSTOSS EIN INNOVATIONSORIENTIERTES BESCHAFFUNGSWESEN EINFÜHREN

Die Kommission plädiert für die Einführung eines *innovationsorientierten* öffentlichen *Beschaffungswesens* nach schwedischem bzw. finnischem Vorbild. Sie sieht hierin einen doppelten Nutzen: Zum einen lassen sich über das Instrument innovative Lösungen für neue gesellschaftliche Herausforderungen finden (z.B. Innovationen im Dienstleistungssektor, Konzepte der Open Innovation, der städtebaulichen Entwicklung, Smart City). Zum anderen dient das Instrument dazu, Referenzmärkte für innovative Produktive zu schaffen. Da Kommunen nicht verpflichtet sind, das billigste Angebot zu wählen, besteht kein Hinderungsgrund, ein solches innovatives Beschaffungswesen einzuführen.

Damit das innovationsorientierte Beschaffungswesen nicht auf Kosten sozialer Aspekte geht, sollte es mit weiteren Aspekten kombiniert werden. Vorstellbar wäre neben der Einführung einer Tariftreueklausel auch das Vorhandensein eines Betriebsrates als Vergabekriterium, um innovativen, jungen Unternehmen einen Anreiz zu geben, Betriebsratsgründungen zu befördern und Tariflöhne zu zahlen.

In der aktuellen Digitalisierungsdebatte fällt auf, dass das Thema *ökologische Nachhaltigkeit* stark an den Rand gedrängt wurde. Dabei ist die ökologische Umgestaltung der Wirtschaft zentral. Die in Paris 2016 festgelegten Klimaschutzziele erfordern erheblichen Einsatz für die ökologische Transformation. Deutschland hat in diesem Zusammenhang weitreichende Klimaschutzverpflichtungen ratifiziert. Die damit einhergehende »Dekarbonisierung« wird einen massiven Strukturwandel bedeuten: Branchen geraten unter Druck, Industrieprozesse verändern sich, neue Beschäftigungsfelder entstehen. Gleichzeitig wird zunehmend von einer »Digitalisierung der Energiewende« gesprochen; auch sehen Konzepte zum Klimaschutz vermehrt eine Chance in der Digitalisierung.

Deutschland kann an *Transformationserfolge* aus der Vergangenheit anknüpfen: Im Bereich der Nachhaltigkeit/Energiepolitik gelang es durch Regulierung und Anreizpolitik, hohe Investitionen in zukunftsweisende Technologien zu befördern. Das Erneuerbare-Energien-Gesetz, das die bevorzugte Einspeisung von Strom aus erneuerbaren Quellen ins Stromnetz regelt und den Erzeugern feste Vergütungen garantiert, bewirkte in Deutschland den Durchbruch bei den regenerativen Energien und wurde in zahlreichen Ländern der Welt kopiert. Deutschland kann an diesen Innovationspfad anknüpfen; gleichzeitig sind weitere Anstrengungen nötig, insbesondere mit Blick auf den Ausbau der Energienetze, aber auch im Sinne einer gerechten Transformation mit Blick auf die Sozialverträglichkeit des Wandels.

Ein Feld mit großem Potenzial ist die ressourcenschonende Nutzung von Produkten – insbesondere mit Blick auf die beiden Trends Digitalisierung und Wertewandel (»Nutzen statt besitzen«). Über digitale Tools können Produkte immer einfacher gemeinsam genutzt werden, wie Car-Sharing-Modelle und Online-Tauschringe zeigen. Doch auch mit Blick auf die Produktion ist die ökologische Nachhaltigkeit Thema. Sie kann beispielsweise über eine effizientere Nutzung von Ressourcen im Produktionsprozess, aber auch durch eine Verlängerung der Lebenslaufzyklen eines Produktes verbessert werden. Bei dem Fokus auf die Umweltbilanz von Produkten wird oft auf das Ideal von »Cradle to cradle« verwiesen: die abfallfreie Gesellschaft, in der die Nebenprodukte des Produktionskreislaufs des einen Produktes wieder in einen anderen eingespeist und genutzt werden können.

Die Sharing- und Repair-Economy führt zwar zum Verlust von Arbeitsplätzen in der Produktion, aber sie schafft an anderen Stellen auch Arbeit. Denn in der Repair-Economy und der Refabrikation (Wiederaufarbeitung) schlummern neue Arbeitsplätze. Das gilt auch für klassische Industrieunternehmen: Bereits seit 1972 arbeitet Caterpillar, der weltweit größte Hersteller von Baumaschinen, in seinen Werken erfolgreich Dieselmotoren auf (FORD/DESPEISSE 2016).

→ DENKANSTOSS DIGITAL-ÖKOLOGISCHE INNOVATIONEN FÖRDERN

Eine Wirtschaftspolitik, die den begrenzten Zugang zu Ressourcen oder die Folgen von Produktion für das Ökosystem vernachlässigt, ist nicht zukunftsfähig. Die Kommission empfiehlt daher, den digitalen Wandel effizient im Sinne ökologischer Ziele zu nutzen.

Bislang ist vernachlässigt worden, dass mithilfe digitaler Technologien Ressourcen effizienter eingesetzt und auch Klimaziele unterstützt werden können. Die Auslastung und Ausnutzung von Gütern und Prozessen können mithilfe neuer Technologien und neuer Geschäftsmodelle (»Sharing-Economy«) verbessert werden. In jüngster Zeit scheint der Lebenszyklus vieler Produkte eher kürzer statt länger zu werden. Viele Geschäftsmodelle sind auf permanenten Neukonsum angelegt (etwa bei Smartphones), viele Produkte sind so konstruiert, dass sie vorzeitig kaputtgehen (geplante Obsoleszenz). Mit neueren Fertigungstechnologien kann es jedoch zu einer Trendumkehr kommen. Statt auf Neuproduktion wird in manchen Bereichen (wieder) auf Reparieren gesetzt. Digitale Entwicklungen wie das »Additive Manufacturing« (3D-Druck) leisten dafür einen entscheidenden Beitrag. Mit ihnen lassen sich die Zulieferketten drastisch verkürzen.

Neue Technologien bergen also das Potenzial von *Ressourcenschonung* in sich, doch ist dies kein Selbstläufer, weshalb Anreize nötig sind. Die Kommission empfiehlt, die Bereiche Digitalisierung und Ökologie zukünftig systematischer zusammenzudenken (und schlägt einen digital-ökologischen Transformationspfad vor).

Illustrieren lässt sich ein solcher *digital-ökologischer Transformationspfad* am Beispiel der Steuererleichterung für Reparaturen, die 2017 in

Schweden eingeführt wurde: Die Mehrwertsteuer auf Reparaturen, etwa von Fahrrädern oder Schuhen, sinkt von 25 Prozent auf 12 Prozent; Reparaturen von Elektrogroßgeräten wie Kühlschränken oder Waschmaschinen sind seit Jahresbeginn von der Steuer absetzbar. Auch in Deutschland könnte der Staat aktiv Anreize nach diesem Vorbild setzen, auch wenn dies nur ein kleiner Baustein einer größeren Nachhaltigkeitsstrategie sein kann.

DER STAAT INVESTIERT

→ DENKANSTOSS TRENNUNG VON INVESTIVEN UND KONSUMTIVEN STAATLICHEN AUSGABEN ÜBERWINDEN

Die Kommission empfiehlt, die statistische Trennung von investiven und konsumtiven staatlichen Ausgaben zu überwinden: Nach Maßgabe der Volkswirtschaftlichen Gesamtrechnung werden Staatskonsum und staatliche Investitionen voneinander abgegrenzt. In der öffentlichen Debatte wird zugleich häufig der Eindruck erweckt, investive Ausgaben des Staates seien zwar durchaus wünschenswert, doch sei ein zu großer Teil der Staatsausgaben konsumtiv und damit wenig produktiv. Tatsächlich folgt die statistische Abgrenzung von staatlichem Konsum und staatlichen Investitionen jedoch einer falschen Logik. So werden beispielsweise Ausgaben für Gebäude staatlicher Schulen als Investitionen erfasst, während die Ausgaben für Gehälter von Lehrer/innen und Professor/innen als Staatskonsum verbucht werden. Dabei ist klar, dass beide Ausgabentypen *investiven Charakter* haben mit dem Ziel einer verbesserten Ausbildung von Schüler/innen und Studierenden. Ähnliche Argumente lassen sich für sozialpolitische Themenfelder entwickeln. Vor diesem Hintergrund ist eine neue Debatte darüber notwendig, inwieweit staatliche Ausgaben, unabhängig von ihrer aktuellen Abgrenzung nach Volkswirtschaftlicher Gesamtrechnung, die längerfristige gesamtwirtschaftliche Produktionsentwicklung befördern.

Staatliche und private Investitionen spielen eine bedeutende Rolle bei langfristigen Wachstumsprozessen. Eine Abnahme der Investitionstätigkeit führt zu einem verringerten Produktionspotenzial – und gefährdet damit auf lange Sicht die gesamtwirtschaftliche Wohlfahrt. Deutschlands Investitionstätigkeit unterschreitet den Durchschnitt aller OECD-Länder. Ein Blick in die Statistik zeigt für die letzten beiden Jahrzehnte in Deutschland eine historisch *niedrige Investitionstätigkeit,* auch bezeichnet als *»Investitionslücke«*, d.h. eine Divergenz von notwendigen und tatsächlich unternommenen Investitionen, die zu einem Substanzverlust führen muss. Das DIW Berlin hat die Investitionslücke in Deutschland auf ungefähr 75 Milliarden Euro beziffert (was einem Anteil am Bruttoinlandsprodukt von drei Prozent entspricht). Bei einer Schließung der Lücke könnte das Wachstum um 0,6 Prozentpunkte höher ausfallen (BACH et al. 2013). Nahezu alle Sektoren sind von diesem Investitionsmangel betroffen, besonders jedoch die staatliche und die kommunale Ebene.

Seit mehreren Jahren verfügt Deutschland über *hohe Steuereinnahmen,* dennoch ist die Investitionsquote niedrig geblieben. Zwar verringert sich aktuell der Überschuss der öffentlichen Haushalte durch die Ausgaben für die Unterbringung und Integration von Flüchtlingen, aber es besteht weiterhin ein hoher *fiskalischer Spielraum:* Trotz der zusätzlichen Ausgaben dürften die öffentlichen Haushalte 2016 einen Überschuss von 0,4 Prozent des Bruttoinlandsprodukts ausweisen (HORN et al. 2016b). Da selbst der restriktive Fiskalpakt ein strukturelles Defizit in Höhe von 0,5 Prozent des Bruttoinlandsprodukts zulässt, besteht hier Luft für Zukunftsaufgaben.

→ DENKANSTOSS IMPULSE MIT ÖFFENTLICHEN INVESTITIONEN SETZEN

Staatliche Investitionen sind die Grundlage für ein funktionierendes öffentliches Leben, das ganz maßgeblich auf eine vielschichtige Infrastruktur angewiesen ist. Vor diesem Hintergrund empfiehlt die Kommission, die öffentlichen Investitionen deutlich zu *verstärken.* In einer Situation des Strukturwandels ist es dringend geboten, mit Investitionen in den Bereichen → QUALIFIZIERUNG und digitale Infrastruktur in die Offensive zu gehen (ohne die Investitionen in die »physische« Infrastruktur zu vernachlässigen).

Von der Orientierung an der »schwarzen Null« im Bundeshaushalt ließe sich zumindest so weit abweichen, dass man den Spielraum des zulässigen strukturellen Defizits von 0,5 Prozent ausschöpft. Darüber hinaus gab es in der Kommission einige Stimmen, die darauf hinwiesen, dass die Ausnutzung des strukturellen Defizits trotz der aktuellen Einnahmesteigerung des Staates nicht ausreichen würde – bereits jetzt würden sich die Länder mit der Gründung öffentlicher Strukturunternehmen (wie z.B. in Hamburg der Hafen-City GmbH) behelfen. Daher sei die Orientierung an der »schwarzen Null« bzw. die »Schuldenbremse« generell mit Blick auf langfristig wirksame Investitionen kritisch zu hinterfragen. Ein Argument dafür war: Hätte man stets einen solchen Kurs verfolgt, wären große Teile der heutigen Infrastruktur und damit des gesellschaftlichen Wohlstandes nie entstanden.

Der Staat spielt, dies ist der Öffentlichkeit zumeist nicht bekannt, eine *aktive Rolle bei Innovationen* – die oftmals einzelnen Genies und sogenannten »Garagenerfindern« zugeschrieben werden. Viele der vermeintlich von Einzelnen entwickelten Innovationen und Technologien sind nicht nur in komplexen Kooperationen entstanden, sondern basieren auf einer *Anschubförderung durch den Staat* (HELLIGE 2006; MAZZUCATO 2015). Selbst das »kalifornische Modell«, bei dem die meisten wohl an privates Venture-Kapital denken, setzt auf immense öffentliche Investitionen und Förderung (BAUMS/SCOTT 2013).

In Deutschland konzentriert sich der Staat bislang auf die Förderung von *Grundlagenforschung*. Damit wird ein spezifisches Marktversagen kompensiert – nämlich zu niedrige Forschungs- und Entwicklungsausgaben. Soll der Staat also darüber hinaus private Investitionen stärker fördern bzw. selbst in neue Technologien und Geschäftsmodelle investieren? Diskutiert wurden unterschiedliche Ansätze.

DEBATTE DER STAAT GEHT BEIM INVESTIEREN NEUE WEGE

Eine Debatte drehte sich um die Frage, wie unmittelbar der Staat sich am Wirtschaftsgeschehen beteiligen soll, um Innovationen bzw. innovative/strategisch wichtige Wirtschaftsbereiche voranzutreiben. Die Einschätzungen in der Kommission lassen sich zu drei Positionen bündeln:

- Eine Position lautet, dass der Staat *nur die Rahmenbedingungen* für private Investitionen *verbessern* solle, insbesondere durch Infrastrukturförderung (etwa Bildung, Forschung, Verkehrsnetze). Bei Direktinvestitionen hingegen solle sich der Staat auf die Kompensation von Markt- oder Koordinierungsversagen konzentrieren; nur in diesem Fall sei eine direkte Steuerung der Investitionstätigkeit durch den Staat sinnvoll. Auch würden Investitionsanreize aktuell verpuffen, weil wegen der niedrigen Zinsen Kredite ohnehin sehr günstig sein; die Investitionszurückhaltung von Unternehmen müsse also andere Gründe haben, die es zunächst näher auszuleuchten gelte.
- Eine zweite Position war, dass der Staat zwar nicht direkt in innovative Branchen investieren, aber zumindest *Investitionen in Innovationen verbilligen* solle, etwa durch Abschreibungsmöglichkeiten.
- Eine dritte Position kritisiert, dass der Staat sich in den vergangenen 30 Jahren aus vielen Bereichen zurückgezogen habe und seine Rolle auf die Korrektur von Fehlentwicklungen von Märkten reduziert worden sei. Diese Stimmen forderten, den Staat aus seiner Rolle am »Spielfeldrand des Marktgeschehens« wieder auf das Spielfeld zurückzuholen. Sie schlugen eine *bewusste Risikoübernahme* durch den Staat bei der Entwicklung neuer Technologien vor. Auf diese Weise sei es möglich, die soziale Gestaltung neuer Technologien früh zu be-

rücksichtigen, Sozialpartner und Zivilgesellschaft einzubinden und Aushandlungsprozesse über die Entwicklung und Förderung neuer Technologien zum Teil demokratischer Aushandlungsprozesse zu machen. In diesem Zusammenhang wurde auch die Einführung eines *Staatsfonds* diskutiert, der die Aufgabe hat, hochinnovative Technologien zu fördern bzw. in Zukunftsbranchen oder nationale Schlüsselunternehmen zu investieren. Staatsfonds gibt es, anders als vielfach vermutet, auch in rohstoffarmen Staaten wie Frankreich und Italien. Zu klären blieb die Frage, woher der Fonds sein Kapital beziehen solle. Auch gilt es, eine vollständige private Aneignung der Ergebnisse staatlicher Risikofinanzierungen zu verhindern.

Große Chancen liegen in Deutschlands *Mittelstand*, der als wirtschaftliche Struktur im internationalen Vergleich ein Alleinstellungsmerkmal darstellt. Die mittelständische Wirtschaft schöpft das Potenzial der Digitalisierung jedoch bislang bei Weitem nicht aus. Zwischen den hochgesteckten Zielen der Industrie-4.0-Strategie und ihrer Umsetzung besteht bislang noch eine tiefe Kluft (SCHROEDER 2017b). Während die großen Leuchttürme wie Siemens, Bosch und Teile der Automobilindustrie sowie einzelne Mittelständler in der Umsetzung schon weit vorangekommen sind, bleibt die Mehrheit der – insbesondere kleinen und mittelständischen – Industrieunternehmen hinter den ambitionierten Zielen der Umsetzung neuer Technologien zurück (EFI 2015).

Insgesamt befindet sich laut einer KfW-Studie etwa ein Drittel der Mittelständler aktuell noch in einem Grundstadium der Digitalisierung, d.h., bei ihnen sind selbst grundlegende Anwendungen wie ein eigener Internetauftritt unterdurchschnittlich verbreitet. Besonders häufig zählen die kleinen Mittelständler mit weniger als 50 Mitarbeiter/innen zu diesen Digitalisierungsnachzüglern. Rund die Hälfte der mittelständischen Firmen hierzulande liegt im Mittelfeld und nutzt beispielsweise einzelne Anwendungen digital vernetzter Information und Kommunikation. Digitale Vorreiter, d.h. Unternehmen, die bereits auf digitale Produkte, Dienstleistungen, Apps oder Industrie 4.0 setzen, stellen mit einem knappen Fünftel des Mittelstands die Minderheit dar.

Als *Hürden* gaben die Mittelständler Fragen des Datenschutzes, hohe Investitions- und Betriebskosten und die zu niedrige Geschwindigkeit der Internetverbindung, außerdem mangelnde IT-Kenntnisse der Belegschaften an (ZIMMERMANN 2016). Nicht alle Mittelständler können aus eigener Kraft die Digitalisierung stemmen, insbesondere in der Zulieferkette werden diejenigen in Schwierigkeiten geraten, die sich nicht schnell genug digitalisieren. Hier scheint Unterstützung nötig.

DEBATTE DEN DIGITALEN MITTELSTAND FÖRDERN

In der Kommission wurde wiederholt betont, dass der Mittelstand besondere Unterstützung in der Bewältigung der Transformation und der Nutzung der mit ihr verbundenen Chancen benötigt. Dies beginnt bei der Schulung von Belegschaften mit Blick auf IT-Kenntnisse, umfasst aber auch Beratungsangebote für Datenschutz oder die Einführung digitaler Technologien. Kontrovers wurde die Frage diskutiert, ob es auch finanzielle Hilfen (z.B. durch Steuererleichterungen) für Investitionen in Digitalisierung geben solle.

Einige Stimmen bejahten solche Hilfen. Allerdings solle die Förderung nicht nach dem »Gießkannenprinzip« erfolgen, sondern an Kriterien wie Tarifbindung gebunden sein. Auch sollten bei der Frage, welche innovativen Produkte und Geschäftsmodelle gefördert werden, Zivilgesellschaft und Sozialpartner einbezogen werden.

Gegner/innen einer solchen finanziellen Förderung wiesen darauf hin, dass Digitalisierung auch eine Rationalisierungsstrategie sei und damit nicht per se förderungswürdig. Zum anderen wurde die Frage aufgeworfen, wie stark der Staat Unternehmen unter die Arme greifen solle, die sich nicht aus eigener Kraft am Markt behaupten können.

Einigkeit bestand darin, dass der Mittelstand stärker als große Unternehmen auf *eine gute regionale Infrastruktur* angewiesen ist. Hier könnte also in der indirekten Förderung angesetzt werden; auch kommt den Fachhochschulen eine bedeutende Rolle zu.

DIE SOZIALE MARKTWIRTSCHAFT REVITALISIEREN

Die Digitalisierung trifft in Deutschland auf eine in einigen Teilen stark verunsicherte Bevölkerung – und sie kann den Druck auf Erwerbsarbeit und ihre Regulierung weiter erhöhen: Selbst die euphorischsten Prognosen zu den Auswirkungen der Digitalisierung gehen davon aus, dass es eine nicht unerhebliche Anzahl von Verlierer/innen geben wird. Die Anzeichen dafür sind jetzt schon da. Während viele gut abgesichert sind, befinden sich andere im Abstiegskampf oder haben den Kampf bereits verloren. Die Konturen einer polarisierten Gesellschaft zeichnen sich bereits ab (FRATZSCHER 2016), in Frankreich und den USA sind sie schon deutlicher zu besichtigen.

Auch *regionale Disparitäten* sind in Deutschland bereits markant und können durch die Digitalisierung weiter zunehmen. Dies wirft die Frage auf, wie die Gesellschaft die Kraft zum sozialen Zusammenhalt zurückgewinnen kann. Dazu gehört auch, dass sich der Staat seiner Verpflichtung zur *Daseinsvorsorge* im ganzen Land stellt. Hierzu zählen technische Dienstleistungen (Verkehrsinfrastruktur, Kommunikationsdienstleistungen, Energieversorgung, Wohnungswirtschaft) und soziale Dienstleistungen (Bildungswesen, Kinderbetreuung, Sportstätten, Gesundheits- und Altenpflege, kulturelle Versorgung, öffentliche Sicherheit) (KERSTEN et al. 2015). Schon heute verfügen viele Regionen hier nur noch über eine Mindestausstattung. Der demografische Wandel wird in einigen Regionen zu deutlicher Alterung und niedrigen Geburtenraten führen, sodass ohnehin schwache Regionen weiter geschwächt werden. Die Daseinsvorsorge ist jedoch die Voraussetzung für das Funktionieren der Wirtschaft und setzt ihrerseits wirtschaftliche Aktivitäten in Gang.

DENKANSTOSS HUMANE UND GLEICHWERTIGE LEBENSVERHÄLTNISSE

Die Förderung wirtschaftlicher Aktivitäten und die Investitionen in technologische und wirtschaftliche Innovationen sind kein Selbstzweck, sondern sollen dazu dienen, die Lebensverhältnisse aller Menschen zu sichern. Der Staat hat die Aufgabe, Menschen darin zu unterstützen, diese Lebensverhältnisse selbst herzustellen, was ihn verantwortlich für hierfür günstige Rahmenbedingungen macht. Im Grundgesetz ist insbesondere auch die Gleichwertigkeit (Art. 72 Abs. 2) bzw. die Einheitlichkeit der Lebensverhältnisse (Art. 106 Abs. 3) festgeschrieben. Mit diesem verfassungsrechtlichen Auftrag ist der Staat zuständig für den *Ausgleich* zwischen den Regionen.

Die Kommission spricht sich mit Nachdruck dafür aus, das Prinzip der Gleichwertigkeit der Lebensverhältnisse *zum Leitprinzip staatlicher Aktivität* zu machen und damit den Gedanken der *Sozialstaatlichkeit* umzusetzen. Diese Aufgabe kann nicht allein von Kommunen gelöst werden, sondern Länder und Bund sind in diese *Gewährleistungsverantwortung* einzubeziehen.

DEBATTE GEMEINSCHAFTSAUFGABE REGIONALE DASEINSVORSORGE

Um die Sicherung einer infrastrukturellen Grundausstattung auch zukünftig zu gewährleisten, zog die Kommission in Erwägung, die *regionale Daseinsvorsorge als Gemeinschaftsaufgabe im Grundgesetz* zu verankern (siehe auch KERSTEN et al. 2016). Eine solche Verankerung im Grundgesetz würde es möglich machen, einen mit Bundesmitteln ausgestatteten Regionalfördertopf aufzulegen. Die Verbesserung der regionalen Daseinsvorsorge sollte in Art. 91a Abs. 1 Nr. 3 GG geregelt und eine hälftige Kostenteilung nach Art. 91a Abs. 3 Satz 1 vorgesehen werden. Dies böte den Vorteil, dass die kleinteilige, an Sonderinteressen orientierte Förderung der regionalen Daseinsvorsorge (durch die bestehenden Gemeinschaftsaufgaben Agrar und Küstenschutz sowie die regionale Wirtschaftsförderung) zu einem einheitlichen Förderkonzept zusammengefasst werden könnte.

→ DENKANSTOSS INFRASTRUKTUR ALS VORAUSSETZUNG FÜR DEN SOZIALSTAAT

Die Kommission empfiehlt, die zentrale Rolle von Infrastrukturpolitik für den gesellschaftlichen Zusammenhalt allgemein und die digitale Transformation im Besonderen in den Blick zu nehmen. Infrastrukturpolitik hat in den letzten Jahren bereits ein Comeback erlebt – wenn auch weitgehend unbemerkt und unter anderen Namen: »Energiewende«, »Elektromobilität«, »demografischer Wandel« (BAUMS/SCOTT 2013).

Verstärkte Anstrengungen sind nötig für den *Ausbau einer leistungsstarken Netzinfrastruktur* und für eine Qualifizierungsoffensive in allen Säulen des Bildungssystems. Daneben aber gibt es auch weitere Herausforderungen, denen sich die Infrastrukturpolitik zu stellen hat. Hierzu zählen vor allem der demografische Wandel, neue familiale Arbeitsteilung und ökologische Notwendigkeiten. Insbesondere im Bereich der *Sorgearbeit* ist ein Ausbau der Infrastruktur dringend geboten, z.B. durch den Ausbau hochwertiger Kindertagesstätten und echter Ganztagsschulen mit hieran angepassten pädagogischen Konzepten und durch eine breite Versorgung mit Plätzen für Pflegebedürftige. Auch der *Wohnungsbau* stellt im Zuge steigender Mietpreise in den Städten einen bedeutenden Baustein dar.

Der Zugang zu schnellem Internet wird für die Wirtschaft zum Überlebensfaktor: Firmen in ländlichen Regionen klagen über schlechte Anbindung (KURI 2017). Bei Privatpersonen entscheidet der Zugang zu schnellem Internet zunehmend über den Zugang zu Erwerbsarbeit, Kultur, Bildung und medizinischer Versorgung. Breitband wird damit zu einer zentralen Verteilungskategorie. Der Staat ist daher herausgefordert, dafür zu sorgen, dass ländliche Regionen nicht digital abgehängt werden.

Gleichzeitig sollte neue Infrastrukturpolitik aber auch *demokratisch* gedacht werden – als beteiligungsorientierte Infrastruktur. Zum einen lassen sich *»soziale Orte«* fördern sowie als »persönliche Infrastrukturen« das Ehrenamt, Zeit für Care-Tätigkeiten und die Nachbarschaftshilfe, wie etwa in WiN-Projekten (»Wohnen in Nachbarschaften«).

Zum anderen sollten *kollektive (Arbeits-)Orte* gefördert werden. Der technologische Fortschritt ermöglicht das Arbeiten von allen Orten aus; zugleich aber ist bekannt, dass Innovationen aus Interaktion und Kooperation heraus entstehen. Kommunale Coworking-Spaces haben das Potenzial, hierfür Impulse zu geben: Sie führen isoliert Arbeitende wieder sozial zusammen – und machen sie so kollektiv handlungsfähig.

Die Transformation wird ohne Vertrauen der Bürgerinnen und Bürger in den Sozialstaat nicht gelingen. Die Aufgabe, *das Sozialstaatsversprechen für das digitale Zeitalter zu erneuern,* erschöpft sich nicht in Infrastrukturmaßnahmen. Eine zentrale Rolle für den Zusammenhalt im Transformationsprozess und damit für sein Gelingen spielt die Absicherungsfunktion des Sozialstaats. Diesem Punkt wurde kein eigener Denkanstoß gewidmet, weil er zu komplex ist; er zieht sich vielmehr durch sämtliche Kapitel dieses Berichtes (insbesondere → BESCHÄFTIGUNG, → EINKOMMEN, → ARBEITSZEIT).

Zentraler Baustein der sozialen Marktwirtschaft sind die *Sozialpartnerschaft und die Mitbestimmung.* Beide garantieren im Strukturwandel die Überführung von strukturellen Konflikten in gemeinsam vereinbarte Lösungswege. Gegenwärtig ist eine Renaissance der Sozialpartnerschaft festzustellen, die ihre Wurzel vor allem in der konstruktiven Krisenbewältigung 2008/2009 hat. Insbesondere in den industriellen Branchen gelang damals im Zusammenwirken von Management, betrieblicher Interessenvertretung, Tarifvertragsparteien und Regierung ein verlässliches Krisenmanagement, das die Belegschaften weitgehend vor unmittelbarem Arbeitsplatzverlust schützte, was sich nach der Krise wiederum gesamtwirtschaftlich als Vorteil erwies. Seitdem betonen u.a. der Sachverständigenrat und führende Wirtschaftsforschungsinstitute den bedeutenden Anteil, den Gewerkschaften nicht nur an der Sicherung des sozialen Friedens, sondern auch an der deutschen Wettbewerbsfähigkeit und an der Überwindung der Krise hatten.

Die Sozialpartnerschaft ist daher wieder ein Faktor, auf den sich in Deutschland auch viele Arbeitgeber und Arbeitgeberverbände positiv beziehen – und sie gilt (wieder) als Teil der Erfolgsgeschichte der sozialen Marktwirtschaft. Auch mit Blick auf den Strukturwandel wird die Rolle der Sozialpartnerschaft als bedeutend diskutiert.

Dennoch ist der Zustand der Sozialpartnerschaft *fragil*. Seit Mitte der 90er Jahre ist nicht nur der gewerkschaftliche Organisationsgrad der Erwerbstätigen, sondern auch die Tarifbindung von Unternehmen zurückgegangen. Die Arbeitgeberverbände haben durch die Schaffung von sogenannten OT-Mitgliedschaften (OT: ohne Tarifbindung) den Verzicht auf Tarifverträge hoffähig gemacht.

In der wissenschaftlichen Bewertung der deutschen Arbeitsbeziehungen werden inzwischen »drei Welten der Sozialpartnerschaft« identifiziert (SCHROEDER 2017a): Zur ersten Welt gehören die Kernbereiche der verarbeitenden und exportierenden Industrie, wo die »Konfliktpartnerschaft« noch funktioniere. Zur zweiten Welt gehören die mittelgroßen Betriebe und Teile des öffentlichen Dienstes, hier seien die konfliktpartnerschaftlichen Beziehungen existent, aber »ruppig« und »unberechenbar«. Zur dritten Welt gehören die kleinen und mittelgroßen Betriebe im privaten Dienstleistungssektor. In dieser dritten Welt herrsche ein »Konflikt ohne Partnerschaft«. Das gilt insbesondere für den – weiblich dominierten – Bereich der sozialen Dienstleistungen (insbesondere im Pflegesektor). Hier ist das traditionelle deutsche Beschäftigungsmodell mit flächendeckenden Branchentarifverträgen niemals angekommen.

Wenn die Mitbestimmung als konstituierend für die soziale Marktwirtschaft angesehen wird, stellt sich die Frage, wie Mitbestimmung auch in den »Mitbestimmungswüsten« verwurzelt werden kann – und wie die Werkzeuge der Mitbestimmung beschaffen sein müssen, damit sie auch außerhalb der industriellen Zonen und des öffentlichen Dienstes flächendeckend wirksam werden können.

DEBATTE SOZIALPARTNERSCHAFT UND MITBESTIMMUNG STÄRKEN

Die Kommission hält eine funktionsfähige Sozialpartnerschaft und eine vitale Mitbestimmung für entscheidend für das Gelingen der Transformation: Sie ist nur als Aushandlungsprozess vorstellbar; dazu ist *Sozialpartnerschaft auf Augenhöhe* nötig. Wirksame Mitbestimmungsrechte stellen diese Augenhöhe her und sind daher für das Funktionieren moderner Sozialpartnerschaft wichtig. Das Ziel, das Prinzip der Augenhöhe auch in Zukunft zu garantieren, war in der Kommission Konsens. Kontrovers wurden nur der Weg dorthin bzw. die entsprechenden Instrumente diskutiert. Die Debatte drehte sich unter anderem um folgende Aspekte:

Bekenntnis zum Betriebsrat Taten folgen lassen: Mitbestimmung ist das Markenzeichen der sozialen Marktwirtschaft und ein verbrieftes Recht. Dennoch arbeiten weniger als die Hälfte aller abhängig Beschäftigten in Betrieben mit Betriebsrat. Jede sechste Betriebsratsgründung wird verhindert. Ein klares Bekenntnis zur Mitbestimmung als dem demokratischen Prinzip der deutschen Wirtschaft erfordert ein Nachjustieren der Rahmenbedingungen.

Die Wahl eines Betriebsrats nach dem normalen Wahlverfahren ist eine facettenreiche und langwierige Prozedur, die anfällig ist für mutwillige Störungen. Aber auch das vereinfachte Wahlverfahren, das im Betriebsverfassungsgesetz seit der Reform im Jahre 2001 vorgesehen ist, stellt Personen, die das erste Mal eine Wahl initiieren möchten, vor große Herausforderungen. Also: Rechtsunsicherheiten ausräumen, Wahlverfahren vereinfachen, vereinfachtes Wahlverfahren auf Betriebe bis zu 100 Wahlberechtigte ausweiten.

Neben der Vereinfachung bedarf es einer besseren Absicherung von Betriebsratswahlen gegen Versuche von Arbeitgeberseite, sie zu beeinflussen oder zu behindern. Vorschläge waren:

- verbesserter Kündigungsschutz
- konsequente Verfolgung und Sanktionierung von Versuchen, Betriebsratsgründungen zu verhindern (z.B. durch Gründung von Schwerpunktstaatsanwaltschaften, Bearbeitung im Rahmen bestehender Schwerpunktabteilungen, etwa zur Wirtschaftskriminalität)
- Verhängung höherer Bußgelder

— Wahlbehinderungen zum Offizialdelikt machen, das von Amts wegen verfolgt werden muss, nicht nur auf Antrag einer bereits gewählten Interessenvertretung oder einer im Betrieb vertretenen Gewerkschaft

Tarifverträge flächendeckend wirksam machen: Im Zuge des Rückbaus des Sozialstaates in den vergangenen Jahren wurden immer mehr Aufgaben auf die tarifliche und betriebliche Ebene verlagert (z.B. flexible Altersübergänge, Betriebsrenten); gleichzeitig nimmt die Reichweite der Tarifverträge ab. So entstehen Schutzlücken und neue Ungleichheiten auf dem Arbeitsmarkt. Aus diesem Grund wächst die Notwendigkeit, von Tarif- und Betriebspartnern gefundene Lösungen durch Allgemeinverbindlicherklärungen auf die Fläche auszudehnen. Hier scheint es sinnvoll, die Auswirkungen des Gesetzes abzuwarten, durch das die Hürde dafür bereits gesenkt wurde (→ EINKOMMEN). Falls sich zeigt, dass dieses weitgehend wirkungslos bleibt, sollte über die Abschaffung des Vetorechts der Tarifpartner nachgedacht werden.

Verbandsklagerecht für Sozialpartner: Während beispielsweise Verbraucherschutzverbände das Recht haben, für die Rechte von Verbraucher/innen mit Verbandsklagen zu streiten, fehlt den Tarifpartnern diese Möglichkeit, einzelne Arbeitnehmer/innen kollektiv zu unterstützen. Deswegen ist zu überlegen, auch den Tarifpartnern das Recht auf Verbandsklagen einzuräumen.

Schließen der Schlupflöcher zur Vermeidung der Unternehmensmitbestimmung: Die Wahl von Arbeitnehmervertreter/innen in den Aufsichtsrat verleiht der Mitbestimmung zusätzliche demokratische Legitimität und Wirksamkeit. Mehr als 65 Jahre nach der Einführung der Mitbestimmung erscheint es nötig, ihr rechtliches Fundament so weiterzuentwickeln, dass es den Veränderungen durch Digitalisierung und Transnationalisierung von Arbeit und Wirtschaft standhält und weiterhin zur Ausgestaltung von Teilhabe und zu fairer Arbeit beiträgt. Mindestens 800.000 Beschäftigte werden derzeit durch juristische Tricks um die paritätische Mitwirkung im Aufsichtsrat gebracht (HBS 2016). Es gilt also insbesondere, die Möglichkeiten zur legalen Vermeidung und Umgehung der gesetzlichen Mitbestimmung zu reduzieren. Verschiedene Möglichkeiten sind denkbar:

— Dazu gehört, im SE-Beteiligungsgesetz klarzustellen, dass Mitbestimmung in einer Europäischen Aktiengesellschaft (SE) neu verhandelt werden muss, wenn die Zahl der Beschäftigten in Deutschland über die Schwellenwerte der deutschen Mitbestimmungsgesetze steigt.

— Weiterhin gilt es, das Drittelbeteiligungsgesetz an die Regelungen zur Konzernanrechnung im Mitbestimmungsgesetz und hinsichtlich der Erfassung der Kapitalgesellschaft & Co KG im Mitbestimmungsgesetz anzupassen.

— Darüber hinaus kann das Mitbestimmungsgesetz auf ausländische Rechtsformen mit Zweigniederlassung oder Verwaltungssitz in Deutschland ausgedehnt werden.

Jede neue Richtlinie der EU-Kommission im Gesellschaftsrecht kann in Europa potenziell zu neuen Risiken für die Mitbestimmung führen. Das verdeutlichen die Diskussionen um die Einführung einer Europäischen Privatgesellschaft (die 2011 gescheitert ist) und zur Ein-Personen-Gesellschaft (SUP).

Die Gefahr besteht, dass weitere Harmonisierung im europäischen Gemeinschaftsrecht, etwa zur grenzüberschreitenden Sitzverlegung, Fusion oder Aufspaltung von Unternehmen, die Frage der Beteiligung von Arbeitnehmer/innen im Aufsicht- oder Verwaltungsrat gänzlich ausklammert. Nötig ist daher eine Debatte über eine neue Architektur für die Arbeitnehmerbeteiligung in den europäischen Gesellschaftsformen. Teil dieser Architektur könnten europaweit geltende Schwellenwerte für die Mitbestimmung in Unternehmen mit europäischer Rechtsform sein. Vorstellbar ist dabei ein »Mitbestimmungs-Escalator«, das bedeutet: dynamische Schwellenwerte, sodass das durch sie abgesicherte Niveau an Mitbestimmung bei einer wachsenden Anzahl von Beschäftigten ansteigt.

Vitalisierung der Sozialpartnerschaft: Auch mit Blick auf die Sozialpartner selbst besteht Erneuerungsbedarf. Die Gewerkschaften sind aufgefordert, durch basisdemokratische Elemente ihre Legitimation zu steigern und vor allem bei der Verhandlung von Haustarifen die Belegschaften stärker einzubinden; gute Beispiele dafür gibt es bereits (z.B. Tarifvertrag der Charité, Beschäftigtenbefragungen der IG Metall). Die Arbeitgeberverbände sind aufgefordert, ihre Entscheidung zu revidieren, eine Mitgliedschaft ohne Tarifbindung zuzulassen.

AUSBLICK

Wie geht es also weiter? Die Kommission hatte den Auftrag, in einen Austausch über die Arbeitswelt einzutreten und Herausforderungen für die arbeitspolitischen Akteure zu benennen. Herausgekommen sind Denkanstöße in sieben Themenfeldern. Auch wenn unsere Denkanstöße unterschiedliche Reichweiten haben, geht es doch bei allen um die große Frage, wie *Verantwortung im digitalen Kapitalismus neu organisiert* werden muss. Die Denkanstöße beziehen sich auf ganz unterschiedliche Aspekte, aber sie verbindet eine Frage wie ein roter Faden: Wie kann eine humane, sozial ausgewogene und zukunftsfähige Gestaltung der Arbeitswelt gelingen?

Je radikaler die Transformation ausfallen wird, desto mehr werden *solidarische Lösungen* gefragt sein, um den sozialen Zusammenhalt zu bewahren und in Betrieben ebenso wie in der Gesellschaft insgesamt Sicherheit, gute Arbeit und eine hohe Lebensqualität zu gewährleisten. Die *Sozialpartner* stehen vor der anspruchsvollen Aufgabe, den Wandel der Arbeitswelt möglichst transparent und beteiligungsoffen zu gestalten. Als Dritter im Bunde hat der *Staat* seinen Beitrag dafür zu leisten, dass sich die digitale Transformation an die Spielregeln der sozialen Marktwirtschaft hält.

Die Kommission hat ihre Vorschläge nicht zufällig als »Denkanstöße« formuliert. Sie bringt damit zum Ausdruck, dass sie zwar konkrete Empfehlungen geben kann und will, sich aber bewusst ist, dass die Zusammenhänge komplex und zu vielen Folgewirkungen derzeit kaum mehr als Mutmaßungen möglich sind. *Fundiertes, empirisch gestütztes Wissen* ist jedoch unabdingbar, um die Tauglichkeit arbeitspolitischer Interventionen und Instrumente zuverlässig einschätzen zu können – und um frühzeitig gegensteuern zu können, wenn unerwünschte Effekte auftreten.

Einen historischen Referenzpunkt für die Diskussionen in unserer Kommission bildete das Programm »Humanisierung der Arbeitswelt«

(1974–1989), mit dem erstmals der Versuch unternommen worden war, durch ein bundesweites staatliches Programm die wissenschaftlichen Grundlagen für eine menschengerechte Gestaltung der Arbeitswelt zu legen. Die Kommission plädiert dafür, erneut ein vergleichbar umfassendes Programm aufzulegen – in Gestalt eines *Forschungs- und Transferprogramms »Humanisierung der Arbeitswelt im digitalen Zeitalter«*.

Dieses Programm sollte vier Hauptziele verfolgen:

1. Forschungslücken schließen,
2. vorhandene Forschungs- und Wissensbestände koordinieren und bündeln,
3. deren Transfer in die Praxis gezielt fördern und
4. einen breit angelegten gesellschaftspolitischen Dialog über die Qualität von Arbeit anstoßen.

Die großen aktuellen Forschungsprogramme zur Arbeitswelt, wie etwa das Programm »Zukunft der Arbeit. Innovationen für die Arbeit von morgen« des Bundesministeriums für Bildung und Forschung werden wichtige neue Erkenntnisse bringen. Wo zentraler zusätzlicher Forschungsbedarf besteht, haben wir im Bericht benannt. So brauchen wir deutlich mehr gesicherte wissenschaftliche Erkenntnisse zu den Rändern der Dienstleistungsgesellschaft, veränderten Geschäftsmodellen, neuen Zulieferketten und Arbeitsformen. Die Forschung steckt hier teilweise noch in den Kinderschuhen; sie ist noch weit von fundierten Ergebnissen entfernt, die zudem in ihrem Zusammenhang auszuwerten wären. Zugleich kommt die Perspektive der arbeitenden Menschen häufig zu kurz.

Immer deutlicher wird überdies, dass die Digitalisierung auf gesellschaftlicher, betrieblicher und arbeitsplatzbezogener Ebene neue Konflikte provoziert. Auch hierzu fehlt es an Wissen: Wie kann auf diese Konflikte reagiert werden? Welche rechtlichen und sozialen Instrumente stehen zur Verfügung? Wann werden solche Konflikte destruktiv, wie kann man sie konstruktiv steuern? Hier reichen zusätzliche Forschungsanstrengungen nicht aus. Gefragt ist vielmehr *transferorientierte Reflexion*, idealerweise in Austausch mit allen relevanten Akteuren.

Ein weiterer Gegenstand, auf den sich das Hauptaugenmerk einer erweiterten Agenda für die Arbeitsforschung richten sollte, sind die *Demokratisierungs- und Emanzipationspotenziale des Digitalisierungsprozesses* – und damit verbunden natürlich die Frage, wie diese Potenziale gesetzlich, tarifvertraglich und betrieblich bestmöglich erschlossen werden können.

In wenigen anderen Ländern findet ein derart breit angelegter *gemeinsamer Lernprozess zum digitalen Wandel* statt wie in Deutschland. Das Bundesministerium für Arbeit und Soziales hat mit seinem Dialogprozess zum »Weißbuch Arbeiten 4.0« bereits vorgelegt; neben der Kommission »Arbeit der Zukunft« leuchten auch zahlreiche andere Gremien (z.B. das Hightech-Forum der Bundesregierung und die Plattform Industrie 4.0) die aktuellen Entwicklungen und Herausforderungen aus.

Nun gilt es, das Wissen aus den Prozessen zu bündeln und koordiniert weiterzudenken. Die Dynamik des Wandels erfordert den permanenten Dialog, und für diesen bedarf es einer Struktur, in der man die Befunde gemeinsam auswerten und konkrete Initiativen vorbereiten kann. Die Kommission empfiehlt, eine Transferstruktur zu schaffen, um die verfügbaren *Erkenntnisse* zu den Folgen der Veränderungen in der Arbeitswelt zu *bündeln,* den wirtschaftlichen Stellenwert zu beziffern, Kriterien und Maßnahmen für tragfähige Ansätze zu erarbeiten und praxisorientierte Umsetzungsmodelle zu entwickeln.

Des Weiteren gilt es, den Schritt von den Dialogprozessen in die Umsetzung zu organisieren Nötig ist dafür eine Struktur, mit deren Hilfe die strategische Koordinierung von Arbeitsforschung und betrieblicher Praxis sichergestellt werden kann. Auch hierzu könnte die Transferstruktur einen wesentlichen Beitrag leisten.

Schließlich regt die Kommission mit Blick auf das von ihr vorgeschlagene neue Forschungs- und Transferprogramm an, einen breit angelegten und *zentral koordinierten Dialog über die Qualität von Arbeit in Deutschland* zu initiieren. Dieser Dialog sollte zum einen deutlich über die bislang bei diesem Thema dominierenden Aspekte – Entgelt, Beschäftigungsverhältnis und Arbeitszeit – hinausgehen und sich auch Fragen der konkreten Arbeitsprozessgestaltung, arbeitsinhaltlichen Anforderungen und Kooperationsstrukturen widmen. Zum anderen sollte ein solches Dialogformat versuchen, alle relevanten Akteure bei der Gewinnung von Expertise für das Forschungs- und Transferprogramm einzubeziehen.

Erinnert sei schließlich an einen bereits im Bericht genannte Vorschlag, der das neue Transferprogramm sinnvoll flankieren kann: Die Bundesregierung könnte vergleichbar zu anderen öffentlichen Berichterstattungen (z.B. Armuts- und Reichtumsbericht oder Gleichstellungsbericht) auch eine *»Berichterstattung zur Arbeitswelt«* einführen. Genauso wie es regelmäßig Wasserstandsmeldungen zur gesamtwirtschaftlichen Entwicklung gibt, wäre eine solche Berichterstattung zur Entwicklung der Arbeitssituation der Erwerbstätigen von immensem wirtschaftlichem und sozialem Wert, weil sie frühzeitig vor Problemen in der Arbeitsgesellschaft warnt – und zugleich Hinweise auf gelungene Beispiele für eine nachhaltige digitale Transformation der Arbeitswelt liefert.

Die Kommission »Arbeit der Zukunft« war ein Forum, das Expertinnen und Experten aus unterschiedlichen Feldern in regelmäßigen Abständen zusammengeführt hat. Wir haben diese Treffen als gemeinsame Bildungsreise erlebt, viel voneinander gelernt, von den gegenseitigen Erfahrungen profitiert und Einsicht in (und auch Verständnis für) andere Sichtweisen erhalten. Der Bericht gibt nun – so unsere Hoffnung – etwas von diesem Lernprozess weiter. Wir laden die arbeitspolitischen Akteure zum Weiterdenken ein.

Wir stellen uns mit diesem Bericht der digitalen Transformation, ohne dabei die Merkmale und die Besonderheiten unserer Gesellschaft aus dem Blick zu verlieren. Der Bericht skizziert die *Idee einer digitalen sozialen Marktwirtschaft* – und den Weg dorthin. Diese ist zwingend auf Kooperation angewiesen – und wird nur durch einen *Transformationspakt* gelingen, in dem sich alle Akteurinnen und Akteure gemeinsam auf eine sozial ausgewogene Gestaltung des Wandels verständigen.

LITERATUR

ABSENGER, NADINE; AHLERS, ELKE; HERZOG-STEIN, ALEXANDER; LOTT, YVONNE; MASCHKE, MANUELA; SCHIETINGER, MARC (2016): Digitalisierung der Arbeitswelt? Ein Report aus der Hans-Böckler-Stiftung. Mitbestimmungs-Report Nr. 24. Hans-Böckler-Stiftung, Düsseldorf. www.boeckler.de/pdf/p_mbf_report_2016_24.pdf.

ACATECH (Hrsg.) (2016): Kompetenzentwicklungsstudie Industrie 4.0 – Erste Ergebnisse und Schlussfolgerungen. Acatech, München. www.acatech.de/fileadmin/user_upload/Baumstruktur_nach_Website/Acatech/root/de/Publikationen/Kooperationspublikationen/acatech_DOSSIER_Kompetenzentwicklung_Web.pdf.

AHLERS, ELKE (2015): Leistungsdruck, Arbeitsverdichtung und die (ungenutzte) Rolle von Gefährdungsbeurteilungen. In: WSI-Mitteilungen, Heft 3/2015, S. 194–201 www.boeckler.de/wsimit_2015_03_ahlers.pdf.

AHLERS, ELKE (2016a): Arbeit und Gesundheit im betrieblichen Kontext. Befunde aus der Betriebsrätebefragung des WSI 2015. WSI Report Nr. 33, Dezember 2016. Wirtschafts- und Sozialwissenschaftliches Institut der Hans-Böckler-Stiftung, Düsseldorf. www.boeckler.de/pdf/p_wsi_report_33_2016.pdf.

AHLERS, ELKE (2016b): Psychische Belastungen im Arbeitsschutz. Fachtagung Psychische Belastungen in der Arbeitswelt – Ansätze zur Primärprävention. Carl von Ossietzky Universität Oldenburg. www.uni-oldenburg.de/fileadmin/user_upload/koopera/Ahlers_Vortrag_Psychische_Belastungen_Arbeitsschutz_OL.pdf.

ALBERT, MATHIAS; HURRELMANN, KLAUS; QUENZEL, GUDRUN (2015): Jugend 2015: eine pragmatische Generation im Aufbruch (Shell Jugendstudie Vol. 17). Fischer Taschenbuch Verlag, Frankfurt am Main.

ALBIG, HANNE; CLEMENS, MARIUS; FICHTNER, FERDINAND; GEBAUER, STEFAN; JUNKER, SIMON; KHOLODILIN, KONSTANTIN (2016): Zunehmende Ungleichheit verringert langfristig Wachstum. Analyse für Deutschland im Rahmen eines makroökonomischen Strukturmodells. Friedrich-Ebert-Stiftung, Bonn. http://library.fes.de/pdf-files/wiso/12953.pdf.

ALBRECH, JOACHIM; FINK, PHILIPP; TIEMANN, HEINRICH (2016): Ungleiches Deutschland: Sozioökonomischer Disparitätenbericht 2015. Friedrich-Ebert-Stiftung, Bonn. http://library.fes.de/pdf-files/wiso/12390.pdf.

ALLMENDINGER, JUTTA; DRESSEL, KATHRIN (2005): Familien auf der Suche nach der gewonnenen Zeit. In: Aus Politik und Zeitgeschichte, Heft 23–24/2005, S. 1–6. www.bpb.de/apuz/29005/familien-auf-der-suche-nach-der-gewonnenen-zeit.

ALLMENDINGER, JUTTA; WOWEREIT, KLAUS (Hrsg.) (2015): Gleiche Rechte – gegen Diskriminierung aufgrund des Geschlechts. Bericht der unabhängigen Expert_innenkommission der Antidiskriminierungsstelle des Bundes. Antidiskriminierungsstelle des Bundes, Berlin. www.antidiskriminierungsstelle.de/SharedDocs/Downloads/DE/publikationen/Handlungsempfehlungen_Kommission_Geschlecht.pdf?__blob=publicationFile&v=5.

AMLINGER, MARC (2014): Lohnhöhe und Tarifbindung, Bestimmungsfaktoren der individuellen Verdiensthöhe. WSI Report Nr. 20, Dezember 2014. Wirtschafts- und Sozialwissenschaftliches Institut der Hans-Böckler-Stiftung, Düsseldorf. www.boeckler.de/pdf/p_wsi_report_20_2014.pdf.

ANDERSSON, LARS FREDERIK; ALANJA, ANTTI; BUHR, DANIEL; FINK, PHILIPP; STÖBER, NIELS (2016): Innovationsstrategien in Zeiten der Digitalisierung. Ein Vergleich der Innovationspolitik in Finnland, Schweden und Deutschland. Friedrich-Ebert-Stiftung, Bonn. http://library.fes.de/pdf-files/wiso/12795.pdf.

ANTIDISKRIMINIERUNGSSTELLE DES BUNDES (2013): Diskriminierung im Bildungsbereich und im Arbeitsleben. Zweiter Gemeinsamer Bericht der Antidiskriminierungsstelle des Bundes und der in ihrem Zuständigkeitsbereich betroffenen Beauftragten der Bundesregierung und des Deutschen Bundestages. Berlin. www.antidiskriminierungsstelle.de/SharedDocs/Downloads/DE/publikationen/BT_Bericht/Gemeinsamer_Bericht_zweiter_2013.pdf?__blob=publicationFile.

ARBEITSKREIS SMART SERVICE WELT; ACATECH (Hrsg.) (2015): Smart Service Welt – Umsetzungsempfehlungen für das Zukunftsprojekt Internetbasierte Dienste für die Wirtschaft. Abschlussbericht. Acatech, Berlin. www.acatech.de/fileadmin/user_upload/Baumstruktur_nach_Website/Acatech/root/de/Projekte/Laufende_Projekte/Smart_Service_Welt/Bericht SmartService_mitUmschlag_barrierefrei_HW76_DNK2.pdf.

ARMUTAT, SASCHA; DORNY, HANS-JÖRG; EHMANN, HANS-MARTIN; EISELE, DANIELA; FRICK, GEROLD; GRUNWALS, CHRISTIANE; HESSLING, KARL-HEINZ; HILLEBRAND, HARTMUT; SKOTTKI, BIANCA (2016): Agile Unternehmen – Agiles Personalmanagement. Deutsche Gesellschaft für Personalführung e.V. In: Praxispapiere, Heft 01/2016. https://static.dgfp.de/assets/publikationen/2016/2016-02-09-Praxispapieragile organisationen.pdf.

ARNTZ, MELANIE; GREGORY, TERRY; ZIERAHN, ULRICH (2016): The Risk of Automation for Jobs in OECD Countries. A Comparative Analysis. OECD Social, Employment and Migration Working Papers No. 189. OECD Publishing, Paris. http://dx.doi.org/10.1787/5jlz9h56dvq7-en.

ATKINSON, ANTHONY B. (2016): Ungleichheit. Was wir dagegen tun können. Klett-Cotta, Stuttgart.

ATKINSON, R. D.; EZELL, S. J.; ANDES, S. M.; CASTRO, D. D.; BENNETT, R. (2010): The Internet Economy after 25 Years of .com. Transforming Commerce and Life. The Information Technology and Innovation Foundation, Washington, D. C.

AUTH, DIANA (2013): Ökonomisierung der Pflege, Formalisierung und Prekarisierung von Pflegearbeit. In: WSI-Mitteilungen, Heft 6/2013, S. 412–417. www.boeckler.de/wsimit_2013_06_auth.pdf.

AUTORENGRUPPE BILDUNGSBERICHTERSTATTUNG (2016): Bildung in Deutschland 2016. Ein indikatorengestützter Bericht mit einer Analyse zu Bildung und Migration. W. Bertelsmann Verlag, Bielefeld. www.bildungsbericht.de/de/bildungsberichte-seit-2006/bildungsbericht-2016/pdf-bildungsbericht-2016/bildungsbericht-2016.

BA – BUNDESAGENTUR FÜR ARBEIT (2016a): Der Arbeitsmarkt in Deutschland. Frauen und Männer am Arbeitsmarkt 2015. Statistik / Arbeitsmarktberichterstattung, Juni 2016. Bundesagentur für Arbeit, Nürnberg. www3.arbeitsagentur.de/web/wcm/idc/groups/public/documents/webdatei/mdaw/mtgx/~edisp/egov-content455624.pdf.

BA – BUNDESAGENTUR FÜR ARBEIT (2016b): Der Arbeitsmarkt in Deutschland – MINTBerufe. Statistik / Arbeitsmarktberichterstattung März 2016. Bundesagentur für Arbeit, Nürnberg. https://statistik.arbeitsagentur.de/Statischer-Content/Arbeitsmarktberichte/Branchen-Berufe/generische-Publikationen/Broschuere-MINT-2016.pdf.

BA – BUNDESAGENTUR FÜR ARBEIT (2017a): Der Arbeits- und Ausbildungsmarkt in Deutschland. Monatsbericht Dezember 2016. Bundesagentur für Arbeit, Nürnberg https://statistik.arbeitsagentur.de/Statistikdaten/Detail/201612/arbeitsmarktberichte/monatsbericht-monatsbericht/monatsbericht-d-0-201612-pdf.pdf.

BA – BUNDESAGENTUR FÜR ARBEIT (2017b): Beschäftigung – Die aktuellen Entwicklungen in Kürze – März 2017. Bundesagentur für Arbeit, Nürnberg. https://statistik.arbeitsagentur.de/Navigation/Statistik/Statistik-nach-Themen/Beschaeftigung/Beschaeftigung-Nav.html.

BA – BUNDESAGENTUR FÜR ARBEIT (2017c): Fluchtmigration. Arbeitsmarkt kompakt, März 2017. Bundesagentur für Arbeit, Nürnberg. https://statistik.arbeitsagentur.de/Statischer-Content/Statistische-Analysen/Statistische-Sonderberichte/Generische-Publikationen/Fluchtmigration.pdf.

BACH, STEFAN; BALDI, GUIDO; BERNOTH, KERSTIN; BLAZEJCZAK, JÜRGEN; BREMER, BJÖRN; DIEKMANN, JOCHEN; EDLER, DIETMAR; FARKAS, BEATRICE; FICHTNER, FERDINAND; FRATZSCHNER, MARCEL; GORING, MARTIN; KEMFERT, CLAUDIA; KUNERT, UWE; LINK, HEIKE; NEUHOFF, KARSTEN; SCHILL, WOLF-PETER; SPIESS, C. KATHARINA (2013): Deutschland muss mehr in seine Zukunft investieren. In: DIW Wochenbericht, Nr. 26/2013, S. 3–5. www.diw.de/documents/publikationen/73/diw_01.c.423458.de/13-26.pdf.

BADURA, BERNHARD; DUCKI, ANTJE; SCHRÖDER, HELMUT; KLOSE, JOACHIM; MACCO, KATRIN (Hrsg.) (2011): Fehlzeiten-Report 2011. Führung und Gesundheit: Zahlen, Daten, Analysen aus allen Branchen der Wirtschaft. Springer-Verlag, Berlin und Heidelberg.

BADURA, BERNHARD; DUCKI, ANTJE; SCHRÖDER, HELMUT; KLOSE, JOACHIM; MEYER, MARKUS (Hrsg.) (2016): Fehlzeiten-Report 2016. Unternehmenskultur und Gesundheit – Herausforderungen und Chancen. AOK Bundesverband und Wido – Wissenschaftliches Institut der AOK. Springer Verlag, Berlin und Heidelberg.

BADURA, BERNHARD; STEINKE, MIKA (2011): Die erschöpfte Arbeitswelt. Durch eine Kultur der Achtsamkeit zu mehr Energie, Kreativität, Wohlbefinden und Erfolg! Bertelsmann Stiftung, Gütersloh.

BAMF – BUNDESAMT FÜR MIGRATION UND FLÜCHTLINGE (2011): Integrationsreport. Migranten am Arbeitsmarkt in Deutschland. Working Paper 36. www.bamf.de/SharedDocs/Anlagen/DE/Publikationen/WorkingPapers/wp36-migranten-am-arbeitsmarkt-in-deutschland.pdf?__blob=publicationFile.

BAMF – BUNDESAMT FÜR MIGRATION UND FLÜCHTLINGE (2015): Wanderungsmonitoring: Erwerbsmigration nach Deutschland. Jahresbericht 2015. www.bamf.de/SharedDocs/Anlagen/DE/Publikationen/Broschueren/wanderungsmonitoring-2015.pdf?__blob=publicationFile.

BAMF – BUNDESAMT FÜR MIGRATION UND FLÜCHTLINGE (2016a): Wanderungsmonitoring: Erwerbsmigration nach Deutschland. Im Zeitraum von Januar bis September 2016 (unkommentierter Tabellenbericht). www.bamf.de/SharedDocs/Anlagen/DE/Publikationen/Broschueren/wanderungsmonitoring-jan-sept-2016.pdf?__blob=publicationFile.

BAMF – BUNDESAMT FÜR MIGRATION UND FLÜCHTLINGE (2016b): Migrationsbericht des Bundesamtes für Migration und Flüchtlinge im Auftrag der Bundesregierung. Migrationsbericht 2015. Bundesministerium des Innern, Berlin.

BAUA – BUNDESANSTALT FÜR ARBEITSSCHUTZ UND ARBEITSMEDIZIN (2015): Arbeitswelt im Wandel. Zahlen – Daten – Fakten. Ausgabe 2015. Bundesanstalt für Arbeitsschutz und Arbeitsmedizin, Dortmund. www.baua.de/DE/Angebote/Publikationen/Praxis/A92.pdf?__blob=publicationFile&v=14 .

BAUA – BUNDESANSTALT FÜR ARBEITSSCHUTZ UND ARBEITSMEDIZIN (2016): Arbeitszeitreport Deutschland 2016. Bundesanstalt für Arbeitsschutz und Arbeitsmedizin, Dortmund. www.baua.de/DE/Angebote/Publikationen/Berichte/F2398.pdf?__blob=publicationFile&v=16.

BAUMS, ANSGAR; SCHÖSSLER, MARTIN; SCOTT, BEN (Hrsg.) (2015): Kompedium Industrie 4.0. Wie digitale Plattformen die Wirtschaft verändern – und wie die Politik gestalten kann. Kompendium Digitale Standortpolitik, Band 2. http://plattform-maerkte.de/wp-content/uploads/2015/11/Kompendium-High.pdf.

BAUMS, ANSGAR; SCOTT, BEN (Hrsg.) (2013): Kompedium Digitale Standortpolitik. Vom 1×1 zum 3×3. http://plattform-maerkte.de/wp-content/uploads/2015/02/Kompendium-Digitale-Standortpolitik-2013.pdf.

BDA – BUNDESVEREINIGUNG DER DEUTSCHEN ARBEITGEBERVERBÄNDE (2015): Chancen der Digitalisierung nutzen. Positionspapier. Bundesvereinigung der Deutschen Arbeitgeberverbände, Berlin.

BDA – BUNDESVEREINIGUNG DER DEUTSCHEN ARBEITGEBERVERBÄNDE (2017): Arbeitszeitgesetz. www.arbeitgeber.de/www/arbeitgeber.nsf/id/DE_Arbeitszeitgesetz.

BDA – BUNDESVEREINIGUNG DER DEUTSCHEN ARBEITGEBERVERBÄNDE; BDI – BUNDESVERBAND DER DEUTSCHEN INDUSTRIE; DIHK – DEUTSCHER INDUSTRIE- UND HANDELSKAMMERTAG; ZDH – ZENTRALVERBAND DES DEUTSCHEN HANDWERKS (2016): Gemeinsame Erklärung zum Münchener Spitzengespräch am 26. Februar 2016. http://bdi.eu/media/user_upload/02_26_Gem__Erklaerung_Spitzengespraech_2016__002_.pdf.

BDI – BUNDESVERBAND DER DEUTSCHEN INDUSTRIE (2016): Produktivitätswachstum in Deutschland. Wege aus der Sackgasse. Industriepolitik Dossier, November 2016. http://english.bdi.eu/media/user_upload/20161104_Industriepolitik_Dossier_Produktivitaetswachstum_in_Deutschland.pdf.

BEHRINGER, JAN; THEOBALD, THOMAS; VAN TREECK, TILL (2016): Ungleichheit und makroöökonomische Instabilität. Eine Bestandsaufnahme. Friedrich-Ebert-Stiftung, Bonn. http://library.fes.de/pdf-files/wiso/12690.pdf.

BEISE, MARC; SCHÄFER, ULRICH (2016): Deutschland digital: Unsere Antwort auf das Silicon Valley. Campus Verlag, Frankfurt am Main.

BENNER, CHRISTIANE (2015): Amazonisierung oder Humanisierung der Arbeit durch Crowdsourcing? Gewerkschaftliche Perspektive in einer digitalen Arbeitswelt. In: BENNER, CHRISTIANE (Hrsg.): Crowdwork – Zurück in die Zukunft? Perspektiven digitaler Arbeit. Bund Verlag, Frankfurt am Main, S. 289–302.

BENNER, CHRISTIANE (2015): Crowdwork – Zurück in die Zukunft? Perspektiven digitaler Arbeit. Bund Verlag, Frankfurt am Main.

BERTELSMANN STIFTUNG (2015): Bedeutung der Arbeit. Ein Kooperationsprojekt von GfK Verein und Bertelsmann Stiftung. Ergebnisse der Befragung. Gütersloh. www.bertelsmann-stiftung.de/fileadmin/files/user_upload/Bedeutung_der_Arbeit_final_151002_korr.pdf.

BIBB – BUNDESINSTITUT FÜR BERUFSBILDUNG (2016): Datenreport zum Berufsbildungsbericht 2016. Informationen und Analysen zur Entwicklung der beruflichen Bildung. Bundesinstitut für Berufsbildung, Bonn. www.bibb.de/dokumente/pdf/bibb_datenreport_2016.pdf.

BISPINCK, REINHARD (2016): Arbeitszeit – Was bietet der tarifvertragliche Instrumentenkoffer? Eine Analyse von 23 Branchen und Tarifbereichen. Elemente qualitativer Tarifpolitik Nr. 82. Hans-Böckler-Stiftung, Düsseldorf. www.boeckler.de/pdf/p_ta_elemente_82_2016.pdf.

BITKOM (2015): Digitale Souveränität. Positionsbestimmung und erste Handlungsempfehlungen für Deutschland und Europa. Bitcom, Berlin.

BITKOM RESEARCH (2016): Neue Arbeit – wie die Digitalisierung unsere Jobs verändert. Bitkom, Berlin. www.bitkom.org/NP-Themen/NP-Standort-Deutschland/Bildung-Arbeit/Neue-Arbeit/Bitkom-Charts-PK-Neue-Arbeit-30-06-2016.pdf.

BLÄSCHE, ALEXANDRA; BRANDHERM, RUTH; ECKHARDT, CHRISTOPH; KÄPPLINGER, BERND; KNUTH, MATTHIAS; KRUPPE, THOMAS; KUHNHENNE, MICHAELA; SCHÜTT, PETRA (2017): Qualitätsoffensive strukturierte Weiterbildung in Deutschland. Working Paper Forschungsförderung Nr. 25, Februar 2017. Hans-Böckler-Stiftung, Düsseldorf. www.boeckler.de/pdf/p_fofoe_WP_025_2017.pdf.

BMAS – BUNDESMINISTERIUM FÜR ARBEIT UND SOZIALES (2015): Monitor. Mobiles und entgrenztes Arbeiten. Aktuelle Ergebnisse einer Betriebs- und Beschäftigtenbefragung. www.bmas.de/SharedDocs/Downloads/DE/PDF-Publikationen/a873.pdf?__blob=publicationFile&v=2.

BMAS – BUNDESMINISTERIUM FÜR ARBEIT UND SOZIALES (2016a): Lebenslagen in Deutschland. Armuts- und Reichtumsberichterstattung der Bundesregierung. Forschungsprojekt Wahrnehmung von Armut und Reichtum in Deutschland. Ergebnisse der repräsentativen Bevölkerungsbefragung »ARB-Survey 2015«. www.armuts-und-reichtumsbericht.de/SharedDocs/Downloads/Service/Studien/forschungsprojekt-wahrnehmung-armut-reichtum.pdf?__blob=publication-File&v=3.

BMAS – BUNDESMINISTERIUM FÜR ARBEIT UND SOZIALES (2016b): Weißbuch. Arbeiten 4.0. Arbeit weiter denken. Diskussionsentwurf. Bundesministerium für Arbeit und Soziales, Berlin. www.bmas.de/SharedDocs/Downloads/DE/PDF-Publikationen/a883-weissbuch.pdf?__blob=publicationFile&v=8.

BMAS – BUNDESMINISTERIUM FÜR ARBEIT UND SOZIALES; NEXTPRACTICE (2016): Wertewelten Arbeiten 4.0. Bundesministerium für Arbeit und Soziales, Berlin. www.bmas.de/SharedDocs/Downloads/DE/PDF-Publikationen/Forschungsberichte/wertewelten-arbeiten-vier-null.pdf;jsessionid=020EAEF16758D85C2B21AF45436145D4?__blob=publicationFile&v=2.

BMAS – BUNDESMINISTERIUM FÜR ARBEIT UND SOZIALES; ZEW – ZENTRUM FÜR EUROPÄISCHE WIRTSCHAFTSFORSCHUNG (2015): Übertragung der Studie von Frey / Osborne (2013) auf Deutschland. Forschungsbericht 455. Bundesministerium für Arbeit und Soziales, Berlin. www.bmas.de/SharedDocs/Downloads/DE/PDF-Publikationen/Forschungsberichte/fb-455.pdf?__blob=publicationFile&v=2.

BMBF – BUNDESMINISTERIUM FÜR BILDUNG UND FORSCHUNG (2015): Weiterbildungsverhalten in Deutschland 2014. Ergebnisse des Adult Education Survey – AES Trendbericht 2014. Stand März 2015. Bundesministerium für Bildung und Forschung, Bonn. www.bmbf.de/pub/Weiterbildungsverhalten_in_Deutschland_2014.pdf.

BMBF – BUNDESMINISTERIUM FÜR BILDUNG UND FORSCHUNG (2016): Berufsbildungsbericht 2016. Bundesministerium für Bildung und Forschung, Bonn. www.bmbf.de/pub/Berufsbildungsbericht_2016.pdf.

BMBF – BUNDESMINISTERIUM FÜR BILDUNG UND FORSCHUNG (2017): Berufsbildungsbericht 2017. Bundesministerium für Bildung und Forschung, Bonn. www.bmbf.de/pub/Berufsbildungsbericht_2017.pdf.

BME – BUNDESVERBAND MATERIALWIRTSCHAFT, EINKAUF UND LOGISTIK E.V. (2016): Mittelstand schöpft Potenziale der Digitalisierung nicht aus. 18.08.2016. www.bme.de/mittelstand-schoepft-potenziale-der-digitalisierung-nicht-aus-1707/.

BMFSFJ – BUNDESMINISTERIUM FÜR FAMILIE, SENIOREN, FRAUEN UND JUGEND (2006): Familie zwischen Flexibilität und Verlässlichkeit. Perspektiven für eine lebenslaufbezogene Familienpolitik. Siebter Familienbericht. Drucksache 16/1360. Bundesministerium für Familie, Senioren, Frauen und Jugend, Berlin. www.bmfsfj.de/blob/76276/40b5b103e693dacd4c014648d906aa99/7--familienbericht-data.pdf.

BMFSFJ – BUNDESMINISTERIUM FÜR FAMILIE, SENIOREN, FRAUEN UND JUGEND (2012): Zeit für Familie. Familienzeitpolitik als Chance einer nachhaltigen Familienpolitik. Achter Familienbericht. Drucksache 17/9000. Bundesministerium für Familie, Senioren, Frauen und Jugend, Berlin. www.bmfsfj.de/blob/76278/b8a3571f0b33e9d4152d410c1a7db6ee/achter-familienbericht-data.pdf.

BMWI – BUNDESMINISTERIUM FÜR WIRTSCHAFT UND ENERGIE (2016): Wege zu mehr öffentlichen Investitionen mit einer Infrastrukturgesellschaft – Gutachten gibt Diskussionsanreize. Monatsbericht 12/2016. www.bmwi.de/Redaktion/DE/Downloads/Monatsbericht/12-2016-wege-zu-mehr-oeffentlichen-investitionen-mit-einer-infrastrukturgesellschaft-gutachten-gibt-diskussionsanreize.pdf?__blob=publicationFile&v=6.

BOES, ANDREAS (2017): Qualifizieren für das Arbeiten im globalen Informationsraum. In: WSI-Mitteilungen, Heft 2/2017, S. 155–157. www.boeckler.de/wsimit_2017_02_boes.pdf.

BOES, ANDREAS; KÄMPF, TOBIAS; LANGES, BARBARA; LÜHR, THOMAS (2014): Informatisierung und neue Entwicklungstendenzen von Arbeit. In: Arbeits- und Industriesoziologische Studien, Jahrgang 7, Heft 1/2014, S. 5–23.

BOES, ANDREAS; KÄMPF, TOBIAS; LANGES, BARBARA; LÜHR, THOMAS (2015): Landnahme im Informationsraum. Neukonstituierung gesellschaftlicher Arbeit in der »digitalen Gesellschaft«. In: WSI-Mitteilungen, Heft 2/2015, S. 77–85. www.boeckler.de/wsimit_2015_02_boes.pdf.

BOGAI, DIETER; CARSTENSEN, JEANETTE; SEIBERT, HOLGER; WIETHÖLTER, DORIS; HELL, STEFAN; LUDEWIG, OLIVER (2015): Viel Varianz. Was man in den Pflegeberufen in Deutschland verdient. Studie des IAB im Auftrag der Bundesregierung für die Belange der Patientinnen und Patienten sowie Bevollmächtigter für Pflege. www.patientenbeauftragter.de/images/pdf/2015-01-27_Studie_zu_den_Entgelten_der_Pflegeberufe.pdf.

BÖNKE, TIMM; HARNACK, ASTRID (2017): Ein Staatsfonds für Deutschland? Grundüberlegungen und internationale Vorbilder. Bertelsmann Stiftung, Gütersloh. www.bertelsmann-stiftung.de/fileadmin/files/BSt/Publikationen/GrauePublikationen/NW_Ein_Staatsfonds_fuer_Deutschland.pdf.

BOOTH, TONY; AINSCOW, MEL; KINGSTON, DENISE (2006): Index für Inklusion. Lernen, Partizipation und Spiel in der inklusiven Kindertageseinrichtung entwickeln. Deutsch-

sprachige Ausgabe. Herausgeber der Originalfassung: Centre for Studies on Inclusive Education. Herausgeber der deutschsprachigen Fassung: Gewerkschaft Erziehung und Wissenschaft, Frankfurt am Main.
www.eenet.org.uk/resources/docs/Index%20EY%20German2.pdf.

BORGER, KLAUS (2016): Ausblick 2017: Deutschland fährt auf gutem Kurs in dichtes Nebelgebiet hinein. KfW-Konjunkturkompass Deutschland, 30.11.2016.
www.kfw.de/PDF/Download-Center/Konzernthemen/Research/PDF-Dokumente-KfW-KonjunkturkompassKfW-Konjunkturkompass_2016-11.pdf.

BORGGRÄFE, JULIA (2017): Die Personalarbeit ist der Schlüssel zum Erfolg. Wirtschaftswoche vom 23. Januar 2017.
www.wiwo.de/erfolg/management-der-zukunft/hr-management-die-personalarbeit-ist-der-schluessel-zum-erfolg/19258548.html.

BOSCH, GERHARD (2010): In Qualifizierung investieren – ein Weiterbildungsfonds für Deutschland. WISO Diskurs, Dezember 2010. Friedrich-Ebert-Stiftung, Bonn.
http://library.fes.de/pdf-files/wiso/07668.pdf.

BOSCH, GERHARD; BÄCKER, GERHARD; WEINKOPF, CLAUDIA (2011): Vorschläge zur künftigen Arbeitsmarktpolitik: integrativ – investiv – innovativ. Gutachten für das Thüringer Ministerium für Wirtschaft, Arbeit und Technologie.
www.sozialpolitik-aktuell.de/tl_files/sozialpolitik-aktuell/_Politikfelder/Arbeitsmarkt/Dokumente/IAQ_Gutachten_Auszug_Bewertung_Hartz_Gesetze.pdf.

BOSCH, GERHARD; KALINA, THORSTEN (2015): Die Mittelschicht in Deutschland unter Druck. IAQ-Report 04/2015. Institut Arbeit und Qualifikation, Duisburg.
www.iaq.uni-due.de/iaq-report/2015/report2015-04.pdf.

BOSCH, GERHARD; WEINKOPF, CLAUDIA (2014): Wechselwirkungen zwischen Mindest- und Tariflöhnen. In: WSI-Mitteilungen, Heft 6/2013, S. 393–404.
www.boeckler.de/wsimit_2013_06_bosch.pdf.

BRAND, STEPHAN; STEINBRECHER, JOHANNES (2016): Kommunaler Investitionsrückstand bei Schulgebäuden erschwert Bildungserfolge. KfW Research Fokus Volkswirtschaft, Nr. 143, September 2016.
www.kfw.de/PDF/Download-Center/Konzernthemen/Research/PDF-Dokumente-Fokus-Volkswirtschaft/Fokus-Nr.-143-September-2016-Investitionsr%C3%BCckstand-bei-Schulgeb%C3%A4uden.pdf.

BRENKE, KARL (2016): Arbeit am Wochenende greift nicht mehr weiter um sich. In: DIW Wochenbericht, Nr. 48/2016, S. 1147–1155.
www.diw.de/documents/publikationen/73/diw_01.c.547979.de/16-48-1.pdf.

BRENKE, KARL; BEZNOSKA, MARTIN (2016): Solo-Selbständige in Deutschland – Strukturen und Erwerbsverläufe. Forschungsbericht Nr. 465 des Bundesministeriums für Arbeit und Soziales. Bundesministerium für Arbeit und Soziales, Berlin.
www.bmas.de/SharedDocs/Downloads/DE/PDF-Publikationen/Forschungsberichte/f465-solo-selbstaendige.pdf?__blob=publicationFile&v=4.

BRÜCKER, HERBERT (2013): Auswirkungen der Einwanderung auf Arbeitsmarkt und Sozialstaat: Neue Erkenntnisse und Schlussfolgerungen für die Einwanderungspolitik. Bertelsmann Stiftung, Gütersloh.
https://mediendienst-integration.de/fileadmin/Dateien/bertelsmann-bruecker-studie-einwanderung.pdf.

BRÜCKER, HERBERT; ROTHER, NINA; SCHUPP, JÜRGEN; BABKA VON GOSTOMSKI, CHRISTIAN; BÖHM, AXEL; FENDEL, TANJA; FRIEDRICH, MARTIN; GIESSELMANN, MARCO; KOSYAKOVA, YULIYA; KROH, MARTIN; KÜHNE, SIMON; LIEBAU, ELISABETH; RICHTER, DAVID; ROMITI, AGNESE; SCHACHT, DIANA; SCHEIBLE, JANA A.;

SCHMELZER, PAUL; SIEGERT, MANUEL; SIRRIES, STEFFEN; TRÜBSWETTER, PARVATI; VALLIZADEH, EHSAN (2016): IAB-BAMF-SOEP-Befragung von Geflüchteten. Flucht, Ankunft in Deutschland und erste Schritte der Integration. Kurzanalyse 5/2016. Forschungszentrum Migration, Integration und Asyl des Bundesamtes für Migration und Flüchtlinge, Nürnberg. www.bamf.de/SharedDocs/Anlagen/DE/Publikationen/Kurzanalysen/kurzanalyse5_iab-bamf-soep-befragung-gefluechtete.pdf;jsessionid=40C0C49E6988BD91BBAB9CB462BF9E75.1_cid368?__blob=publicationFile.

BRUSSIG, MARTIN; MILL, ULRICH; ZINK, LINA (2013): Wege zur Anerkennung – Wege zur Integration? Inanspruchnahme und Ergebnisse von Beratung zur Anerkennung von im Ausland erworbenen Berufsabschlüssen. IAQ-Report 5/2013. Institut Arbeit und Qualifikation, Duisburg. www.iaq.uni-due.de/iaq-report/2013/report2013-05.pdf.

BRYNJOLFSSON, ERIK; MCAFEE, ANDREW (2011): Race against the Machine. How the Digital Revolution is Accelerating Innovation, Driving Productivity, and Irreversibly Transforming Employment and the Economy. Digital Frontier Press, Lexington, Mass.

BRYNJOLFSSON, ERIK; MCAFEE, ANDREW (2012): Big Data: The Management Revolution. In: Harvard Business Review, October 2012, S. 1–9.

BRYNJOLFSSON, ERIK; MCAFEE, ANDREW (2014): The Second Machine Age – Work, Progress, and Prosperity in a Time of Brilliant Technologies. W.W. Norton and Company Ltd, New York und London.

BRYSON, ALEX; JOHN FORTH; LUCY STOKES (2015): Does worker wellbeing affect workplace performance? IZA Discussion Paper No. 9096. Institut zur Zukunft der Arbeit, Bonn. http://ftp.iza.org/dp9096.pdf.

BUDE, HEINZ; STAAB, PHILIPP (Hrsg.) (2016): Kapitalismus und Ungleichheit. Die neuen Verwerfungen. Campus Verlag, Frankfurt am Main und New York.

BUHR, DANIEL (2015a): Industrie 4.0. Neue Aufgaben für die Innovationspolitik. WISO direkt, April 2015. Friedrich-Ebert-Stiftung, Bonn. http://library.fes.de/pdf-files/wiso/11303.pdf.

BUHR, DANIEL (2015b): Soziale Innovationspolitik für die Industrie 4.0. WISO Diskurs, April 2015. Friedrich-Ebert-Stiftung, Bonn. http://library.fes.de/pdf-files/wiso/11302.pdf.

BMWI – BUNDESMINISTERIUM FÜR WIRTSCHAFT UND ENERGIE (2017): Initiative Kultur- und Kreativwirtschaft der Bundesregierung. www.kultur-kreativ-wirtschaft.de/KuK/Navigation/kultur-kreativwirtschaft.html.

BUNDESREGIERUNG (2017): Lebenslagen in Deutschland. Der Fünfte Armuts- und Reichtumsbericht der Bundesregierung. www.armuts-und-reichtumsbericht.de/SharedDocs/Downloads/Berichte/5-arb-langfassung.pdf;jsessionid=81B26DB18897761A74BE6C751B2CB8B4?__blob=publicationFile&v=2.

BUNDESVERFASSUNGSGERICHT (1983): Urteil vom 15. Dezember 1983. Az. 1 BvR 209/83, 1 BvR 484/83, 1 BvR 440/83, 1 BvR 420/83, 1 BvR 362/83, 1 BvR 269/83 (Volkszählungsurteil). https://openjur.de/u/268440.html.

CARITAS (2016): Zahl der Schulabgänger ohne Abschluss steigt leicht. www.caritas.de/fuerprofis/fachthemen/kinderundjugendliche/bildungschancen/zahl-der-schulabgaenger-ohne-abschluss-s.

CASTEL, ROBERT (2000): Die Metamorphose der sozialen Frage. Eine Chronik der Lohnarbeit. UVK Verlagsgesellschaft, Konstanz.

CASTEL, ROBERT (2011): Die Krise der Arbeit. Neue Unsicherheiten und die Zukunft des Individuums. Hamburger Edition, Hamburg.

CASTEL, ROBERT; DÖRRE, KLAUS (Hrsg.) (2009): Prekarität, Abstieg, Ausgrenzung: Die soziale Frage am Beginn des 21. Jahrhunderts. Campus Verlag, Frankfurt am Main und New York.

CHETTY, RAY (2016): The Association Between Income and Life Expectancy in the United States, 2001–2014. In: Journal of the American Medical Association, Band 315, Heft 16/2016, S. 1750–1766.

CHRISTENSEN, CLAYTON M. (1997): The Innovator's Dilemma. The Revolutionary Book That Will Chancge The Way You Do Business. HarperBusiness Edition, New York.

CORNELL UNIVERSITY; INSEAD; WIPO (2016): The Global Innovation Index 2016: Winning with Global Innovation. Ithaca, Fontainebleau und Genf. www.wipo.int/edocs/pubdocs/en/wipo_pub_gii_2016.pdf.

CRARY, JONATHAN (2014): 24/7: Schlaflos im Spätkapitalismus. Verlag Klaus Wagenbach, Berlin.

DAK – DEUTSCHE ANGESTELLTEN-KRANKENKASSE (2015a): Pflege-Report 2015. So pflegt Deutschland. www.dak.de/dak/download/pflegereport-2015-1701160.pdf.

DAK – DEUTSCHE ANGESTELLTEN-KRANKENKASSE (2015b): Psychoreport 2015. Deutschland braucht Therapie. Herausforderungen für die Versorgung. DAK-Gesundheit, Hamburg. www.dak.de/dak/download/psychoreport-2015-deutschland-braucht-therapie-1718790.pdf.

DAK – DEUTSCHE ANGESTELLTEN-KRANKENKASSE (2016): DAK-Gesundheitsreport 2016. Schwerpunktthema: Gender und Gesundheit. DAK-Gesundheit, Hamburg. www.dak.de/dak/download/gesundheitsreport-2016---warum-frauen-und-maenner-anders-krank-sind-1782660.pdf.

DÄUBLER, WOLFGANG; KLEBE, THOMAS (2015): Crowdwork: Die neue Form der Arbeit – Arbeitgeber auf der Flucht? In: Neue Zeitschrift für Arbeitsrecht, Heft 17/2015, S. 1032–1041.

DENGLER, KATHARINA; MATTHES, BRITTA (2015): Folgen der Digitalisierung für die Arbeitswelt: Substituierbarkeitspotenziale von Berufen in Deutschland. IAB-Forschungsbericht 11/2015. Institut für Arbeitsmarkt- und Berufsforschung der Bundesagentur für Arbeit, Nürnberg. http://doku.iab.de/forschungsbericht/2015/fb1115.pdf.

DEUTSCHE BUNDESBANK (2016): Monatsbericht März 2016, Jahrgang 68, Ausgabe 3/2016. www.bundesbank.de/Redaktion/DE/Downloads/Veroeffentlichungen/Monatsberichte/2016/2016_03_monatsbericht.pdf?__blob=publicationFile.

DEUTSCHER BUNDESTAG (2004): Expertenkommission »Finanzierung Lebenslangen Lernens« – Der Weg in die Zukunft. Drucksache 15/3636. Deutscher Bundestag, Berlin. http://dip21.bundestag.de/dip21/btd/15/036/1503636.pdf.

DEUTSCHER BUNDESTAG (2013): Schlussbericht der Enquete-Kommission »Wachstum, Wohlstand, Lebensqualität – Wege zu nachhaltigem Wirtschaften und gesellschaftlichem Fortschritt in der Sozialen Marktwirtschaft«. Drucksache 17/13300. Deutscher Bundestag, Berlin. http://dip21.bundestag.de/dip21/btd/17/133/1713300.pdf.

DEUTSCHER BUNDESTAG (2014): Bildungsgipfel-Bilanz 2014. Expertise DGB. www.bundestag.de/blob/374892/5cc5464897317e054bd5221b3bcf67a0/vorlage_expertise-bildungsgipfel-data.pdf.

DEUTSCHER BUNDESTAG (2015): Rechtsfragen zum Crowdsourcing. Sachstand. Wissenschaftliche Dienste 6-3000-156/14. Deutscher Bundestag, Berlin. www.bundestag.de/blob/406942/2aaf68d8454b9ac2accf79818b4b9809/wd-6-156-14-pdf-data.pdf.

DEUTSCHE RENTENVERSICHERUNG (2016): Ergebnisse auf einen Blick 2016. www.deutsche-rentenversicherung.de/cae/servlet/contentblob/238662/publicationFile/57446/ergebnisse_auf_einen_blick.pdf.

DGB – INSTITUT DGB-INDEX GUTE ARBEIT (2014): DGB-Index Gute Arbeit. Der Report 2014, Supplementband. Wie die Beschäftigten die Arbeitsbedingungen in Deutschland beurteilen. Institut DGB-Index Gute Arbeit, Berlin.

DGB – DEUTSCHER GEWERKSCHAFTSBUND (2016a): Mobilität in der Arbeitswelt. Immer mehr Pendler, immer größere Distanz. Arbeitsmarkt aktuell 2/2016. www.dgb.de/themen/++co++2abea544-d19c-11e5-9018-52540023ef1a.

DGB – INSTITUT DGB-INDEX GUTE ARBEIT (2016b): DGB-Index Gute Arbeit. Der Report 2016. Wie die Beschäftigten die Arbeitsbedingungen in Deutschland beurteilen. Institut DGB-Index Gute Arbeit, Berlin. www.dgb-bestellservice.de/besys_dgb/pdf/DGB501017.pdf.

DGB – INSTITUT DGB-INDEX GUTE ARBEIT (2016c): Arbeiten ohne Ende. Wie verbreitet sind überlange Arbeitszeiten? DGB-Index Gute Arbeit Kompakt 01/2016. Berlin. http://index-gute-arbeit.dgb.de/++co++b877f100-c4c8-11e5-94ef-52540023ef1a.

DGRV – DEUTSCHER GENOSSENSCHAFTS- UND RAIFFEISENVERBAND E.V. (2017a): Genossenschaften in Deutschland. www.genossenschaften.de/raiffeisen-genossenschaften.

DGRV – DEUTSCHER GENOSSENSCHAFTS- UND RAIFFEISENVERBAND E.V. (2017b): Zahlen und Fakten. www.dgrv.de/de/ueberuns/zahlenfakten.html.

DIE ZEIT; INFAS; WZB (2016): Das Vermächtnis. Die Welt, die wir erleben wollen. Die große Studie von Die Zeit, Infas, WZB. Zeitverlag Gerd Bucerius, Hamburg. www.wzb.eu/sites/default/files/u8/vermaechtnis-studie_broschuere_druckversion.pdf.

DIEFENBACHER, HANS; HELD, BENJAMIN; RODENHÄUSER, DOROTHEE; ZIESCHANK, ROLAND (2016): Aktualisierung des Nationalen Wohlfahrtsindex 2.0 für Deutschland 1991–2012. Umweltbundesamt, Dessau. www.umweltbundesamt.de/sites/default/files/medien/378/publikationen/texte_29_2016_aktualisierung_und_methodische_ueberarbeitung_des_nationalen_wohlfahrtsind.pdf.

DIETZ, MARTIN; OSIANDER, CHRISTOPHER (2014): Weiterbildung bei Arbeitslosen. Finanzielle Aspekte sind nicht zu unterschätzen. IAB-Kurzbericht 14/ 2014. Institut für Arbeitsmarkt- und Berufsforschung der Bundesagentur für Arbeit, Nürnberg. http://doku.iab.de/kurzber/2014/kb1414.pdf.

DIEZ, WILLI (2016): Spreu und Weizen. Welche KMU-Automobilzulieferer schaffen en Strukturwandel, welche nicht? Expertenstudie von Management Partner und dem Institut für Automobilwirtschaft. Institut für Automobilwirtschaft, Geislingen.

DIW – DEUTSCHES INSTITUT FÜR WIRTSCHAFTSFORSCHUNG (2016): Home Office. DIW Wochenbericht, Nr. 5/2016. Berlin. www.diw.de/documents/publikationen/73/diw_01.c.526036.de/16-5.pdf.

DÖRRE, KLAUS (2015): Digitalisierung – neue Prosperität oder Vertiefung gesellschaftlicher Spaltungen? In: HIRSCH-KREINSEN, HARTMUT; ITTERMANN, PETER; NIEHAUS, JONATHAN (Hrsg.): Digitalisierung industrieller Arbeit. Die Vision Industrie 4.0 und ihre sozialen Herausforderungen. Nomos Verlag, Baden-Baden, S. 270–285.

DRAGANO, NICO; WAHRENDORF, MORTEN; MÜLLER, KATHRIN; LUNAU, THORSTEN (2016): Arbeit und gesundheitliche Ungleichheit. Die ungleiche Verteilung von Arbeitsbelastungen in Deutschland und Europa. In: Bundesgesundheitsblatt Gesundheitsforschung, Gesundheitsschutz, Band 59, Ausgabe 2, S. 217–227.

DULLIEN, SEBASTIAN; VAN TREECK, TILL (2012): Ziele und Zielkonflikte der Wirtschaftspolitik und Ansätze für einen neuen sozial-ökologischen Regulierungsrahmen. WISO Diskurs, November 2012. Friedrich-Ebert-Stiftung, Bonn. http://library.fes.de/pdf-files/wiso/09442.pdf.

DUNKEL, WOLFGANG; KRATZER, NICK (2016): Zeit- und Leistungsdruck bei Wissens- und Interaktionsarbeit. Neue Steuerungsformen und subjektive Praxis. Nomos Verlag, Baden-Baden.

EFI – EXPERTENKOMMISSION FORSCHUNG UND INNOVATION (2015): Gutachten zu Forschung, Innovation und technologischer Leistungsfähigkeit Deutschlands 2015. Expertenkommission Forschung und Innovation, Berlin. www.e-fi.de/fileadmin/Gutachten_2015/EFI_Gutachten_2015.pdf.

EICHHORST, WERNER; HINTE, HOLGER; SPERMANN, ALEXANDER; ZIMMERMANN, KLAUS F. (2015): Die neue Beweglichkeit: Die Gewerkschaften in der digitalen Arbeitswelt. IZA Standpunkte Nr. 82, August 2015. Institut zur Zukunft der Arbeit, Bonn. http://ftp.iza.org/sp82.pdf.

EICHHORST, WERNER; STEPHAN, GESINE; STRUCK, OLAF (2017): Struktur und Ausgleich des Arbeitsmarktes. Working Paper Forschungsförderung Nr. 28, Februar 2017. Hans-Böckler-Stiftung, Düsseldorf. www.boeckler.de/pdf/p_fofoe_WP_028_2017.pdf.

ELLGUTH, PETER; TRINCZEK, RAINER (2016): Erosion der betrieblichen Mitbestimmung – Welche Rolle spielt der Strukturwandel? In: WSI-Mitteilungen, Heft 03/2016, S. 172–182. www.boeckler.de/wsi-mitteilungen_64427_64462.htm.

ERHARD, LUDWIG (1957): Wohlstand für Alle. Econ-Verlag, Düsseldorf.

EUCKEN, WALTER (1952/2014): Grundsätze der Wirtschaftspolitik. UTB, Tübingen.

EUROFOUND (2015): New forms of employment. www.eurofound.europa.eu/sites/default/files/ef_publication/field_ef_document/ef1461en.pdf.

EUROSTAT (2016): Durchschnittliche Wochenarbeitszeit von Vollzeitbeschäftigten in den Ländern der Europäischen Union (EU-28) im Jahr 2015 (in Stunden). Statista. https://de.statista.com/statistik/daten/studie/75864/umfrage/durchschnittliche-wochenarbeitszeit-in-den-laendern-der-eu/.

FELBERMAYR, GABRIEL; BAUMGARTEN, DANIEL; LEHWALD, SYBILLE (2014): Wachsende Lohnungleichheit in Deutschland. Welche Rolle spielt der internationale Handel? Bertelsmann Stiftung, Gütersloh. www.bertelsmann-stiftung.de/fileadmin/files/BSt/Publikationen/GrauePublikationen/Studie_Wachsende_Lohnungleichheit_Langfassung.pdf.

FISCHER, GABRIELE; GUNDERT, STEFANIE; KAWALEC, SANDRA; SOWA, FRANK; STEGMAIER, JENS; TESCHING, KARIN; THEUER, STEFAN; HOHENDANNER, CHRISTIAN; LIETZMANN, THORSTEN (2015): Situation atypisch Beschäftigter und Arbeitszeitwünsche von Teilzeitbeschäftigten. Quantitative und qualitative Erhebung sowie begleitende Forschung, Endbericht. IAB-Forschungsprojekt im Auftrag des Bundesministeriums für Arbeit und Soziales. http://doku.iab.de/grauepap/2015/Forschungsprojekt_Atypik_V2_35.pdf.

FORD, SIMON; DESPEISSE, MÉLANIE (2016): Additive manufacturing and sustainability: an exploratory study of the advantages and challenges. In: Journal of Cleaner Production, Nr. 137/2016, S. 1573–1587.

FOROUTAN, NAIKA; GIESECKE, JOHANNES; KARAKAYALI, SERHAT (2017, im Erscheinen): Mitglieder mit Migrationshintergrund in der IG Metall. Berliner Institut für empirische Integrations- und Migrationsforschung und IG Metall, Berlin.

FRANK, ELKE; HÜBSCHEN, THORSTEN (2015): Out of Office. Warum wir die Arbeit neu erfinden müssen. Redline Verlag, München.

FRATZSCHER, MARCEL (2016): Verteilungskampf. Warum Deutschland immer ungleicher wird. Hanser-Verlag, München.

FREY, CARL BENEDIKT; OSBORNE, MICHAEL A. (2013): The future of Employment: How susceptible are jobs to computerisation? Oxford Martin School, Oxford. www.oxfordmartin.ox.ac.uk/downloads/academic/The_Future_of_Employment.pdf.

FUCHS, JOHANN; HUMMEL, MARKUS; HUTTER, CHRISTIAN; GEHRKE, BRITTA; WANGER, SUSANNE; WEBER, ENZO; WEIGAND, ROLAND; ZIKA, GERD (2016): IAB-Prognose 2016. Beschäftigung und Arbeitskräfteangebot so hoch wie nie. IAB-Kurzbericht 06/2016. Institut für Arbeitsmarkt- und Berufsforschung der Bundesagentur für Arbeit, Nürnberg. http://doku.iab.de/kurzber/2016/kb0616.pdf.

FUCHS, JOHANN; HUMMEL, MARKUS; HUTTER, CHRISTIAN; KLINGER, SABINE; WANGER, SUSANNE; WEBER, ENZO; ZIKA, GERD (2017): IAB-Prognose 2017. Der Arbeitsmarkt stellt neue Rekorde auf. IAB Kurzbericht 9/2017. Institut für Arbeitsmarkt- und Berufsforschung der Bundesagentur für Arbeit, Nürnberg. http://doku.iab.de/kurzber/2017/kb0917.pdf.

GEBLER, ANTON; UITERKAMP, J.M. SCHOOT; VISSER, CINDY (2014): A global sustainability perspective on 3D printing technologies. In: Energy Policy, Jahrgang 74, S. 158–167.

GERSEMANN, OLAF; BIRGER, NICOLEI (2016): Post-Chef will die Arbeit von Robotern besteuern. In: Die Welt vom 10.07.2016. www.welt.de/wirtschaft/article156922755/Post-Chef-will-die-Arbeit-von-Robotern-besteuern.html.

GOEBEL, MICHAEL; GIESECKE, JOHANNES (2009): Ökonomische Unsicherheit und Fertilität. Die Wirkung von Beschäftigungsunsicherheit und Arbeitslosigkeit auf die Familiengründung in Ost- und Westdeutschland. In: Zeitschrift für Soziologie, Jahrgang 38, Heft 5/2009, S. 399–417.

GOLDSCHMIDT, ULRICH (2016): Warum 40 Jahre Mitbestimmung ein Grund zum Feiern ist. www.manager-magazin.de/politik/deutschland/40-jahre-mitbestimmung-in-deutschland-a-1100169.html.

GRABKA, MARKUS M.; GOEBEL, JAN (2017): Realeinkommen sind von 1991 bis 2014 im Durchschnitt gestiegen – erste Anzeichen für wieder zunehmende Einkommensungleichheit. In: DIW Wochenbericht, Nr. 4/2017, S. 71–82. www.diw.de/documents/publikationen/73/diw_01.c.550894.de/17-4-1.pdf.

GRABKA, MARKUS M.; TIEFENSEE, ANITA (2017, im Erscheinen): Das Erbvolumen in Deutschland dürfte vermutlich gut ein Viertel größer sein als bisher angenommen. In: DIW Wochenbericht.

GRAETZ, GEORG; MICHAELS, GUY (2015): Robots at Work. CEP Discussion Paper No. 1335. Centre for Economic Performance, London. http://cep.lse.ac.uk/pubs/download/dp1335.pdf.

HANDRICH, CHRISTOPH; KOCH-FALKENBERG, CAROLYN; VOSS, GÜNTER G. (2016): Professioneller Umgang mit Zeit- und Leistungsdruck. Nomos Verlag, Baden-Baden.

HASSEL, ANKE; STEEN-KNUDSEN, JETTE; WAGNER, BETTINA (2016): Winning the battle or losing the war: The impact of European Union integration on labour market institutions in Germany and Denmark. In: Journal of European Public Policy, Band 23, Ausgabe 8, S. 1218–1239.

HBS (2016): Fortschritt braucht Kooperation. Böckler Impuls 15/2016. Hans-Böckler-Stiftung, Düsseldorf, S. 7. www.boeckler.de/Boeckler-Impuls_2016_15_Gesamtausgabe.pdf.

HEAD, JENNY; MARTIKAINEN, PEKKA; KUMARI, MEENA; KUPER, HANNAH; MARMOT, MICHAEL (2002): Work environment, alcohol consumption and ill-health. The Whitehall II Study. Prepared by University College London for the Health and Safety Executive. Health and Safety Executive, Norwich. www.hse.gov.uk/research/crr_pdf/2002/crr02422.pdf.

HEIDEN, MATHIAS; JÜRGENS, KERSTIN (2013): Kräftemessen. Betriebe und Beschäftigte im Reproduktionskonflikt. edition sigma, Berlin.

HELLIGE, HANS DIETER (2006): Die Geschichte des Internet als Lernprozess. artec-paper Nr. 138/2006. artec Forschungszentrum Nachhaltigkeit, Bremen. www.uni-bremen.de/fileadmin/user_upload/single_sites/artec/artec_Dokumente/artec-paper/138_paper.pdf.

HERZOG-STEIN, ALEXANDER; FRIEDRICH, BIRGIT; SESSELMEIER, WERNER; STEIN, URLIKE (2017): Wachstum und Produktivität im Gegenwind: Eine Analyse der Argumente Robert Gordons im Spiegel der deutschen Produktivitätsschwäche. IMK Report 124, März 2017. Hans-Böckler-Stiftung, Düsseldorf. www.boeckler.de/pdf/p_imk_report_124_2017.pdf.

HEXEL, DIETMAR (2009): Never change a winning system. Erfolg durch Mitbestimmung. In: HEXEL, DIETMAR (Hrsg.): Never change a winning system. Erfolg durch Mitbestimmung. Schüren Verlag, Marburg, S. 7–15.

HINTE, HOLGER; RINNE, ULF; ZIMMERMANN, KLAUS F. (2015): Flüchtlinge in Deutschland: Realismus statt Illusion. IZA Standpunkte Nr. 83, September/2015. Institut zur Zukunft der Arbeit, Bonn. http://ftp.iza.org/sp83.pdf.

HIRSCH-KREINSEN, HARTMUT; ITTERMANN, PETER;NIEHAUS, JONATHAN (Hrsg.) (2015): Digitalisierung industrieller Arbeit. Die Vision Industrie 4.0 und ihre sozialen Herausforderungen. Nomos Verlag, Baden-Baden.

HOBLER, DIETMAR; PFAHL, SVENJA; WEEBER, SONJA (2016): Arbeitszeiten. Teilzeitquoten der abhängig Beschäftigten 1991–2014. WSI-GenderDatenPortal. www.boeckler.de/51985.htm.

HOFFMANN, REINER (2015): Gute Arbeit, Arbeitsgestaltung, Arbeitsforschung auf die Agenda setzen. In: SCHRÖDER, LOTHAR; URBAN, HANS-JÜRGEN (Hrsg.): Gute Arbeit. Ausgabe 2015. Campus Verlag, Frankfurt am Main und New York. S. 19–27.

HOFFMANN, REINER; BOGEDAN, CLAUDIA (2015) (Hrsg.): Arbeit der Zukunft. Möglichkeiten nutzen – Grenzen setzen. Campus Verlag, Frankfurt am Main und New York.

HOFMANN, JÖRG; KURZ, CONSTANZE (2016): Industrie 4.0 – Industriearbeit der Zukunft im digitalen Wandel. In: SCHRÖDER/URBAN (Hrsg.): Gute Arbeit, Ausgabe 2016. Campus Verlag, Frankfurt am Main und New York, S. 73–85.

HOFSTETTER, YVONNE (2016): Das Ende der Demokratie. Wie die künstliche Intelligenz die Politik übernimmt und uns entmündigt. C. Bertelsmann Verlag, München.

HOHENDANNER, CHRISTIAN; RAMOS LOBATO, PHILIPP; OSTMEIER, ESTHER (2016): Befristete Beschäftigung im öffentlichen Dienst. Öffentliche Arbeitgeber befristen häufiger und kündigen seltener als private. IAB-Kurzbericht Nr. 5/2016. Institut für Arbeitsmarkt- und Berufsforschung der Bundesagentur für Arbeit, Nürnberg. http://doku.iab.de/kurzber/2016/kb0516.pdf.

HÖHNE, JUTTA; SCHULZE-BUSCHOFF, KARIN (2015): Die Arbeitsmarktintegration von Migranten und Migrantinnen in Deutschland. Ein Überblick nach Herkunftsländern und Generationen. In: WSI-Mitteilungen 5/2015, S. 345–354. www.boeckler.de/wsimit_2015_05_hoehne.pdf.

HORN, GUSTAV (2011): Des Reichtums fette Beute. Wie die Ungleichheit unser Land ruiniert. Campus Verlag, Frankfurt am Main und New York.

HORN, GUSTAV; BEHRINGER, JAN; HERZOG-STEIN, ALEXANDER; HOHLFELD, PETER; RIETZLER, KATJA; STEPHAN, SABINE; THEOBALD, THOMAS; TOBER, SILKE (2016a): Deutsche Konjunktur robust in rauem Klima. IMK Report 113, April 2016. Hans-Böckler-Stiftung, Düsseldorf. www.boeckler.de/pdf/p_imk_report_113_2016.pdf.

HORN, GUSTAV; HERZOG-STEIN, ALEXANDER; RIETZLER, KATJA; TOBER, SILKE; WATT, ANDREW (2016b): Die Zukunft gestalten. Wirtschaftspolitische Herausforderungen 2016. IMK Report 111, Januar 2016. Hans-Böckler-Stiftung, Düsseldorf. www.boeckler.de/pdf/p_imk_report_111_2016.pdf.

HORN, GUSTAV; HERZOG-STEIN, ALEXANDER; RIETZLER, KATJA; TOBER, SILKE (2017): Die Zukunft gestalten. Wirtschaftspolitische Herausforderungen 2017. IMK Report 120, Januar 2017. Hans-Böckler-Stiftung, Düsseldorf. www.boeckler.de/pdf/p_imk_report_120_2017.pdf.

HÜTHER, MICHAEL (2016): Digitalisierung: Systematisierung der Trends im Strukturwandel – Gestaltungsaufgabe für die Wirtschaftspolitik. IW Policy Paper 15/2016. Institut der deutschen Wirtschaft, Köln. www.iwkoeln.de/_storage/asset/317423/storage/master/file/11351046/download/IW_policy_paper_2016_15_Digitalisierung.pdf.

HURRELMANN, KLAUS; ALBRECHT, ERIK (2014): Die heimlichen Revolutionäre. Wie die Generation Y unsere Welt verändert. Beltz Verlag, Weinheim und Basel.

HUWS, URSULA (2016): Platform Labour: Sharing Economy or Virtual Wild West? In: Journal for a Progressive Economy, Juli 2016, S. 24–27.

IFO – LEIBNIZ-INSTITUT FÜR WIRTSCHAFTSFORSCHUNG (2017): ifo Konjunkturperspektiven. Jahrgang 44, Ausgabe 03/2017. Leibniz-Institut für Wirtschaftsforschung, München. www.cesifo-group.de/ifoHome/publications/docbase/details.html?docId=19297486.

IG METALL – INDUSTRIEGEWERKSCHAFT METALL (2015): Betriebsräte-Befragung Werkverträge 2015. Presse-Handout, 01.09.2015. Berlin. www.igmetall.de/docs_v2_2015_09_01_Werkvertraege_Befragungsergebsnisse_Presse_fa3aa79650424adb92215f0d963c327c16c17469.pdf.

IG METALL – INDUSTRIEGEWERKSCHAFT METALL (ohne Jahr): FairCrowdWork Watch. Homepage. www.faircrowdwork.org/.

IRANI, LILY; SILBERMAN, MAX (2013): Turkopticon: Interrupting Worker Invisibility in Amazon Mechanical Turk. Proceedings of the SIGCHI Conference on Human Factors in Computing Systems. ACM Publications, New York, S. 611–620. http://dl.acm.org/citation.cfm?id=2470742.

IW KÖLN – INSTITUT DER DEUTSCHEN WIRTSCHAFT KÖLN (2014): Bildungsverlierer Kurzstudie auf Basis des Sozio-oekonomischen Panels und PISA-Daten. Kurzgutachten im Auftrag der Initiative Neue Soziale Marktwirtschaft. Initiative Neue Soziale Marktwirtschaft, Berlin. www.insm.de/insm/dms/insm/text/kampagne/chancen-fuer-alle/fruehstuecksdialog-iw-studie-bildungsverlierer/iw-kurzstudie-bildungsverlierer/IW%20Kurzstudie%20Bildungsverlierer.pdf.

IW KÖLN – INSTITUT DER DEUTSCHEN WIRTSCHAFT KÖLN (2016): Jeder Dritte wechselt den Job. Iwd kompakt, 09.05.2016. www.iwd.de/artikel/jeder-dritte-wechselt-den-job-281979/.

JIRJAHN, UWE (2011): Ökonomische Wirkungen der Mitbestimmung in Deutschland: Ein Update. In: WAGNER, GERT G., et al. (Hrsg.): Schmollers Jahrbuch. 131. Jahrgang, Heft 1. Duncker & Humblot, Berlin, S. 3–57. www.beck-shop.de/fachbuch/leseprobe/Leseprobe_schm.pdf.

JOEBGES, HEIKE (2014): Zur Problematik der deutschen Leistungsbilanzüberschüsse. In: WISO direkt, Juni 2014. Friedrich-Ebert-Stiftung, Bonn. http://library.fes.de/pdf-files/wiso/10823.pdf.

JÜRGENS, KERSTIN (2015): Zusammenhänge anerkennen: Für eine Neuordnung von Arbeit und Leben. In: HOFFMANN, REINER; BOGEDAN, CLAUDIA (Hrsg.): Arbeit der Zukunft. Möglichkeiten nutzen – Grenzen setzen. Campus Verlag, Frankfurt am Main und New York, S. 289–310.

JÜRGENS, KERSTIN; FEHR, SONJA (2016): Familie und Beruf: zwischen Zeit- und Geldknappheit. Alte und neue Herausforderungen einer gesellschaftspolitischen Schlüsselfrage. In: Arbeitnehmerkammer Bremen: Mehr Vereinbarkeit wagen! Arbeiterkammer Bremen, Bremen, S. 12–29. www.arbeitnehmerkammer.de/publikationen/jahrespublikationen-berichte-zur-sozialen-lage.html?fileId=6461

KATZ, CHRISTIAN; BAITSCH, CHRISTOF (1996): Lohngleichheit für die Praxis: zwei Instrumente zur geschlechtsunabhängigen Arbeitsbewertung. vdf, Zürich.

KEESE, CHRISTOPH (2016): Silicon Valley. Wie wir die digitale Transformation schaffen. Kanus Verlag, München.

KERSTEN, JENS; NEU, CLAUDIA; VOGEL, BERTHOLD (2015): Regionale Daseinsvorsorge. Begriff, Indikatoren, Gemeinschaftsaufgabe. WISO Diskurs, Januar 2015. Friedrich-Ebert-Stiftung, Bonn. http://library.fes.de/pdf-files/wiso/11182.pdf.

KERSTEN, JENS; NEU, CLAUDIA; VOGEL, BERTHOLD (2016): Der Wert gleicher Lebensverhältnisse. Friedrich-Ebert-Stiftung, Bonn. http://library.fes.de/pdf-files/wiso/12016.pdf.

KERSTEN, JENS; NEU, CLAUDIA; VOGEL, BERTHOLD (2017): Das Soziale-Orte-Konzept. Ein Beitrag zur Politik des sozialen Zusammenhalts. In: Umwelt- und Planungsrecht, Heft 2/2017, S. 50–56.

KFW RESEARCH (2016): KfW-Kommunalpanel 2016. KfW Bankengruppe, Frankfurt am Main. www.kfw.de/PDF/Download-Center/Konzernthemen/Research/PDF-Dokumente-KfW-Kommunalpanel/KfW-Kommunalpanel-2016.pdf.

KITTUR, ANIKET; BERNSTEIN, MICHAEL S.; GERBER, ELISABETH M.; SHAW, AARON; ZIMMERMAN, JOHN; LEASE, MATTHEW; HORTON, JOHN J. (2015): Die Zukunft der Crowdarbeit. In: BENNER, CHRISTIANE (Hrsg.): Crowdwork – zurück in die Zukunft? Perspektiven digitaler Arbeit. Bund Verlag, Frankfurt am Main, S. 173–230.

KLEBE, THOMAS (2016): Crowdwork erfordert zusätzliche Regeln. In: Frankfurter Rundschau, 19.05.2015. www.fr.de/politik/meinung/gastbeitraege/gastbeitrag-crowdwork-erfordert-zusaetzliche-regeln-a-352537

KLENNER, CHRISTIANA; LOTT, YVONNE (2016): Arbeitszeitoptionen im Lebensverlauf. Bedingungen und Barrieren ihrer Nutzung im Betrieb. WSI Study Nr. 004, August 2016. Hans-Böckler-Stiftung, Düsseldorf. www.boeckler.de/pdf/p_wsi_studies_4_2016.pdf.

KNIEPS, FRANZ; PFAFF, HOLGER (Hrsg.) (2015): BKK Gesundheitsreport 2015 – Langzeiterkrankungen. Zahlen, Daten, Fakten. Medizinisch Wissenschaftliche Verlagsgesellschaft, Berlin. www.bkk-dachverband.de/fileadmin/publikationen/gesundheitsreport_2015/BKK_Gesundheitsreport_2015.pdf.

KOCHER, EVA; WELTI, FELIX (2013): Wie lässt sich ein Anspruch auf Weiterbildung rechtlich gestalten? Rechtliche Instrumente im Arbeits- und Sozialrecht. Friedrich-Ebert-Stiftung, Bonn. http://library.fes.de/pdf-files/wiso/09665.pdf.

KORTE, KARL-RUDOLF (2017): Identitätsfragen als neue demokratische Herausforderung des Politikmanagements. In: BIEBER, CHRISTOPH; BLÄTTE, ANDREAS; KORTE, KARL-RUDOLF; SWITEK, NIKO (Hrsg.): Regieren in der Einwanderungsgesellschaft. Impulse zur Integrationsdebatte aus Sicht der Regierungsforschung. Springer VS, Wiesbaden, S. 9–18.

KRATZER, NICK; MENZ, WOLFGANG; TULLIUS, KNUT; WOLF, HARALD (2015): Legitimationsprobleme in der Erwerbsarbeit. Gerechtigkeitsansprüche und Handlungsorientierungen in Arbeit und Betrieb. Forschung aus der Hans-Böckler-Stiftung, Bd. 173. edition sigma, Baden-Baden.

KRETSCHMER, MARTIN (2011): Private Copying and Fair Compensation: An empirical study of copyright levies in Europe. The Intellectual Property Office, Newport. www.ipo.gov.uk/ipresearch-faircomp-full-201110.pdf.

KRETSCHMER, MARTIN (2016): »Autoren sollten gesetzliche Vergütungsrechte begrüßen«. Interview mit Martin Kretschmer, geführt von Henry Steinhau am 05.06.2016. https://irights.info/artikel/martin-kretschmer-autoren-sollten-gesetzliche-verguetungsrechte-begruessen/27620.

KRUGMAN, PAUL (2014): Four observations on secular stagnation. In: BALDWIN, RICHARD; TEULINGS, COEN (Hrsg.): Secular Stagnation: Facts, Causes and Cures. CEPR Press, London, S. 61–68.

KUCKLICK, CHRISTOPH (2014): Die granulare Gesellschaft. Wie das Digitale unsere Wirklichkeit auflöst. Ullstein Verlag, Berlin.

KUEK, SIOU CHEW; PARADI-GUILFORD, CECILIA; FAYOMI, TOKS; IMAIZUMI, SAORI; IPEIROTIS, PANOS; PINA, PATRICIA; SINGH, MANPREET (2015): The Global Opportunity in Online Outsourcing. World Bank, Washington. http://documents.worldbank.org/curated/en/138371468000900555/pdf/ACS14228-ESW-white-cover-P149016-Box391478B-PUBLIC-World-Bank-Global-OO-Study-WB-Rpt-FinalS.pdf.

KURI, JÜRGEN (2017): Digitale Infrastruktur. Zwischen Fördermilliarden und Netzrealitäten. In: Aus Politik und Zeitgeschichte, Heft 16–17/2017, S. 24–30. www.bpb.de/apuz/246427/digitale-infrastruktur-zwischen-foerdermilliarden-und-netzrealitaeten.

KURZ, CONSTANZE; RIEGER, FRANK (2013): Arbeitsfrei. Eine Entdeckungsreise zu den Maschinen, die uns ersetzen. Riemann Verlag, München.

LANDMANN, JULIANE; HEUMANN, STEFAN (Hrsg.) (2016): Auf dem Weg zum Arbeitsmarkt 4.0. Mögliche Auswirkungen der Digitalisierung auf Arbeit und Beschäftigung in Deutschland bis 2030. Bertelsmann Stiftung und Stiftung neue Verantwortung, Gütersloh und Berlin. www.bertelsmann-stiftung.de/fileadmin/files/user_upload/Studie_NW_Arbeitsmarkt4.0.pdf.

LANG, THORSTEN; BÄHR, CORNELIUS; FRITSCH, MANUEL (2016): Internationale Wissensnetze. Studie im Auftrag der Hans-Böckler-Stiftung. IW Consult, Köln. www.iwkoeln.de/_storage/asset/305532/storage/master/file/10669848/download/Gutachen_2016_IW_Consult_Internationale_Wissensnetze.pdf.

LEGGEWIE, CLAUS (2011): Mut statt Wut. Aufbruch in eine neue Demokratie. Körber-Stiftung, Hamburg.

LEIMEISTER, JAN MARCO; DURWARD, DAVID; ZOGAJ, SHKODRAN (2016): Crowd Worker in Deutschland. Eine empirische Studie zum Arbeitsumfeld auf externen Crowdsourcing-Plattformen. Study Nr. 323, Juli 2016. Hans-Böckler-Stiftung, Düsseldorf. www.boeckler.de/pdf/p_study_hbs_323.pdf.

LEIMEISTER, JAN MARCO; ZOGAJ, SHKODRAN (2013): Neue Arbeitsorganisation durch Crowdsourcing. Eine Literaturstudie. Arbeitspapier Nr. 287. Hans-Böckler-Stiftung, Düsseldorf.
www.boeckler.de/pdf/p_arbp_287.pdf.

LESSENICH, STEPHAN (2008): Die Neuerfindung des Sozialen. Der Sozialstaat im flexiblen Kapitalismus. Transcript, Bielefeld.

LESSIG, LAWRENCE (2008). Remix: Making Art and Commerce Thrive in the Hybrid Economy. Penguin, New York.

LILLEMEIER, SARAH (2016): Der »Comparable Worth-Index« als Instrument zur Analyse des Gender Pay Gaps. Arbeitsanforderungen und Belastungen in Frauen- und Männerberufen. WSI Working Paper Nr. 205, Oktober 2016. Hans-Böckler-Stiftung, Düsseldorf.
www.boeckler.de/pdf/p_wsi_wp_205.pdf.

LILLIE, NATHAN; WAGNER, INES (2015): Subcontracting, insecurity and posted workers: evidence from construction, meat processing and shipbuilding. In: DRAHOKOUPIL, JAN (Hrsg.): The outsourcing challenge: organizing workers across fragmented production networks. European Trade Union Institute, Brüssel. S. 157–177.

LOKHANDE, MOHINI; NIESELT, THIMO (2016): Doppelt benachteiligt? Kinder und Jugendliche mit Migrationshintergrund im deutschen Bildungssystem. Eine Expertise im Auftrag der Stiftung Mercator. Forschungsbereich beim Sachverständigenrat deutscher Stiftungen für Integration und Migration, Berlin.
www.svr-migration.de/wp-content/uploads/2016/05/Expertise-Doppelt-benachteiligt.pdf.

MAIER, TOBIAS; ZIKA, GERD; WOLTER, MARC INGO; KALINOWSKI, MICHAEL; NEUBER-POHL, CAROLINE (2016): Die Bevölkerung wächst – Engpässe bei fachlichen Tätigkeiten bleiben aber dennoch bestehen. BIBB-IAB-Qualifikations- und Berufsfeldprojektionen bis zum Jahr 2035 unter Berücksichtigung der Zuwanderung Geflüchteter. BIBB-Report, 03/2016. Bundesinstitut für Berufsbildung, Bonn.

MARMOT, M. G.; DAVEY SMITH, G.; STANSFELD, S.; PATEL, C.; HEAD, J.; NORTH, F.; WHITE, I. (1991): Health inequalities among British civil servants: the Whitehall II study. In: The Lancet, Band 337, S. 1387–1393.

MASCHKE, MANUELA; NIES, GERD; VOGL, GERLINDE (2014): Mobile Arbeit: zwischen Autonomie und Fremdbestimmung. In: WSI-Mitteilungen, Heft 2/2014, S. 156–159.
www.boeckler.de/wsimit_2014_02_maschke.pdf.

MASON, PAUL (2016): Postkapitalismus. Grundrisse einer kommenden Ökonomie. Suhrkamp Verlag, Berlin.

MAU, STEFFEN (2015a): Der Lebenschancenkredit. Ein Modell der Ziehungsrechte für Bildung, Zeitsouveränität und die Absicherung sozialer Risiken. WISO direkt, Oktober 2015. Friedrich-Ebert-Stiftung, Bonn.
http://library.fes.de/pdf-files/wiso/11658.pdf.

MAU, STEFFEN (2015b): Die Rückkehr der sozialen Ungleichheit. In: Berliner Republik, 3–4/2015.
www.b-republik.de/archiv/die-rueckkehr-der-sozialen-ungleichheit.

MAU, STEFFEN; HEUER, JAN-OCKO (2016): Wachsende Ungleichheit als Gefahr für nachhaltiges Wachstum. Wie die Bevölkerung über soziale Unterschiede denkt. Friedrich-Ebert-Stiftung, Bonn.
http://library.fes.de/pdf-files/wiso/12516.pdf.

MAZZUCATO, MARIANA (2014): Das Kapital des Staates. Eine andere Geschichte von Innovation und Wachstum. Verlag Antje Kunstmann, München.

MAZZUCATO, MARIANA (2015): The entrepreneurial state: Debunking public vs. private sector myths. PublicAffairs Books, New York.

MAZZUCATO, MARIANA (2016): From market fixing to market-creating: a new framework for innovation policy. In: Industry and Innovation, Jahrgang 23, Nr. 02/2016, S. 140–156.

MEISSNER, FRANK; VERTOVEC, STEVEN (2015): Comparing super-diversity. In: Ethnic and Racial Studies, Jahrgang 38, Nr. 4/2015, S. 541–555. http://dx.doi.org/10.1080/01419870.2015.980295.

MÖLLER, JOACHIM (2016): Lohnungleichheit – Gibt es eine Trendwende? IAB-Discussion Paper 9/2016. Institut für Arbeitsmarkt- und Berufsforschung der Bundesagentur für Arbeit, Nürnberg. http://doku.iab.de/discussionpapers/2016/dp0916.pdf.

MOROZOV, EVGENY (2013): Smarte neue Welt. Digitale Technik und die Freiheit des Menschen. Karl Blessing Verlag, München.

MÜCKENBERGER, ULRICH (1989): Der Wandel des Normalarbeitsverhältnisses unter Bedingungen einer »Krise der Normalität«. In: Gewerkschaftliche Monatshefte, Heft 4/1989, S. 211–223. http://library.fes.de/gmh/main/pdf-files/gmh/1989/1989-04-a-211.pdf.

MÜCKENBERGER, ULRICH (Hrsg.) (1998): Zeiten der Stadt. Reflexionen und Materialien zu einem neuen gesellschaftspolitischen Gestaltungsfeld. edition Temmen, Bremen.

MÜCKENBERGER, ULRICH (2014): Eine europäische Sozialverfassung? In: Europarecht, Jahrgang 49, Heft 4/2014, S. 369–399. www.europarecht.nomos.de/fileadmin/eur/doc/Aufsatz_EuR_14_04.pdf.

MÜCKENBERGER, ULRICH (2015): »Bürger am Arbeitsplatz«. Ein gewerkschafts- und gesellschaftspolitisches Leitbild. In: SCHROEDER, WOLFGANG; BOGEDAN, CLAUDIA (Hrsg.): Gute Arbeit und soziale Gerechtigkeit im 21. Jahrhundert. Bausteine einer sozialen Arbeitsgesellschaft. Forschung aus der Hans-Böckler-Stiftung, Band 175. Nomos Verlag, Baden-Baden, S. 52–89.

MÜCKENBERGER, ULRICH (2017): Der Arbeitnehmerbegriff. Expertise im Auftrag der Kommission »Arbeit der Zukunft«. Hans-Böckler-Stiftung, Düsseldorf.

MÜLLER, ANDREA; SCHMIDT, WERNER (2016): Fluchtmigration und Arbeitswelt. Maßnahmen zur Integration von Flüchtlingen in großen Unternehmen. Study Nr. 339, Oktober 2016. Hans-Böckler-Stiftung, Düsseldorf. www.boeckler.de/pdf/p_study_hbs_339.pdf.

MÜLLER-ARMACK, ALFRED (1966): Wirtschaftsordnung und Wirtschaftspolitik. Studien und Konzepte zur sozialen Marktwirtschaft und zur europäischen Integration. Verlag Rombach, Freiburg.

NAUMANN, INGELA K. (2014): Access for All? Sozialinvestition in der frühkindlichen Bildung und Betreuung im europäischen Vergleich. In: Zeitschrift für Erziehungswissenschaften, Band 17, Heft 3/2014 Supplement, S. 113–128. www.research.ed.ac.uk/portal/files/16420399/Access_for_All.pdf.

NEHLICH, HELMA (2017). Auf dem Rücken des Personals. An der Berliner Charité gibt es seit einem Jahr tarifliche Mindestbesetzungen in der Pflege, aber man hält sich nicht daran. In: ver.di Publik 3/2017, S. 6. http://publik.verdi.de/2017/ausgabe-03/gewerkschaft/gewerkschaft/seite-6/A1.

NEUMANN, MICHAEL; SCHMIDT, JÖRG (2013): Glücksfaktor Arbeit – Was bestimmt unsere Lebenszufriedenheit? RHI-Diskussion Nr. 21, Roman Herzog Institut, München. www.romanherzoginstitut.de/publikationen/detail/gluecksfaktor-arbeit.html.

NGG – GEWERKSCHAFT NAHRUNG-GENUSS-GASTSTÄTTEN (2012): Wenig Rechte – wenig Lohn. Wie Unternehmen Werkverträge (aus)nutzen. Gewerkschaft Nahrung, Genuss, Gaststätten, Hamburg. www.ngg.net/fileadmin/medien/2015_2016/PDFs/Themen_und_Positionen-PDFs/wenig-rechte-broschuere-werkvertraege.pdf.

OECD (2015): In It Together: Why Less Inequality Benefits All. OECD Publishing, Paris. www.keepeek.com/Digital-Asset-Management/oecd/employment/in-it-together-why-less-inequality-benefits-all_9789264235120-en#.WOyYS2dCRhE.

OECD – ORGANISATION FÜR WIRTSCHAFTLICHE ZUSAMMENARBEIT UND ENTWICKLUNG (2016a): Bildung auf einen Blick: OECD-Indikatoren. W. Bertelsmann Verlag, Bielefeld. http://dx.doi.org/10.1787/9789264264212-de.

OECD – ORGANISATION FÜR WIRTSCHAFTLICHE ZUSAMMENARBEIT UND ENTWICKLUNG (2016b): PISA 2015 Results (Volume I): Excellence and Equity in Education. OECD Publishing, Paris. http://dx.doi.org/10.1787/9789264266490-en.

OHLIGER, RAINER (2014): Den demografischen Wandel durch Migration gestalten: Möglichkeiten, Grenzen, Zukunftsperspektiven. WISO direkt, Dezember 2014. Friedrich-Ebert-Stiftung, Bonn. http://library.fes.de/pdf-files/wiso/11095.pdf.

PABST, FRANZISKA; ASMUS, ANTJE (2017): Armut Alleinerziehender. In: Der Paritätische Gesamtverband (Hrsg.): Menschenwürde ist Menschenrecht. Bericht zur Armutsentwicklung in Deutschland 2017. S. 22–29. https://cloud.paritaet.org/1.1/?download=true&ticket=5661be40-fe94-11e6-be03-5254008b3c13.

PALLEY, THOMAS I. (2016): Inequality and Growth in Neo-Kaleckian and Cambridge Growth Theory. IMK Working Paper 167, Mai 2016. Hans-Böckler-Stiftung, Düsseldorf. www.boeckler.de/pdf/p_imk_wp_167_2016.pdf.

PENNINX, RINUS; ROOSBLAD, JUDITH (2000): Trade Unions, Immigration and Immigrants in Europe 1960–1993. Berghahn Books, Oxford.

PFEIFFER, SABINE (2016): Berufliche Bildung 4.0? Überlegungen zur Arbeitsmarkt- und Innovationsfähigkeit. In: Industrielle Beziehungen – Zeitschrift für Arbeit, Organisation und Management, Jahrgang 23, Heft 1/2016, S. 25–44.

PFEIFFER, SABINE; SUPHAN, ANNE (2015): Der AV-Index. Lebendiges Arbeitsvermögen und Erfahrung als Ressourcen auf dem Weg zu Industrie 4.0. Universität Hohenheim, Lehrstuhl für Soziologie Working Paper 2015#1. www.sabine-pfeiffer.de/files/downloads/2015-Pfeiffer-Suphan-final.pdf.

PIKETTY, THOMAS (2014): Das Kapital im 21. Jahrhundert. Verlag C. H. Beck, München.

PONGRATZ, HANS J.; VOSS, G. GÜNTER (2003): Arbeitskraftunternehmer. Erwerbsorientierungen in entgrenzten Erwerbsformen. edition sigma, Berlin.

PRASSL, JEREMIAS; RISAK, MARTIN (2016): Uber, Taskrabbit, & Co: Platforms as Employers? Rethinking the Legal Analysis of Crowdwork. In: Comparative Labor Law & Policy Journal, im Erscheinen. Im Februar 2016 vorab online veröffentlicht: www.labourlawresearch.net/sites/default/files/papers/15FEB%20Prassl_Risak%20Crowdwork%20Employer%20post%20review%20copy.pdf.

PRIES, LUDGER (2016): Migration und Ankommen. Die Chancen der Flüchtlingsbewegung. Campus Verlag, Frankfurt am Main und New York.

PRIES, LUDGER; DASEK, ANDREA (2017): Das Verhältnis von Gewerkschaften zur Migration: Ambivalente Orientierungen zwischen Ablehnen, Ausblenden und Ernstnehmen. In: AIS Arbeits- und Industriesoziologische Studien, Jahrgang 10, Heft 1/2017, S. 39–56. www.ais-studien.de/home/veroeffentlichungen-17/april.html.

PRIES, LUDGER; SHINOZAKI, KYOKO (2015): Neue Migrationsdynamiken und Folgerungen für gewerkschaftliche Politiken. In: WSI-Mitteilungen, Heft 5/2015, S. 374–382. www.boeckler.de/wsimit_2015_05_pries.pdf.

PROGNOS AG (2016): Industriestandort Deutschland und Bayern 2030. Vereinigung der Bayerischen Wirtschaft, München. www.prognos.com/uploads/tx_atwpubdb/20160919_Prognos_Studie_Industriestandort-Deutschland-und-Bayern-2030_final.pdf.

PROJEKTGRUPPE GEMEINSCHAFTSDIAGNOSE (2017): Aufschwung festigt sich trotz weltwirtschaftlicher Risiken. Frühjahr 2016. Dienstleistungsauftrag des Bundesministeriums für Wirtschaft und Energie. Projektgruppe Gemeinschaftsdiagnose, Berlin. www.diw.de/documents/dokumentenarchiv/17/diw_01.c.556111.de/20170412_gemeinschaftsdiagnose_fruehjahr2017_komplettgutachten.pdf.

REICHERT, MONIKA (2013): Häusliche Pflege in Deutschland unter besonderer Berücksichtigung der Vereinbarkeit von Erwerbstätigkeit und Pflege. Vortrag am 06.03.2013, Philipps-Universität Marburg.

RESOURCE PROJECT (ohne Jahr): Das ReSource Project. Homepage. www.resource-project.org/home.html.

REUYSS, STEFAN; PFAHL, SVENJA; RINDERSPACHER, JÜRGEN P.; MENKE, KATRIN (2014): Pflegesensible Arbeitszeiten – Arbeitszeitrealitäten und Bedarfe von pflegenden Beschäftigten. Hans-Böckler-Stiftung, Düsseldorf. www.boeckler.de/pdf/p_pflegesensible_arbeitszeiten.pdf.

RICHTER, ACHIM; GELS, RAYMUND (2017): Betriebliches Eingliederungsmanagement. Fürsorgepflicht und Gesundheitsschutz im öffentlichen und kirchlichen Dienst. Walhalla Fachverlag, Regensburg.

RIETZLER, KATJA (2014): Anhaltender Verfall der Infrastruktur. Die Lösung muss bei den Kommunen ansetzen. IMK Report 94, Juni 2014. Hans-Böckler-Stiftung, Düsseldorf. www.boeckler.de/pdf/p_imk_report_94_2014.pdf.

RIFKIN, JEREMY (1997): Das Ende der Arbeit und ihre Zukunft. Campus Verlag, Frankfurt am Main und New York.

RIFKIN, JEREMY (2014a): Die dritte industrielle Revolution. Die Zukunft der Wirtschaft nach dem Atomzeitalter. Fischer Verlag, Frankfurt am Main.

RIFKIN, JEREMY (2014b): Die Null-Grenzkosten-Gesellschaft: Das Internet der Dinge, kollaboratives Gemeingut und der Rückzug des Kapitalismus. Campus Verlag, Frankfurt am Main und New York.

ROGGENKAMP, MARTIN (2016): Trendanalyse – Berufliche Aus- und Weiterbildung in Deutschland. bfw – Unternehmen für Bildung, Erkrath. www.bfw.de/Media/Allgemeine_Dateien/News/bfw-Trendanalyse-Berufliche-Aus-und-Weiterbildung-2017-Auszug.pdf.

RKI – ROBERT-KOCH-INSTITUT (Hrsg.) (2017): Gesundheitliche Ungleichheit in verschiedenen Lebensphasen. Gesundheitsberichterstattung des Bundes gemeinsam getragen von RKI und Destatis. Robert-Koch-Institut, Berlin. www.rki.de/DE/Content/Gesundheitsmonitoring/Gesundheitsberichterstattung/GBEDownloadsB/gesundheitliche_ungleichheit_lebensphasen.pdf?__blob=publicationFile.

RÖHL, KLAUS HEINER (2016): Regionale Wirtschaftsstrukturen und Armutsgefährdung. IW-Kurzbericht 77/2016. Institut der deutschen Wirtschaft, Köln. www.iwkoeln.de/studien/iw-kurzberichte/beitrag/klaus-heiner-roehl-regionale-wirtschaftsstrukturen-und-armutsgefaehrdung-316272.

ROLAND BERGER – ROLAND BERGER STRATEGY CONSULTANTS (2015): Die digitale Transformation der Industrie. Was sie bedeutet. Wer gewinnt. Was jetzt zu tun ist. Eine europäische Studie von Roland Berger Strategy Consultants im Auftrag des BDI. http://bdi.eu/media/user_upload/Digitale_Transformation.pdf.

ROSSNAGEL, ALEXANDER (2016): Wie zukunftsfähig ist die Datenschutz-Grundverordnung? Welche Antworten bietet sie für die neuen Herausforderungen des Datenschutzrechts? In: Datenschutz und Datensicherheit, Ausgabe 9/2016, S. 561–565.

RUDZIO, KOLJA; VENOHR, SASCHA; BLICKLE, PAUL; STAHNKE, JULIAN (2016): Schwimmen Sie vorne mit? Zeit Online, 25.02.2016. www.zeit.de/wirtschaft/2016-02/arbeit-mindestlohn-erfolg-deutschland-studie-vermaechtnis.

RÜRUP, BERT (2015): Säkulare Stagnation. Das trojanische Pferd des Keynesianismus. Handelsblatt Research Institute Analyse, 29. Mai 2015. http://research.handelsblatt.com/wp-content/uploads/2015/05/br_Stagnation.pdf.

SACHVERSTÄNDIGENKOMMISSION – SACHVERSTÄNDIGENKOMMISSION ZUM ZWEITEN GLEICHSTELLUNGSBERICHT DER BUNDESREGIERUNG (2017): Erwerbs- und Sorgearbeit gemeinsam neu gestalten. Gutachten für den Zweiten Gleichstellungsbericht der Bundesregierung. Geschäftsstelle Zweiter Gleichstellungsbericht der Bundesregierung, Berlin. www.gleichstellungsbericht.de/gutachten2gleichstellungs-bericht.pdf.

SACK, DETLEF; SCHULTEN, THORSTEN; SARTER, EVA; BÖHLKE, NILS (2016): Öffentliche Auftragsvergabe in Deutschland. Sozial und nachhaltig? Reihe Modernisierung des öffentlichen Sektors, Band 41. Nomos Verlag, Baden-Baden.

SATTELBERGER, THOMAS; WELPE, ISABELL; BOES, ANDREAS (2015): Das demokratische Unternehmen: Neue Arbeits- und Führungskulturen im Zeitalter digitaler Wirtschaft. Haufe-Lexware, Freiburg.

SAUER, DIETER (2011): Von der »Humanisierung der Arbeit« zur »Guten Arbeit«. In: Aus Politik und Zeitgeschichte, Heft 15/2011, S. 18–23. www.bpb.de/apuz/33366/von-der-humanisierung-der-arbeit-zur-guten-arbeit?p=all.

SAUER, DIETER (2013): Die organisatorische Revolution, Umbrüche der Arbeitswelt – Ursachen, Auswirkungen und arbeitspolitische Antworten. VSA-Verlag, Hamburg.

SCHILDMANN, CHRISTINA (2016): Digitalisierung. Wie Frauen gewinnen können. Süddeutsche Zeitung vom 30.November 2016. www.sueddeutsche.de/politik/digitalisierung-wie-frauen-gewinnen-koennen-1.3273324?reduced=true.

SCHIRRMACHER, FRANK (Hrsg.) (2015): Technologischer Totalitarismus. Eine Debatte. Suhrkamp Verlag, Berlin.

SCHMID, GÜNTHER (2008): Von der Arbeitslosen- zur Beschäftigungsversicherung. WISO Diskurs, April 2008. Friedrich-Ebert-Stiftung, Bonn. http://library.fes.de/pdf-files/wiso/05295.pdf.

SCHMIDT, ERIC; COHEN, JARED (2013): Die Vernetzung der Welt. Ein Blick in unsere Zukunft. Rowohlt Verlag, Reinbek.

SCHMIDT, WERNER; MÜLLER, ANDREA (2013): Social Integration and Workplace Industrial Relations: Migrant and Native Employees in German Industry. In: Relations Industrielles / Industrial Relations, Jahrgang 68, Nr. 3, S. 361–386.

SCHNEIDER, JAN; YEMANE, RUTA; WEINMANN, MARTIN (2014): Diskriminierung am Ausbildungsmarkt. Ausmaß, Ursachen und Handlungsperspektiven. Sachverständigenrat deutscher Stiftungen für Integration und Migration, Berlin. www.bosch-stiftung.de/content/language1/downloads/Studie_Diskriminierung_am_Ausbildungsmarkt.pdf.

SCHOLZ, CHRISTIAN (2014): Generation Z. Wie sie tickt, was sie verändert und warum sie uns alle ansteckt. Wiley-VCH Verlag, Weinheim.

SCHOLZ, TREBOR (2016a): Plattform-Kooperativismus. Wie wir uns die Sharing Economy zurückholen können. In: Stary, Patrick (Hrsg.): Digitalisierung der Arbeit. Arbeit 4.0, Sharing Economy und Plattform-Kooperativismus, Manuskripte Neue Folge 18. Rosa-Luxemburg-Stiftung, Berlin, S. 62–94. www.rosalux.de/fileadmin/rls_uploads/pdfs/Manuskripte/Manuskripte18_Digitalisierung_der_Arbeit.pdf.

SCHOLZ, TREBOR (2016b): Uberworked and underpaid: How workers are disrupting the digital economy. Polity Press, Cambridge.

SCHROEDER, WOLFGANG (2017a): »Eine neue Idee von Sozialpartnerschaft«. Interview. In: Magazin Mitbestimmung, Ausgabe 10/2013. www.boeckler.de/44324_44330.htm.

SCHROEDER, WOLFGANG (2017b): Industrie 4.0 und der rheinische kooperative Kapitalismus. WISO direkt, 03/2017. Friedrich-Ebert-Stiftung, Bonn. http://library.fes.de/pdf-files/wiso/13206.pdf.

SCHUH, GÜNTHER; GUDEGAN, GERHARD; KAMPKER, ACHIM (Hrsg.) (2016): Management industrieller Dienstleistungen: Handbuch Produktion und Management 8. Springer-Verlag, Berlin und Heidelberg.

SCHULZ, ERIKA (2012): Pflegemarkt: Drohendem Arbeitskräftemangel kann entgegengewirkt werden. In: DIW Wochenbericht, Nr. 51–52/2012, S. 3–17. www.diw.de/documents/publikationen/73/diw_01.c.413133.de/12-51-1.pdf.

SCHWAB, KLAUS (2016): Die vierte industrielle Revolution. Pantheon Verlag, München.

SCHWEIGHOFER, JOHANNES (2016): Zur Befreiung des Menschen von mühevoller Arbeit und Plage durch Maschinen, Roboter und Computer – Auswirkungen der Digitalisierung auf die Arbeitsmärkte. In: Wirtschaft und Gesellschaft, Jahrgang 42, Heft 2/2016, S. 219–255. http://wug.akwien.at/WUG_Archiv/2016_42_2/2016_42_2_0219.pdf.

SCHWETTMANN, JÜRGEN (2012): Die Genossenschaft – Der Mensch im Mittelpunkt. In: Gegenblende. Das gewerkschaftliche Debattenmagazin, Heft 16/2012, S.11–14.

SEIFERT, HARTMUT; HOLST, ELKE; MATIASKE, WENZEL; TOBSCH, VERENA (2016): Arbeitszeitwünsche und ihre kurzfristige Realisierung. In: WSI-Mitteilungen, Heft 4/2016, S. 300–308. http://media.boeckler.de/Sites/A/Online-Archiv/19052.

SIEGRIST, JOHANNES (2005): Medizinische Soziologie. 6., neu bearbeitete und erweiterte Auflage. Elsevier, Urban & Fischer Verlag, München.

SIEGRIST, JOHANNES (2015): Arbeitswelt und stressbedingte Erkrankungen: Forschungsevidenz und präventive Maßnahmen. Elsevier, Urban & Fischer Verlag, München.

SOMMER, MICHAEL (2012): Gewerkschaften und Genossenschaften – Neue Wege im 21. Jahrhundert? In: Gegenblende. Das gewerkschaftliche Debattenmagazin, Heft 16/2012, S. 8–11.

STAAB, PHILIPP (2014): Macht und Herrschaft in der Servicewelt. Hamburg Edition, Hamburg.

STAAB, PHILIPP (2016): Falsche Versprechen. Wachstum im digitalen Kapitalismus. Hamburg Edition, Hamburg.

STATISTA (ohne Jahr): Anteil der Beschäftigten im öffentlichen Dienst an der Gesamtbeschäftigung in den OECD-Ländern im Jahr 2004 (in Prozent). https://de.statista.com/statistik/daten/studie/37720/umfrage/beschaeftigte-im-oeffentlichen-dienst-in-oecd-laendern/.

STATISTISCHES BUNDESAMT (2015a): Geerbtes und geschenktes Vermögen im Jahr 2014 auf über 100 Milliarden Euro gestiegen. Pressemitteilung 373/15, 07.10.2015. Statistisches Bundesamt, Wiesbaden. www.destatis.de/DE/PresseService/Presse/Pressemitteilungen/2015/10/PD15_373_736pdf.pdf;jsessionid=CFF2230EF46565A30DE37F98EAFFE4E5.cae3?__blob=publicationFile.

STATISTISCHES BUNDESAMT (2015b): Wie die Zeit vergeht. Ergebnisse zur Zeitverwendung in Deutschland 2012/2013. Statistisches Bundesamt, Wiesbaden. www.destatis.de/DE/PresseService/Presse/Pressekonferenzen/2015/zeitverwendung/Pressebroschuere_zeitverwendung.pdf?__blob=publicationFile.

STATISTISCHES BUNDESAMT (2016a): Bruttoinlandsprodukt 2015 für Deutschland. Statistisches Bundesamt, Wiesbaden. www.destatis.de/DE/PresseService/Presse/Pressekonferenzen/2016/BIP2015/Pressebroschuere_BIP2015.pdf?__blob=publicationFile.

STATISTISCHES BUNDESAMT (2016b): Ungenutztes Arbeitskräftepotenzial im Jahr 2015: 5,7 Millionen Menschen wollen (mehr) Arbeit. Pressemitteilung 338/16, 23.09.2016. Statistisches Bundesamt, Wiesbaden. www.destatis.de/DE/PresseService/Presse/Pressemitteilungen/2016/09/PD16_338_132pdf.pdf;jsessionid=501CAD9220CCDADCA88B2777CD86D0DC.cae1?__blob=publication File.

STATISTISCHES BUNDESAMT (2016c): Verdienstunterschied zwischen Frauen und Männern in Deutschland bei 21 %. Pressemitteilung 097/16, 16.03.2016. Statistisches Bundesamt, Wiesbaden. www.destatis.de/DE/PresseService/Presse/Pressemitteilungen/2016/03/PD16_097_621pdf.pdf?__blob=publicationFile.

STATISTISCHES BUNDESAMT (2016d): Volkswirtschaftliche Gesamtrechnung 2016. Statistisches Bundesamt, Wiesbaden. www.destatis.de/DE/ZahlenFakten/GesamtwirtschaftUmwelt/VGR/VolkswirtschaftlicheGesamtrechnungen.html.

STATISTISCHES BUNDESAMT (2016e): 45 % der Beschäftigten arbeiteten 2014 in tarifgebundenen Betrieben. Pressemitteilung 383/16, 25.10.2016. Statistisches Bundesamt, Wiesbaden. www.destatis.de/DE/PresseService/Presse/Pressemitteilungen/2016/10/PD16_383_622pdf.pdf?__blob=publicationFile

STATISTISCHES BUNDESAMT (2017a): Bevölkerung und Erwerbstätigkeit. Bevölkerung mit Migrationshintergrund – Ergebnisse des Mikrozensus 2015. Fachserie 1, Reihe 2.2. www.destatis.de/DE/Publikationen/Thematisch/Bevoelkerung/Migration Integration/Migrationshintergrund2010220157004.pdf?__blob=publicationFile.

STATISTISCHES BUNDESAMT (2017b): Dauer der Beschäftigung beim aktuellen Arbeitgeber. Statistisches Bundesamt, Wiesbaden. www.destatis.de/DE/ZahlenFakten/Indikatoren/QualitaetArbeit/Dimension4/4_1_DauerBeschaeftigungAktuellarbeitgeber.html

STATISTISCHES BUNDESAMT (2017c): Gesundheitspersonal nach Berufen und Geschlecht in 1000. Statistisches Bundesamt, Wiesbaden. www.destatis.de/DE/ZahlenFakten/GesellschaftStaat/Gesundheit/Gesundheitspersonal/Tabellen/Berufe.html.

STATISTISCHES BUNDESAMT (2017d): Zahlen und Fakten. Erwerbstätige, die mehr als eine Tätigkeit ausüben. Statistisches Bundesamt, Wiesbaden. www.destatis.de/DE/ZahlenFakten/Indikatoren/QualitaetArbeit/Dimension3/3_10_Zweitjob.html.

STIGLITZ, JOSEPH; SEN, AMARTYA; FITOUSSI, JEAN-PAUL (2010a): Report by the Commission on the Measurement of Economic Performance and Social Progress. http://library.bsl.org.au/jspui/bitstream/1/1267/1/Measurement_of_economic_performance_and_social_progress.pdf.

STIGLITZ, JOSEPH; SEN, AMARTYA; FITOUSSI, JEAN-PAUL (2010b): Mismeasuring Our Lives. Why GDP Doesn't Add Up. The Report by the Commission on the Measurement of Economic Performance and Social Progress. The New Press, New York.

SYDOW, JÖRG; HELFEN, MARKUS (2016): Production as a service. Plural network organization as a challenge for industrial realtions. Study. Friedrich-Ebert-Stiftung, Berlin. http://library.fes.de/pdf-files/iez/12903.pdf.

TURKLE, SHERRY (2015): Reclaiming Conversation. The Power of Talk in a Digital Age. Penguin, New York.

UNHCR – UNITED NATIONS HIGH COMMISSIONER FOR REFUGEES (2016): Global Trends. Forced Displacement in 2015. United Nations High Commissioner for Refugees, Genf. www.unhcr.org/statistics/unhcrstats/576408cd7/unhcr-global-trends-2015.html

VAN DER WEL, KJETIL A.; BAMBRA, CLARE; DRAGANO, NICO; EIKEMO, TERJE A.; LUNAU, THORSTEN (2015): Risk and resilience: health inequalities, working conditions and sickness benefit arrangements: Analysis from the 2010 European Working Conditions Survey. In: Sociology of Health & Illness, Band 37, Ausgabe 8/2015, S. 1157–1172.

VAN TREECK, TILL (2015): Inequality, the crisis, and stagnation. In: European Journal of Economics and Economic Policies: Intervention, Band 12, Heft 2/2015, S. 158–169.

VER.DI – VEREINTE DIENSTLEISTUNGSGEWERKSCHAFT (ohne Jahr): Ich bin mehr wert. Ver.di – Gewerkschaft auch für Cloudworker. Homepage. www.ich-bin-mehr-wert.de/support/cloudworking/.

VOGEL, BERTHOLD (2015): Wohlstandskonflikte?! Anmerkungen zu den Folgen des demografischen Wandels für Gemeinsinn und sozialen Zusammenhalt. In: HERBERT-QUANDT-STIFTUNG (Hrsg.): Landflucht 3.0. Welche Zukunft hat der ländliche Raum? 34. Sinclair-Haus-Gespräche. Herder Verlag, Freiburg. S. 34–44.

WAGNER, BETTINA; HASSEL, ANKE (2017): Move to Work, Move to Stay? Mapping Atypical Labour Migration into Germany. In: DØLVIK, JON ERIK; ELDRING, LINE (Hrsg.): Labour Mobility in the Enlarged Single European Market. Comparative Social Research, Band 32. Emerald Group Publishing Limited, Bingley, S. 125–158.

WAGNER, INES (2015): Arbeitnehmerentsendung in der EU: Folgen für Arbeitsmarktintegration und soziale Sicherung. In: WSI-Mitteilungen Heft 5/2015, S. 338–344. www.boeckler.de/wsimit_2015_05_wagner.pdf.

WANGER, SUSANNE (2015): Traditionelle Erwerbs- und Arbeitszeitmuster sind nach wie vor verbreitet. Frauen und Männer am Arbeitsmarkt. IAB-Kurzbericht 4/2015. Institut für Arbeitsmarkt- und Berufsforschung der Bundesagentur für Arbeit, Nürnberg. http://doku.iab.de/kurzber/2015/kb0415.pdf.

WANGER, SUSANNE; WEBER, ENZO (2014): Arbeitszeitwünsche von Frauen und Männern 2012. Institut für Arbeitsmarkt- und Berufsforschung der Bundesagentur für Arbeit, Nürnberg. http://doku.iab.de/arbeitsmarktdaten/arbeitszeitwuensche.pdf.

WEBER, ENZO (2016): Schätzung der Zahl der für Flüchtlinge relevanten Arbeitsstellen. Aktuelle Berichte 12/2016. Institut für Arbeitsmarkt- und Berufsforschung der Bundesagentur für Arbeit, Nürnberg. http://doku.iab.de/aktuell/2016/aktueller_bericht_1612.pdf.

WEBER, ENZO; ELSTNER, STEFFEN; SCHMIDT, CHRISTOPH M.; FRITSCHE, ULRICH; HARMS, PATRICK CHRISTIAN; KRÄMER, HAGEN; SAAM, MARIANNE; HARTWIG, JOCHEN (2017): Zeitgespräch. Schwaches Produktivitätswachstum – zyklisches oder strukturelles Phänomen? In: Wirtschaftsdienst, Zeitschrift für Wirtschaftspolitik. Jahrgang 97, Heft 2/2017, S. 83–102. http://archiv.wirtschaftsdienst.eu/jahr/2017/2/schwaches-produktivitaetswachstum-zyklisches-oder-strukturelles-phaenomen/.

WEICHSELBAUMER, DORIS (2016): Discrimination against Female Migrants Wearing Headscarves. IZA Discussion Paper Nr. 10217. Forschungsinstitut zur Zukunft der Arbeit, Bonn. http://ftp.iza.org/dp10217.pdf.

WIFOR (2016): Der Einfluss der Digitalisierung auf die Arbeitskräftesituation in Deutschland. PricewaterhouseCoopers Aktiengesellschaft Wirtschaftsprüfungsgesellschaft, Frankfurt am Main.
www.wifor.de/tl_files/wifor/publikationen/Vorschau%20Digitalisierung%20Arbeitskr%C3%A4fte.pdf.

WOLTER, MARC INGO; MÖNNIG, ANKE; HUMMEL, MARKUS; WEBER, ENZO; ZIKA, GERD; HELMRICH, ROBERT; MAIER, TOBIAS; NEUBER-POHL, CAROLINE (2016): Wirtschaft 4.0 und die Folgen für Arbeitsmarkt und Ökonomie Szenario-Rechnungen im Rahmen der BIBB-IAB-Qualifikations- und Berufsfeldprojektionen, IAB Forschungsbericht 13/2016. Institut für Arbeitsmarkt- und Berufsforschung der Bundesagentur für Arbeit, Nürnberg.
http://doku.iab.de/forschungsbericht/2016/fb1316.pdf.

WORLD BANK GROUP (2016): World Development Report. Digital Dividends. The World Bank, Washington, D. C.
http://documents.worldbank.org/curated/en/896971468194972881/pdf/102725-PUB-Replacement-PUBLIC.pdf.

WSI VERTEILUNGSMONITOR (2016): Soziale Ungleichheit: Ausmaß, Entwicklung, Folgen.
www.boeckler.de/pdf/wsi_vm_faqs_2016.pdf.

ZIKA, GERD; MAIER, TOBIAS (Hrsg.) (2015): Qualifikation und Beruf in Deutschlands Regionen bis 2030. Konzepte, Methoden und Ergebnisse der BIBB-IAB-Projektionen. IAB-Bibliothek, Band 353. W. Bertelsmann Verlag, Bielefeld.

ZIMMERMANN, VOLKER (2016): Digitalisierung im Mittelstand: Status quo, aktuelle Entwicklungen und Herausforderungen. KfW Research Fokus Volkswirtschaft Nr. 138, August 2016. KfW Research, Frankfurt am Main.
www.kfw.de/PDF/Download-Center/Konzernthemen/Research/PDF-Dokumente-Fokus-Volkswirtschaft/Fokus-Nr.-138-August-2016-Digitalisierung.pdf.

Die Links wurden zuletzt am 21. April 2017 geprüft.

BILDNACHWEIS

Bilder im Innenteil: Shutterstock.com:
S. 16 / 17: Africa Studio, zhaoliang70, Shymanska Yunnona
S. 48/49: Asia Images Group, Kaspars Grinvalds, mmmx
S. 78/79: Oyls, LDprod, Aila Images
S. 110/111: sfam_photo, mantinov, mrmohock
S. 142/143: pyrozhenka, 9comeback, GagliardiImages
S. 170/171: Azami Adiputera, DuxX, SFIO CRACHO
S. 194/195: Zapp2Photo, Sunny studio, iiiphevgeniy

EINGEHOLTE SCHRIFTLICHE EXPERTISEN

BÄCKER, GERHARD; SCHMITZ, JUTTA (2016): Atypische Beschäftigung in Deutschland. Ein aktueller Überblick. Expertise für die Kommission »Arbeit der Zukunft«. Duisburg.

FAUSER, MARGIT (2016): Forschungsüberblick zu den Aspekten von Einwanderung, Arbeitsmarktintegration und Partizipation. Expertise für die Kommission »Arbeit der Zukunft«. Bochum.

HARTLAPP, MIRIAM (2017): Aktuelle Herausforderungen und Handlungsoptionen für Arbeits- und Sozialpolitik im EU-Mehrebenensystem. Expertise für die Kommission »Arbeit der Zukunft«. Leipzig.

HOBLER, DIETMAR; PFAHL, SVENJA (2016): Arbeitszeit. Quantitative Ergebnisse für Deutschland. Expertise für die Kommission »Arbeit der Zukunft«. Berlin.

MATUSCHEK, INGO (2016): Forschungsüberblick »Digitalisierung«. Expertise für die Kommission »Arbeit der Zukunft«. Berlin.

MATUSCHEK, INGO (2016): Forschungsüberblick »Arbeitsqualität«. Expertise für die Kommission »Arbeit der Zukunft«. Berlin.

MIKFELD, BENJAMIN (2017): Digitale Transformation und die Arbeitswelt der Zukunft. Diskurse über den Wandel von Wirtschaft, Gesellschaft und Arbeit im digitalen Zeitalter. Expertise für die Kommission »Arbeit der Zukunft«. Berlin.

MÜCKENBERGER, ULRICH (2017): Der Arbeitnehmerbegriff. Expertise im Auftrag der Kommission »Arbeit der Zukunft«. Hans-Böckler-Stiftung, Düsseldorf.

MÜLLER, ANNEKATHRIN (2016): »Digital Creatives« und die veränderte Form des Schaffens. Urheberschaft in Zeiten der Digitalisierung. Kurzpapier für die Kommission »Arbeit der Zukunft«. Hans-Böckler-Stiftung, Düsseldorf.

MÜLLER, ANNEKATHRIN (2016): Vielfalt und Antidiskriminierung – Programme und Strategien. Kurzpapier für die Kommission »Arbeit der Zukunft«. Hans-Böckler-Stiftung, Düsseldorf.

REUYSS, STEFAN (2016): Arbeitszeit. Qualitative Ergebnisse für Deutschland. Expertise für die Kommission »Arbeit der Zukunft«. Berlin.

SCHÄFER, CLAUS (2016): Ohne bessere Umverteilung viel schlechtere Zukunftsaussichten. Expertise für die Kommission »Arbeit der Zukunft«. Düsseldorf.

TIMPF, SIEGFRIED (2017): Zukünfte der Arbeit. Expertise für die Kommission »Arbeit der Zukunft«. Berlin.

WOCHNIK, MARKUS (2015): Forschungsüberblick »Qualifizierung«. Expertise für die Kommission »Arbeit der Zukunft«. Kassel.

ZIKA, GERD; MAIER, TOBIAS (2015): Arbeitsangebot und Arbeitsnachfrage bis 2030 – nach Geschlecht, Alter und Bildungsabschluss. Expertise für die Kommission »Arbeit der Zukunft«. Altdorf / Bonn.

ANHÖRUNG VON EXPERTINNEN UND EXPERTEN

HURRELMANN, KLAUS (Hertie School of Governance): Impulsvortrag zum Thema »Jugend«, 3. Sitzung der Kommission »Arbeit der Zukunft« am 11. Dezember 2015, Berlin.

KLAMMER, UTE (Universität Duisburg-Essen): Impulsvortrag zum Thema »Arbeit und Leben«, 2. Sitzung der Kommission »Arbeit der Zukunft« am 9. Oktober 2015, Berlin.

KRETSCHMER, MARTIN (University of Glasgow): Impulsvortrag zum Thema »Urheberrecht in der Wissensgesellschaft«, 6. Sitzung der Kommission »Arbeit der Zukunft« am 7. Oktober 2016, Hamburg.

LÖCKLE, ALFRED (Robert Bosch GmbH, zusammen mit Kommissionsmitglied Andreas Boes): Impulsvortrag zum Thema »Laboratorium ›Arbeit der Zukunft‹. Wissensarbeit bei der Robert Bosch GmbH nachhaltig gestalten«, 5. Sitzung der Kommission »Arbeit der Zukunft« am 20. Mai 2016, Berlin.

MEYER, RITA (Leibniz-Universität Hannover): Impulsvortrag zum Thema »Qualifizierung«, 3. Sitzung der Kommission »Arbeit der Zukunft« am 11.Dezember 2015, Berlin.

RÜCKERT, TANJA (SAP SE): Impulsvortrag zum Thema »Digital Transformation. Future of work in a digitized world«, 4. Sitzung der Kommission »Arbeit der Zukunft« am 11. März 2016, Walldorf.

SIEGRIST, JOHANNES (Medizinische Fakultät der Heinrich-Heine-Universität Düsseldorf): Impulsvortrag zum Thema »Arbeit und Gesundheit«, 2. Sitzung der Kommission »Arbeit der Zukunft« am 9. Oktober 2015, Berlin.

WEINKOPF, CLAUDIA (Universität Duisburg-Essen): Impulsvortrag zum Thema »Atypische Beschäftigung«, 1. Sitzung der Kommission »Arbeit der Zukunft« am 22. Mai 2015, Berlin.

ZIKA, GERD (Institut für Arbeitsmarkt- und Berufsforschung): Impulsvortrag zum Thema »Arbeitsangebot und -nachfrage bis 2030«, 1. Sitzung der Kommission »Arbeit der Zukunft« am 22. Mai 2015, Berlin.